TAKE **CHARGE** OF YOUR **DESTINY**

당신의 운명을 장악하라

PURE NARD

TAKE CHARGE OF YOUR DESTINY
by Alan N. Keiran

Copyright ⓒ 2008 by Alan N. Keiran
Originally published in English under the title 'Take Charge of your Destiny'
Published by Destiny Image
P.O. Box 310, Shippensburg, PA 17257-0310

Korean translation Copyright ⓒ 2008 Pure Nard
Damo Bldg 3F 289-4, Yangjae-Dong, Seocho-Gu, Seoul, Korea

The Korean edition is published by arrangement with Destiny Image.
All rights reserved.

본 저작물의 한국어판 저작권은 Destiny Image와의 독점 계약으로
한국어 판권은 '순전한 나드'가 소유합니다. 저작권자의 허락 없이
이 책의 일부 또는 전체를 무단 복제, 전재, 발췌하면 저작권법에 의해 처벌을 받습니다.

당신의 운명을 장악하라

지 은 이 | 알렌 키란
옮 긴 이 | 장보식

초판발행 | 2009년 1월 12일
2쇄 발행 | 2009년 7월 30일

펴 낸 이 | 허 철
펴 낸 곳 | 도서출판 순전한 나드
등록번호 | 제 313-2003-00162
주 소 | 서울 서초구 양재동 289-4 다모빌딩 3층
도서문의 | 02)574-6702 /010-6214-9129
         Fax 02)574-9704
홈페이지 | www.purenard.co.kr
총괄기획 | 표정석
편 집 인 | 이자영
디 자 인 | 이지헌, Destiny image(표지)
총 무 | 김현미

ISBN 978-89-6237-030-0   03230

당신의 운명을 장악하라

| TAKE CHARGE OF YOUR DESTINY |

알렌 키란 지음 | 장보식 옮김

헌정사

쉽지 않았던 대학원 시절, 무척이나 힘들었던 해병대의 해상 훈련 그리고 서남아시아에서 겪었던 전투 등 30년이 넘도록 격려와 사랑과 기도로 내 영혼을 붙들어 주었던 내 아내 샐리에게 이 책을 바칩니다. 아내가 제게 준 격려의 '집중폭격'은 대적의 어떤 공격 속에서도 흔들리지 않게 해 주었습니다.

또한 '진정한 믿음이란 하나님의 뜻을 따라 사는 것'임을 삶으로 보여주셨으며, 사랑과 지혜 그리고 격려로 저를 훈계해주셨던 어머니 클레어 키란께 이 책을 바칩니다.

마지막으로 이 책을 사랑하는 자녀 제니퍼와 존에게 바칩니다. 하나님께서는 제 자녀들의 삶을 통하여 하나님을 사랑하는 사람들에게 약속하신 축복은 반드시 이루어진다는 확실한 실례(實例)를 보여주셨습니다.

이 책이 완성되기까지 도움을 주신 분들께도 감사의 말씀을 드립니다. 책 표지를 디자인 해준 크리스 아그리새니, 제가 받은 영감들을 잘 정리하도록 도와주신 알 힐 박사님, 빌 토마스, 마크 오키페, 군목이신 벅 언더우드 목사님 그리고 편집에 대한 아이디어와 제안을 아끼지 않은 아내 샐리에게 감사의 뜻을 전합니다. 이 책은 여러 손길들이 힘을 합한 협동의 결과로 완성될 수 있었습니다.

　　버지니아 주 스프링필드에 위치하고 있는 인터내셔널 갈보리 교회의 담임목사이신 이성자 목사님께도 특별한 감사의 말씀을 드립니다. 이성자 목사님이 보여주신 예수님에 대한 사랑 그리고 주님의 교회에 대한 헌신, 기도의 삶, 설교 및 선교의 열정은 저와 제 가족에게 큰 감동을 주었습니다.

　　마지막으로 책의 첫 글자가 쓰여지기 1년 전에 이 책이 쓰여질 것이라고 예언해 주신 '만군의 주 교회'(Lord of Hosts Church, 네브라스카 주, 오마하 소재)의 행크 쿠나맨 목사님께 감사의 말씀을 드립니다.

　　성령님의 음성을 제게 예언으로 전해주신 행크 목사님의 순종이 제 마음을 하나님께로 활짝 열게 해주었습니다. 하나님께서는 영적인 꿈을 통하여 저와 교통하기 원하셨으며 그 결과로 이 책이 완성될 수 있었습니다. 하나님께서 여러분을 매일 매일 그분과의 더 깊은 교제로 인도하시며, 심오한 영적 깨달음으로 축복하시기를 기원합니다.

추천사

알렌 키란은 「당신의 운명을 장악하라」에서 평범한 크리스천들의 성공적인 삶의 표상을 멋지게 표현하고 있습니다. 알렌은 이 책을 통해서 무능력 가운데 있는 성도들을 일으키고 그들에게 믿음과 자신감을 불어넣어, 하나님이 우리 각 개인에게 부르신 운명들을 장악하고 성취하도록 여러 가지 실제적인 방안들을 제시해 줍니다. 또한 크리스천의 삶에 구체적인 관점과 방향들을 탁월한 통찰력으로 인도하고 있으며, 종국적으로 당신이 날마다 세계를 변화시키는 사람으로 성장하도록 돕고, 무시로 성령이 인도하시는 계획들을 바라볼 수 있게 해줄 것입니다.

빌 존슨, 벧엘 교회 담임목사, 미국 레딩캘리포니아

최근 들어 '우리를 향하신 하나님의 뜻'을 독자들에게 알리고자 하여 집필된 책들이 서점가에 많이 등장하고 있습니다. 이는 하나님을 우리 인간사의 여러 가지 욕구를 채워주는 분으로만 생각하는 기복적 신앙에서 벗어나, 우리 크리스천들이 만왕의 왕이신 우리 주님께 영광을 돌리는 성숙한 신앙인이 되도록 하는 길을 모색하기 위한 시도들일 것입니다.

알렌 키란 목사님께서 이번에 저술하신 「당신의 운명을 장악하라」 또한 하나님을 기쁘시게 할 수 있는 성경적인 방법을 알려주는 귀한 책입니다. 본서가 우리에게 비할 바 없이 소중한 것은, 주님께서 키란 목사님에게 허락하신 성령의 은사(예언의 은사)를 통해 주어진 지침들이 이 책에 담겨 있다는 데 있습니다. 책이 주는 각 지침들은 하늘의 신령한 것으로서 우리를 주님 앞에 보다 온전한 하나님의 자녀로 설 수 있도록 도와주기도 하고, 우리의 심령에 경각의 종을 울려 주기도 합니다.

본서를 접하는 모든 분들이 이 책을 통하여 더욱더 성령으로 충만해지시기를 바랍니다. 나아가 하나님과 세상을 분별하고, 온 마음을 다해 하나님을 섬기며, 이웃을 섬기는 지혜를 얻게 되시기를 간구합니다. 끝으로 많은 분들이 「당신의 운명을 장악하라」를 읽고 영적인 풍성함으로 인도되어 품격 있고 신념 있는 그리스도인으로 하나님께 영광 돌리는 삶을 살게 되시기를 간절히 바랍니다.

이영훈 목사, 여의도 순복음 교회 담임목사

저자는 말씀과 성령으로 충만하며 범사에 탁월함을 보이는 하나님의 종입니다. 함께 교회를 섬기는 동역자로서, 그분의 겸손하고 진실한 인품과 경건한 삶을 잘 알기에, 이 책의 모든 내용들은 저에게 큰 은혜와 감동이 되었습니다. 본서의 내용들은 저자의 삶의 방식을 잘 반영해주는 자신의 삶으로 입증된 진리들입니다.

저자에게 주어진 14가지 하나님의 음성들은 진실로 성령님으로부터 온 메시지들임을 저는 확신합니다. 하나님께서는 교회들을 축복하시기 위하여 본서를 통하여 주 안에서 우리의 운명을 장악하는 귀한 원리들을 가르치고 계십니다. 이 책을 교재로 우리 교회 영어권 청년들이 성경공부를 했는데 그들의 삶에 나타나는 뚜렷한 변화를 보았습니다. 하나님께 더 가까이 나아가려 하고, 경건한 활기가 넘치며, 잃어버린 영혼에 대한 열정 가운데 하나가 되어가는 청년들을 바라보며 감사했습니다.

기쁨과 확신을 가지고 이 책을 추천하며 저는 이렇게 소리 높여 말하고 싶습니다. "귀 있는 자는 성령이 교회들에게 하시는 말씀을 들을찌어다." 이 책을 읽으시는 모든 분들이, 자신의 운명을 장악하는 원리들을 깨닫고 적용하심으로, 영혼이 잘되고, 범사가 잘되며 강건하게 되시기를 간절히 기도합니다.

이성자 목사, 인디내셔널 길보리 교회 담임목사

알렌 키란 목사님의 「당신의 운명을 장악하라」를 독자 여러분께 강력히 추천합니다.

키란 목사님은 권위를 가지고 이 책에서 독자들에게 말씀하고 있습니다. 왜냐하면 그는 하나님의 뜻을 따르는 파트너의 삶과 하나님의 뜻에 자신의 삶을 맞추는 삶, 하나님의 인도하심을 구하며 그분의 목소리에 귀를 기울이는 삶, 먼저 하나님의 나라와 의를 구하는 삶, 자신을 드림으로써 놀라운 해방과 자유를 누리는 삶, 주님의 파트너가 되어 하나님께서 주시는 힘을 받아 다른 사람들에게 영향력을 끼치는 삶을 오랫동안 깊이 견디고 경험하며 살아왔기 때문에 그의 말에는 권위가 있습니다.

저는 개인적으로 알렌을 잘 알고 있기 때문에 그의 마음속에 있는 열매, 곧 사람들을 사랑하고 섬긴 그의 삶을 증언할 수 있습니다. 알렌은 정부의 고위 관리뿐 아니라 낮은 분들, 소외된 분들 그리고 참된 사랑으로 돌봐드리지 않으면 결코 교회에 나오지 않을 분들을 사랑으로 섬겼습니다.

「당신의 운명을 장악하라」는 하나님 나라의 광범위한 다스림을 우리가 어떻게 받아들이며, 각 개인의 삶 속에서 어떻게 적용할지를 보여주고 있습니다.

윌리암 M. 토마스, CEO, CIBN Workplace Ministries

알렌의 메시지는 우리의 영적성장과 방향을 위한 필수적인 메시지를 전달하고 있습니다. 왜냐하면 우리는 삶 속에서 우리의 영혼을 대적하는 만만치 않은 적수를 상대해야 하기 때문입니다. 하나님의 인도하심과 성령의 기름부으심을 가지고 마귀를 대적하는 것은 신실한 하나님 나라의 일군으로서 하나님을 영광스럽게 하는 것임이 분명합니다.

본서에서 저자는 하나님께서 예수님의 영적 권세를 그의 제자들에게 모두 주셨다는 사실을 우리에게 상기시켜 줍니다. 우리에게 이미 부여된 예수님의 권위를 바르게 사용한다면, 하나님의 능력으로 모든 장애물을 극복하고 왕국을 굳건하게 세울 수 있도록 도와줄 것입니다. 진실로 그리스도의 승리하는 제자로서의 삶을 간구하는 사람들을 위한 메시지가 담겨 있습니다.

조셉 W. Estabrook, 미국 국방부 가톨릭 대교구 부감독

알렌은 하나님과 친밀한 삶을 어떻게 살아가야 하는가에 대한 강력한 메시지를 본서에서 전달하는데, 실제로 나는 이 책을 읽는 동안 하나님께서 직접 내게 말씀하시는 듯한 느낌이었습니다. 미국 해군 국방부와 상원의 목사였던 알렌의 폭넓은 경험을 통해서 하나님께서 어떻게 우리를 풍성한 삶으로 인도하시는지 보여주었습니다. 이 책 말미에는 14개의 영적 원리와 행동지침을 정리하여 독자들이 영적성장에 구체적으로 적용할 수 있도록 유익을 줍니다. 또한 이 책을 통해서, 어떻게 우리가 성령의 은사와 연매를 다루고, 하나님이 말씀과 사여, 제자양육을 기반으로 앞서 나아가 하나님의 영으로 인도함을 받는 은혜로운 삶으로 충만해질 수 있는지를 전해줍니다.

랜디 클락, 전 세계 사도적 네트워크 창립자이자 대표, 미국 펜실베이니아

알렌은 진실로 영혼을 돌보고 양육하는 목회자입니다. 이 책에서 우리 안에 숨겨진 하나님 나라를 하나하나 계시하여 밝히 보여주고, 우리의 마음에 심겨주신 하나님의 소명들을 한 단계 한 단계 깨달을 수 있도록 도

와줍니다. 모든 일에 있어서 날마다 하나님과 동역할수록 우리의 운명이 여실히 나타나는 것을 볼 수 있을 것입니다. 알렌의 이러한 믿음은 현 시대를 사는 다양한 사람들에게 감동을 주고 성화로의 영향을 줄 것입니다.

다니엘 P.코프린, 미합중국 대표부군목 목사

알렌은 우리에게 은총을 전해주는 사람입니다. 이 책을 읽는 성도들 모두가 하나님을 놀랍게 발견할 뿐만 아니라, 우리의 참된 자아상을 발견할 수 있도록 통찰력 있게 인도하고 있습니다. 바로 이러한 두 가지 발견이 분리된 것이 아니라, 서로 불가피하게 연결되어 있음을 지적해줍니다. 알렌은 진정한 능력의 근원이신 하나님을 알지 못하면, 참된 삶의 목적에 도달하지 못한다고 명료하게 전달합니다. 이 책은 진실로 실용적인 방안들을 다루고 있기 때문에 강력하게 성도들에게 추천하는 바입니다.

짐 톨 박사, 담임목사, 미국 LA 'Church on the way' 교회

목차

서문: 빌 해몬 ·· 14
머리말 ··· 16

1장 | 하나님께 귀를 기울이라 ································ 19
2장 | 속지 말라 ·· 39
3장 | 하나님의 방법으로 살라 ································ 61
4장 | 당신의 권세를 사용하라 ································ 81
5장 | 성급해 하지 말라 ······································ 101
6장 | 이웃을 돌보라 ··· 123
7장 | 하나님의 파트너가 되라 ································ 143
8장 | 하나님의 공급을 기대하라 ······························ 163
9장 | 하나님이 주시는 기쁨의 선물을 소중히 여기라 ············ 183
10장 | 하나님을 끊임없이 찾으라 ······························ 203
11장 | 겸손하라 ·· 223
12장 | 짐을 내려놓으라 ······································ 243
13장 | 범사에 감사하라 ······································ 263
14장 | 다른 이들을 위하여 기도하라 ·························· 283

저자후기 ·· 302
당신의 운명을 장악하는 액션 스텝 요약 ······················ 306

서문

알렌 키란 목사님에 의하면, 우리의 삶이 하나님의 주권에 맞추어질 때 하나님의 축복은 우리 삶 속에 채워집니다.

하나님께서 알렌 키란 목사님의 마음에 뿌려주신 성령으로 감동된 생각의 씨앗에 따라 이 책이 쓰여졌습니다. 이 책처럼 성령의 감동으로 뿌려진 씨앗들은, 추수할 때까지 '기도와 순종'이라는 물과 영양분을 공급받아 자라다가 추수할 때가 되면 글로 쓰여지고, 인쇄되며, 책으로 출판되어 독자들에게 읽혀지게 됩니다.

이 책은 매우 놀라운 성령의 기름부으심으로부터 시작되었습니다. 알렌 키란 목사님은 연속적인 계시(말씀을 통하여 생각과 뜻을 알리시는 하나님)와 14번의 영감 넘치는 꿈(그림과 묘사를 통하여 뜻을 알리시는 하나님)을 통하여 하나님의 음성을 들었습니다. 알렌의 생각, 원리들 그리고 책의 내용들은 '하나님의 기록된 말씀'인 성경을 따르고 있습니다. 이를 통하여 이 책에 기록된 영감들이 명확하게 성경적이라는 것이 확인됩니다. 여러분은 확신을 가지고 '진리에 대한 깊은 내용을 담고 있는 이 책'을 읽으셔도 됩니다. 그럴 때 당신은 '당신의 운명을 장악하게 될 것'이며 하나님께 더 많은 영광을 돌리게 될 것입니다.

성경에 기록된 모든 성공의 비밀은 '하나님의 음성을 듣고 올바르게 반응한 사람들'에게 성공이 주어졌다는 것입니다. 하나님의 음성을 듣고 응답한 결과인 이 책을 통하여 '삶을 바꿀 진리와 원칙들'을 전해준 알렌에게 감사드립니다. 이 책으로 인하여 하나님께서 영광을 받으실 것이며, 하나님의 백성들은 교훈을 얻게 될 것입니다.

빌 해몬 감독,

기독인 세계 사역 네트워크(CIMN) 설립자, 'Prophets and Personal Prophecy' 및 'Day of the Saints' 외 다수의 주요 저서 작가

머리말

하나님께서는 당신의 '삶의 목적', 곧 '운명'을 정해 놓으셨습니다.

그렇습니다. 당신은 목적, 고유한 목적이 부여된 존재로 지음을 받았습니다. 전능하신 하나님께서 당신만을 위한 목적을 계획하셨다는 말씀입니다. 하나님께서 이렇게 말씀하셨습니다. "나 여호와가 말하노라 너희를 향한 나의 생각은 내가 아나니 재앙이 아니라 곧 평안이요 너희 장래에 소망을 주려 하는 생각이라"(렘 29:11). 당신은 하나님이 만드신 작품으로서, 그리스도 예수 안에서 선한 일을 위하여 지으심을 받은 자입니다(엡 2:10). 하나님께서는 당신의 삶을 향한 계획을 가지고 계십니다. 그렇다면 어떻게 그 뜻을 발견하며 그 뜻 안에서 살 수 있을까요? 그 방법은 생각보다 더 쉬울 것입니다. 단지….

당신의 운명을 장악하시면 됩니다.

그렇다면 어떻게 당신의 운명을 장악할 수 있을까요? 이 질문이 바로 이 책에서 다룰 내용입니다. 이 책은 각 장마다 하나님이 만드신 최고의 계획을 따름으로써 이 땅에서의 시간을 최대한 활용하게 하는 원리에 초점을 맞추고 있습니다. 당신이 이 원리들을 한 가지씩 기쁨으로 순종할 때 하나님의 나라가 이 땅에 임하게 될 것이며, 이를 통하여 당신의 삶을 변화시키는 실제적인 원리들을 배우게 될 것이며, 사회에 미칠 당신의 영향력은 놀랍도록 자라게 될 것입니다.

왜 **당신의** 자발적인 참여가 필요할까요?

하나님은 당신의 도움을 원하십니다. 당신 말고는 아무도 할 수 없는 일이 있습니다. 하나님은 당신이 그 일을 할 수 있는 모든 준비를 해 놓으셨습니다. 하나님의 뜻이 하늘에서 이룬 것 같이 이 땅에서 이루어지는 곳에 하나님의 나라가 임하기에(마 6:10) 하나님은 당신에게 먼저 하나님의 나라를 매일 구하라고 하십니다. 당신이 하나님의 나라를 구하면 대신 하나님은 약속대로 당신의 모든 필요를 채워주십니다(마 6:33). 무엇보다 하나님의 나라를 먼저 구할 때, 당신은 한 사람씩 변화시킴으로써 결국 이 세상을 더 나은 장소로 만들 수 있습니다.

왜 당신의 기여가 중요할까요? 예수님은 다시 오십니다. 그러나 재림하시기 전 복음이 온 세상의 모든 민족에게 전파되어야 합니다. "이 천국 복음이 모든 민족에게 증거되기 위하여 온 세상에 전파되리니 그제야 끝이 오리라"(마 24:14).

천국 복음이 모든 나라와 민족 그리고 방언에 전파될 때 예수님께서 재림하실 것입니다. 바울은 "그 후에는 나중이니 저가 모든 정사와 모든 권세와 능력을 멸하시고 나라를 아버지 하나님께 바칠 때라"(고전 15:24)라고 말하였습니다.

하나님의 파트너가 되어 고향과 외국에서 복음을 전파하는 사람이 많아지면 질수록 예수님은 더 빨리 오실 것입니다. 인류에게 강력하고 긍정적인 영향을 미치고 싶으십니까? 세상을 바꾸는 사람이 되기를 원하십니까? 그러면 당신의 운명을 장악하십시오. 그리고 주님의 말씀에 하나하나 순종해 나감으로써 이 땅에 하나님의 나라가 임하게 하십시오.

각 장의 마지막 부분에 있는 '액션 스텝'들의 지시에 따르시기를 바랍니다. 성령님의 도우심 안에서 당신이 그리는 기쁨의 섬김과 신실한 헌신을 통하여 이 땅에 하나님의 나라가 임하는 것을 보게 될 것입니다.

알렌 키란

1
하나님께 귀를 기울이라

여호와여 주의 도를 내게 보이시고 주의 길을 내게 가르치소서
주의 진리로 나를 지도하시고 교훈하소서
주는 내 구원의 하나님이시니 내가 종일 주를 바라나이다
- 다윗(시 25:4-5)

"주님은 당신을 가르치십니다.
하나님의 가르치심은 당신이 그분의 목소리를 알아듣고
그분의 목소리에 귀를 기울이는 것에서부터 시작되며
성경은 이것을 '경청'이라고 말합니다.
그러므로 하나님의 목소리조차 분간 못하는 사람들에게
하나님께서 어떻게 가르치실 수 있겠습니까?
말할 것도 없이 그것은 불가능합니다."[1]
- 해나 위털 스미스

하나님은 당신을 사랑하시되 부끄러움 없이, 조건 없이 사랑하십니다.

주님이 원하시는 것은 오직 당신과 당신이 사랑하는 사람들에게 최고의 것을 주시려는 것뿐입니다. 하나님은 우리 각자에게 인생을 통하여 이룰 목적을 부여하셨습니다. 이것이 바로 우리의 '운명'입니다. 그렇기 때문에 우리의 최고 목표는 우리에게 부여된 목적, 곧 운명을 이루는 것입니다. 하지만 그 목표에 이르기 위해서는 반드시 하나님의 도우심이 필요합니다. 당신을 돕기 위하여 하나님께서는 '삶의 향상(life-enhancing) 계획'을 당신에게 말씀하실 준비가 되셨습니다. 그런데….

당신은 하나님께 귀를 기울이고 있습니까?

하나님께 귀를 기울이십시오. 운명을 이룰 수 있도록 당신을 도울 것이며, 산더미 같은 고민을 해결해 줄 것이고, 불확실한 미래로부터 당신을 지켜줄 것입니다.

제1차 걸프전쟁 중, 저는 하나님의 음성에 귀를 기울임으로 인하여 생명을 구했던 적이 있습니다.

1991년 12월 초순, 제가 속해 있던 해병 여단은 사우디아라비아에 배치되어 있었습니다. 연합군이 쿠웨이트 침공을 시작할 때까지, 제6해병연대의 해병대원들과 수병들은 인내심을 발휘하며 대기하고 있었습니다.

우리 측 호위대는 두 개의 지뢰밭을 무사히 지났으며 적의 포병의 공격과 박격포의 공격도 피해가면서 새벽에 쿠웨이트 국경을 넘을 수 있었습니다.

언제 적이 공격할지 모르는 상태였기 때문에 아주 서서히 움직일 수밖에 없었고, 엄청난 긴장감 속에서 극도로 예민해진 우리는 수통 속에 잘 살균된 물을 가득 가지고 있었지만 한 방울도 마실 엄두도 내지 못했습니다.

질식시킬 것 같았던 먼지와 열기 그리고 끈끈하게 느껴지던 연기 속에서의 몇 분은 마치 몇 시간처럼 느껴졌습니다. 극심한 스트레스는 우리를 완전히 지치게 만들었습니다.

그날 밤, 이라크 군이 우리를 향하여 포격을 개시했습니다. 예광탄이 날아오기 시작하자 우리는 서둘러 안전한 곳으로 숨어 들어가려 했지만 앞을 분간할 수 없는 칠흑 같은 어둠 때문에 방향을 찾지 못해 허둥거리기만 했습니다. 하지만 날아오는 총알을 피하기 위하여 어둠 속에서 희미하게 보이는 차량들 뒤로 필사적으로 뛰어들기 시작했습니다.

군목들은 전쟁 중에도 무기를 휴대하지 않습니다. 그래서 군목인 저는 무기를 가진 조수에게 제 안전을 맡길 수밖에 없었습니다. 저는 앞바퀴에 등을 기댄 채 앉아 있었고 조수는 제 근처에서 몸을 웅크린 채 있었습니다. 그 사이 야간투시경을 착용한 해병대원들이 적들과 짧은 교전을 벌였습니다. 10분 후 대원들은 우리들이 있는 곳으로 돌아왔으며 곧바로 이동하라는 명령이 떨어졌습니다. 나는 일어나서 트럭크로 오르려 했습니다. 그때 나는 매우 명확하고 분명한 하나님의 음성을 들었습니다. *"휴대 전등을 차량 앞으로 비추라."*

말씀대로 전등을 비추자 차량으로부터 불과 60센티 앞에 지뢰의 기폭장치가 모래 사이로 튀어나와 있는 것이 보였습니다. 우리는 그때 지뢰밭에 있었던 것이며 아무도 그 사실을 알지 못했습니다. 지뢰가 여기저기 매설되어 있는 지뢰밭 안에서, 그것도 전투를 벌이면서 아무도 지뢰를 건드리지 않았다는 것은 기적이었습니다.

매우 조심스럽게 지뢰 탐사 작업을 마친 후 아무런 사고 없이 그 지뢰 지역을 통과할 수 있었습니다. 하나님은 그 날 밤에 명확한 방법으로 저와 의사소통을 하셨고 우리를 부상과 죽음에서 구해주셨습니다.

하나님께서는 지금도 당신의 아들과 딸들에게 말씀하십니다. 그런데 왜 모든 사람들이 하나님의 음성을 듣지 못합니까? 그것은 하나님께 귀를 기울이는 시간을 가지지 않기 때문입니다!

당신은 어떻습니까? 귀를 기울이는 시간을 가져야 합니다. 하나님께 주의 깊게 귀를 기울이지 아니하고 당신의 생각대로만 살아간다면, 당신의 삶은 궁극적으로 아무런 의미도 가질 수 없습니다. 왜냐고요? 하나님은 사람들과 매우 다른 관점을 가지고 당신의 삶을 보시기 때문입니다. 당신의 관점은 순간적인 것이지만, 하나님의 관점은 크고 영원한 것임을 명심하십시오.

하나님께 주의 깊게 귀를 기울일 때 또 어떤 것들을 기대할 수 있을까요? 더 큰 기쁨, 평화, 사랑 그리고 믿음 등을 통하여 하나님의 변함없는 임재하심을 체험할 수 있습니다. 뿐만 아니라 우리의 운명을 장악할 수 있는 매우 구체적인 안내를 받을 수 있습니다.

당신의 운명을 장악하라는 말은 어떤 의미입니까?

당신의 운명을 장악하라는 말은 자신의 계획이 아닌 하나님의 계획을 따르라는 의미입니다. 이 세상에서 당신이 경험할 수 있는 최고의 삶은 하나님의 완전하신 뜻 가운데에서 발견됩니다. 하나님의 뜻을 행함으로 당신은 당신에게 부여된 목적, 곧 운명을 향한 바른 길을 계속 갈 수 있을 뿐 아니라, 이 세상에서 경험하고 싶어 하는 모험, 곧 신나는 일로 가득한 모험으로 인도되어 갈 수 있게 됩니다. 주님이 이끌어 주시는 모험은 세상의 모험과 다릅니다. 이 모험은 영원한 천국으로 향하여 잘 닦여진 길을 걸어가는 여행입니다. 하나님의 목소리를 듣고 그분의 인도에 따르기만 하십시오. 그러면 정말 놀랍고 신나는 여행이 될 뿐 아니라 어느 순간엔가 목적지에 도착하게 될 것입니다.

여행은 어떻게 시작될까요?

당신의 삶을 향한 하나님의 놀라운 계획 중에서 가장 중요한 것은 당신이 '하나님의 아들 예수 그리스도를 주요 구원자로 믿은 것' 입니다. "죄의 삯은 사망이요 하나님의 은사는 그리스도 예수 우리 주 안에 있는 영생이니라"(롬 6:23)고 하였습니다. 죄는 사람의 마음을 하나님의 마음으로부터 멀리 떨어지게 만들었습니다. 이사야 선지자는 이스라엘을 향하여 이렇게 말했습니다. "오직 너희 죄악이 너희와 너희 하나님 사이를 내었고 너희 죄가 그 얼굴을 가리워서 너희를 듣지 않으시게 함이니"(사 59:2).

오직 예수님만이 타락한 세상과 완전한 천국 사이에 있는 한없이 깊고 큰 틈을 이어줄 다리가 되실 수 있습니다. 예수님만이 죄에 물든 사람들의 마음과 하나님의 완벽하고도 거룩한 마음 사이에 있는 틈을 메우실 수 있습니다.

당신은 천국으로 가는 길을 얻을 수 있을 정도로 착하지도 않거니와 그럴 만큼의 착한 일을 할 수도 없습니다. 그런데 왜 하나님께서 당신의 죄를 용서하기 원하실까요? 왜냐하면 당신을 사랑하시기 때문입니다. 하나님께서 예수님을 이 세상의 구주로 보내신 이유가 바로 그것입니다. 당신이 어떤 일을 했었던지에 관계없이 하나님께서는 당신의 죄를 용서하십니다.

예외는 없습니다!

하나님은 당신의 모습 그대로를 사랑하십니다. 그러나 하나님은 당신을 죄로부터 해방시키셔서 당신이 운명을 장악하며 삶의 궁극적인 의미를 발견하는 것 역시 원하십니다. 죄는 항상 하나님의 마음에 슬픔을 가져다주며 우리의 삶에 부정적인 결과를 낳습니다. 당신의 마음을 주님께 드리면 주님께서는 당신에게 죄를 깨뜨리는 능력을 주실 것이며, 하나님 아버지와의 영원한 교제 가운데로 당신을 인도해 주실 것입니다.

80년대 초반의 어느 날 필(Phil)이라는 친구가 USS Texas(미 해군의 핵 구축함-역자 주)에 있는 내 사무실을 방문하였습니다. 그때 나누었던 대화를 결코 잊을 수 없을 것입니다.

"군목님, 드릴 말씀이 있습니다."

"해보게."

"사실은… 군목님, 지금 막 제가 체포될 것이라는 전화를 친구로부터 받았습니다."

"무슨 일이지?"

"일 년 전 워싱턴 DC에서 근무할 때, 사실은 남들 모르게 한 마약조직에 가담했었습니다. 그 조직은 이내 해체되고 말았는데, 제가 그 조직에서 활동했던 사실이 경찰에게 알려졌다는 겁니다. 저는 감옥에 가고야 말 것입니다."

"왜 그런 일을…."

"잘못된 일이라는 것은 알고 있었습니다. 아니 미친 짓이었습니다. 하지만 저는 돈이 필요했습니다. 저는 노포크(Norfolk)로 이사 온 후 매일 마약조직의 일원으로 일했던 것이 밝혀질까 봐 걱정이 되어 미칠 지경이었지만 막상 이렇게 밝혀지니 한편으로는 차라리 마음이 편합니다. 그런데 군목님, 저와 함께 사령관실에 같이 가 줄 수 있으십니까? 혼자서는 도저히 사령관님을 뵐 수 없을 것 같습니다."

저는 그와 함께 사령관실로 갔으며 그때가 그를 본 마지막 순간이었습니다.

십년의 해군 하사관 경력을 가진 필이 그때 배를 떠나기 전에 죄를 고백하고 예수님을 구주로 영접했었다는 소식을 여러분께 전해드리고 싶지만…, 필은 그렇게 하지 않았습니다.

그의 후회는 법을 어기고 하나님의 영광을 가렸다는 것에 대한 후회가 아니었습니다. 다만 체포될 일을 했다는 것에 대한 후회였습니다. 만일 그가 진실 되게 자신의 악행을 회개하고 용서를 구했다면 하나님께서는 그를 용서하셨을 것입니다.

하나님의 완전한 용서를 받지 못하게 방해하는 모든 것에서 떠나십시오. 영원한 생명은 회개에 달려 있습니다.

하나님은 세상을 진심으로 사랑하십니다

예수님은 하나님께서 인류에게 주시는 사랑의 선물입니다. 성경은 "하나님이 세상을 이처럼 사랑하사 독생자를 주셨으니 이는 저를 믿는 자마다 멸망치 않고 영생을 얻게 하려 하심이니라"(요 3:16)고 하였습니다.

그렇습니다. 예수님은 당신에게도—당신이 과거에 무슨 일을 했던지 간에—하나님이 주시는 사랑의 선물입니다. 하나님께서는 당신을 너무 사랑하신 나머지 그의 아들 예수 그리스도를 보내사 십자가에 달려 죽게 하시고는 당신을 자유롭게 하셨습니다. 예수님을 당신의 구주로 영접하십시오. 그러면 죄의 삯—하나님으로부터의 영원한 분리—에서 당신을 해방시켜 주실 것입니다. 천국은 죄에게 등을 돌리고 예수님께로 마음을 드린 모든 사람들을 기다리고 있습니다.

이제 주님께 마음을 드리십시오. 당신의 삶을 예수님께 드림으로써 그분과 함께 천국에서 영원한 삶을 살게 됩니다.

일단 예수님을 구주로 영접하면, 성령께서 당신 안에 거하기 시작하십니다. 바울은 우리에게 이렇게 단언했습니다. "예수를 죽은 자 가운데서 살리신 이의 영이 너희 안에 거하시면 그리스도 예수를 죽은 자 가운데서 살리신 이가 너희 안에 거하시는 그의 영으로 말미암아 너희 죽을 몸도 살리시리라"(롬 8:11). 성령님은 하나님의 뜻을 행하는 힘과 운명을 이루는 길로 나아가는 힘을 공급해 주실 것입니다.

하나님의 뜻을 행할 때 하나님의 나라는 당신을 통하여 이 땅에 임할 것입니다. 예수님은 우리에게 이렇게 기도하라고 가르치셨습니다. "하늘에 계신 우리 아버지여 이름이 거룩히 여김을 받으시오며 나라이 임하옵시며 뜻이 하늘에서 이룬 것같이 땅에서도 이루어지이다"(마 6:9-10).

당신의 운명—궁극적인 의미로 가는 길—은 하나님의 뜻을 행함으로써 하나님의 나라를 이 땅에 임하게 하는 중에 깨달아집니다. 예수님은 하나님의 나라에 대한 복음을 설교하셨습니다. 예수님의 첫 번째 설교는 "회개하라 천국이 가까왔느니라"(마 4:17b)였습니다. 하나님의 나라를 추구하는 것은 세상을 구속하는 일에 있어서 매우 중대한 일이기 때문에 **"너희는 먼저 그의 나라와 그를 구하라"**(마 6:33)고 말씀하셨습니다.

현세는 물론 천국에서의 영원한 삶 속에서 하나님께서 이루실 '최종적인 완성'을 경험하는 것은 전적으로 당신이 당신을 위한 하나님의 계획을 따르느냐 아니냐에 달려 있습니다. 당신의 운명을 이루는 데 있어서 필수적인 요소는 '당신이 이해할 수 있는 방법으로 보이실 하나님의 뜻을 날마다 따르고 순복하는 것' 입니다. 하나님의 뜻을 알기 원한다면, 당신은 하나님께 주의 깊게 귀를 기울여야 합니다.

하나님은 어떻게 말씀하실까요?

하나님은 성경을 통하여 그리고 환경, 설교, 예언, 지식의 말씀들, 또는 영적인 상담을 통하여, 혹은 당신의 마음속에서 들리는 작고 고요한 음성을 통하여, 또는 다른 다양한 방법으로 당신에게 말씀하십니다. 당신의 운명을 발견하고 장악하는 것은 얼마나 하나님의 말씀에 순종하느냐에 달려 있습니다. 이것이 바로 예수님께서 다음과 같이 말씀하신 이유입니다. "그러므로 너희가 어떻게 듣는가 스스로 삼가라 누구든지 있는 자는 받겠고 없는 자는 그 있는 줄로 아는 것까지 빼앗기리라 하시니라"(눅 8:18).

당신은 어떻게 듣고 있는지 신중하게 생각해 보기 바랍니다. 당신의 운명이 거기에 달려 있습니다.

대학 졸업반 때 대학원 진학 여부에 대하여 심사숙고 하던 저는 매일 기도로 하나님의 인도하심을 구했습니다. 어느 날 밤, 공부하고 있던 중 저는 하나님께서 저의 생각 속으로 갑작스럽게 개입하시는 것을 경험하였습니다. 하나님은 "너는 해군의 군목이 될 것이다"라고 제 마음에 말씀하셨습니다. 저는 이 갑작스러운 하나님의 계시에 놀라 기절할 정도였습니다. 당시 저는 해군의 예비역 하사관이며, 예수님께 삶을 드리기 시작한지 겨우 2년째였고, 아직 구약성경도 일독하지 못한 상태였습니다. 그러한 저에게 신학대학원에 진학하여 복음을 전파하는 목사가 되고 군목이 되라고 말씀하셨다는 것이 너무도 놀라웠으며 또 믿기지 않았습니다.

그 일은 제게 너무나 과분한 일이었습니다. 그러나 그것은 하나님의 계획이었습니다. 그 당시 저는 군목이 된다는 것을 상상하지도 않았지만 하나님께 순종하기로 결심을 하였으며 군목 사무실에 연락을 하여 군목 담당자와 인터뷰를 약속하였습니다. 저는 대학 졸업 후 하나님의 은혜로 신학대학원에 입학하게 되었습니다. 성경 대학 졸업생들에 둘러싸여 있는 한 명의 경제학 졸업생 그리고 하나님은 저에게 3년 동안 헬라어, 히브리어, 신학 그리고 다양하고 생소한 여러 과목들을 공부하게 하셨습니다.

그리고 다음 해에 저는 해군 군목으로 임관하여 23년간 복무했습니다. 이 모든 일은 하나님의 음성을 듣고 순종한 일에서부터 시작되었으며 점차 저의 목적, 곧 운명을 향하여 한 걸음씩 나갈 수 있게 되었습니다.

당신의 운명을 이루기 위한 걸음을 방해하는 모든 것을 거절하십시오!

하나님께 귀를 기울이는 시간을 만드십시오

예수님께서는 하나님께 귀를 기울이라고 가르치셨습니다. 요한복음 6장 45절 후반부는 이렇게 말합니다. "아버지께 듣고 배운 사람마다 내게로 오느니라." 예수님은 하나님과 대화하시는데 자주 시간을 보내셨습니다. 누가복음은 이렇게 말합니다. "예수는 물러가사 한적한 곳에서 기도하시니라"(5:16). 만일 하나님의 아들이 이처럼 하나님과의 대화에 우선순위를 두셨다면 우리는 더욱 그리하여야 할 것입니다.

당신은 하나님께 귀를 기울이기 위하여 시간을 따로 내고 있습니까?

만일 그렇지 않다면, 무엇 때문에 시간을 내지 못합니까? 너무 바쁜가요? 바쁜 것은 현대인들의 공통점일 것입니다. 그러나 그것이 변명이 될 수는 없습니다.

저는 지금 미 상원의 원목으로 섬기고 있습니다. 지난 4년간 저는 매주 60시간 이상 일하는 미국회의사당의 크리스천 직원들과 상담을 해왔습니다. 그들은 거의 기도하지 못했고 성경도 읽지 않았습니다. 그러면서 그들은 자신들의 마음이 왜 그렇게 낙심되며 또 하나님으로부터 멀어지는 느낌을 가지게 되었는지 그 이유를 몰랐었습니다. 그들은 자신들의 삶에 대한 통제를 잃고 있었으면서도 무엇이 잘못되어 가고 있는지를 몰랐습니다. 이유는 간단합니다.

그들은 하나님께 귀를 기울이지 않았던 것입니다. 그들은 열심히 일하였고 열심히 놀았지만, 하나님께는 조금 남은 찌꺼기 시간을 드렸던 것입니다.

그들은 하나님의 지혜로운 권면과 사랑의 확신으로부터 스스로를 빼앗아 온 것입니다. 그들은 회전목마와 같이 계속되는 일상의 일들— 곧 하나님과의 조용한 만남으로부터 자신을 도적질하는 세상의 일들— 때문에 우주의 창조자와의 친밀한 교제의 시간들을 잃어버렸던 것입니다.

하나님께 귀를 기울이는 방법

잠시, 몇 분 동안만 차분한 시간을 가져 봅시다. TV와 컴퓨터 그리고 전화기의 스위치를 끄십시오.

편안한 의자에 앉아서 심호흡을 몇 번 하고는 긴장을 풀어 봅시다.

하나님께서 무엇인가 당신에게 주실 메시지를 기다리는 동안 죄를 고백해 보지 않겠습니까? 그리고는 마음을 차분하게 하고 하나님께서 말씀하시기를 기다려 보기 바랍니다.

마음에 고요함을 느끼고 차분함이 느껴지면 성경을 열고 당신이 좋아하는 구절을 소리 내어 읽어 보십시오. 그러고 나서 다시 조용히 앉아서 하나님께서 말씀하실 때까지 기다리기 바랍니다.

하나님께 귀를 기울이는 일에는 집중과 인내가 필요합니다. 사실 번잡한 마음을 차분하게 한 후 하나님의 고요하고 세밀한 소리에 귀를 기울이는 일은 어렵습니다. 그러나 정말로 가치 있는 일입니다. 왜냐하면 하나님께 귀를 기울이면 종종 적절한 응답을 선물로 받기 때문입니다. 저의 경우, 하나님의 음성을 듣기 위하여 성경구절을 크게 읽고 "주님, 저에게 분명한 소리로 말씀하셔서 저로 하여금 주님의 음성을 놓치지 않게 하옵소서. 저는 주님께서 저에게 무엇을 원하시든지 행할 준비가 되어 있습니다"라는 기도를 하곤 하였습니다.

하나님의 음성에 귀를 기울이는데 귀한 시간을 드리면, 하나님의 음성을 식별하는 방법을 배우게 될 것입니다. 하나님은 당신의 마음에 은은한 소리로 속삭이실 수도 있기 때문에 그때그때 주의 깊게 귀를 기울이지 않으면 그 음성을 놓칠 수도 있습니다. 그러므로 계속해서 귀를 기울일 수 있도록 스스로 훈련하십시오. 그분은 당신이 이해할 수 있는 방법으로 말씀하십니다. 고요한 음성이 아니라도 성경을 통하여, 설교를 통하여, 혹은 기도, 예언, 다른 그리스도인들, 또는 환경을 통해서도 말씀하실 수 있습니다.

모세는 불이 붙은 떨기나무로부터 하나님의 음성을 들었으며, 엘리야는 고요하고 작은 음성으로부터 들었습니다. 요셉은 꿈을 통해서 마리아를 아내로 취하라는 음성을 들었으며 또 가족과 함께 애굽으로 피난가라는 음성도 들었습니다. 하나님께서는 환상을 통하여 베드로와 말씀을 나누셨고 바울에게는 천사를 통해서 말씀하셨습니다. 하나님은 주님의 음성을 듣는 방법 중 어떤 것이 우리 각자에게 적합한지 아십니다. 주의 깊게 인내하십시오.

아직도 잘 모르겠습니까? 이제 곧 하나님께서 어떤 방법으로 당신에게 말씀하실지 알게 될 것입니다.

아내와 저는 종종 아침을 찬미와 노래, 성경 읽기, 혹은 우리 마음에 있는 소원을 기도로 아뢰면서 시작합니다. 그리고는 하나님께서 말씀하시기를 기다립니다. 어떤 날에는 자세한 가르침을 주기도 하시지만 어떤 날에는 단지 몇 가지 선언적인 단어만 말씀하시기도 합니다.

30년이 넘는 목회생활 가운데 아내와 저는 여러 형태로 하나님의 음성을 들으시는 분들을 만났습니다. 하나님의 음성을 육신의 귀로 듣는 분들, 마음으로 문장을 보는 분들도 있었으며, 혹은 어떤 분들은 일이나 사람에 대하여 뭔가 특별한 느낌을 받은 경우도 있었습니다. 그리고 많은 분들이 하나님의 음성을 듣는 반면, 저의 한 친구는 예수님에 대한 놀라운 환상을 봅니다.

몇몇 분들은 주님께서 뭔가 특별한 필요에 꼭 적합한 성경구절들을 마음에 떠올려 주시곤 한다고 하였습니다. 다른 분들은 하나님의 사랑을 느끼거나 평안과 기쁨을 느끼기도 합니다. 우리 딸은 특정 기도에 대한 응답의 사인으로 따뜻함과 평화가 마음에 임합니다.

하나님은 당신이 알아들을 수 있는 가장 좋은 방법으로 당신에게 말씀하실 것입니다. 당신의 임무는 그분이 말씀하실 때 귀를 기울이는 것입니다.

무엇에 대하여 귀를 기울입니까?

하나님의 음성을 듣는 가운데 당신은 언젠가 하나님께서 당신의 삶을 위하여 주시는 구체적인 방향 제시를 받게 될 것입니다. 하나님의 인도하심은 당신의 마음속에 주시는 성경구절을 통하여 올 수도 있고, 어떤 모임에서 기대하지 않았던 사람이 당신에게 필요한 것을 공급하는 모습으로 나타날 수도 있습니다. 하나님의 인도하심은 어떤 사람을 도와주라는 급한 부담의 모습으로 올 수도 있습니다. 혹은 무엇인가를 중지하거나, 무엇인가를 새로 시작하거나, 문을 닫거나, 혹은 열라고 하는 확신으로 올 수도 있고 꿈을 통한 계시로 나타날 수도 있으며 비전과 예언 또는 지식의 말씀을 통하여 올 수도 있습니다.

하나님은 마음을 다하여 하나님께 귀를 기울이는 자에게 주님의 가르치심과 지혜를 나누어 주십니다. 하나님의 음성을 듣는 열쇠는 하나님께 귀를 기울이는 시간을 따로 만드는 것입니다. 그분은 당신이 알아들을 수 있는 방법을 통해서 말씀하실 것입니다.

최근에 가졌던 한 묵상 때 이렇게 주님께 여쭈어 보았습니다. "주님, 왜 저희가 주님께 귀를 기울이는 것을 원하십니까?" 그러자 주님께서 말씀하셨습니다. 제 일기에 그 음성을 기록해 놓았습니다.

주님께서 말씀하셨습니다.

주의를 집중하여 나에게 귀를 기울이기 전에는 그 누구의 인생도 최종적인 완성에 이를 수 없다. 그러므로 위의 것들에 너희 마음을 두라. 이것은 마치 구름 한 점 없는 아침에 떠오르는 태양을 향하여 걸어가는 것과 같다. 너희가 날마다 이 여행을 계속할 때, 희미하게 떠오르는 태양이 너희 주변에 있는 어두운 그림자들을 비추기 시작할 것이다. 빛이 비추기 시작함과 함께 너희 주변에 있는 나무들과 바위들이 모습을 드러내면서 어두움은 그 세력을 상실할 것이다.

이 세상은 어두움에 묻혀 있다. 너희가 내 음성에 주의하여 귀를 기울이지 않으면 너희도 어두움에 머물러 있게 될 것이다. 그러나 손해와 위험에도 불구하고 나에게 오면, 나는 어두움을 쫓아내는 사랑으로 너희 마음을 비출 것이며, 너의 눈을 열어 삶의 진정한 의미를 보고 알게 할 것이다. 내게 귀를 기울이라. 나의 사랑 안에서 매일 살게 될 것이며, 나를 따르고 나를 경험하는 것이 어떤 것인지 체험하게 될 것이다. 또한 나의 빛 가운데로 걷게 될 것이고, 나의 사랑을 세상에 전하며 어두움에 있는 생명들에게 빛을 비추게 될 것이다.

당신의 운명을 장악하라

제1원리

하나님께 주의 깊게 귀를 기울이지 아니하면
당신의 삶은 최종적인 완성을 볼 수 없습니다.

액션 스텝_Action Steps

스텝 1: 하나님께 귀 기울이는 시간을 만드십시오.

만일 하나님께 귀를 기울이는 훈련을 하기 원한다면 진지하고 소중한 시간을 하나님께 드려야만 합니다. '무가치한 군더더기 일들'을 당신의 삶에서 확실히 제거하여야 합니다. 매일의 일과를 점검해 보시고 하나님과 시간을 보내는 것을 방해하는 모든 '시간 낭비들'을 제거하십시오. 또한 의미 있는 삶을 사는 데 보탬이 될 일들이 무엇이며, 이미 지고 있는 힘겹고 무거운 짐을 덜 수 있는 방법이 무엇인지 판단하기 바랍니다. 만일 당신의 목적, 곧 하나님이 부여하신 운명을 발견하기를 원하고 궁극적으로 의미 있는 삶을 살기를 원한다면, 삶의 계획을 먼저 장악하여 하나님을 위한 시간부터 만들어야 합니다.

스텝 2: 하나님께서 당신에게 행하실 놀라운 일을 기대하십시오.

주님께서는 묵상과 기도의 시간에만 말씀하지 않으십니다. 바쁜 하루의 일과 중에서도 말씀하실 수 있습니다. 때로 당신의 일정에 간섭하셔서 하나님 나라를 위하여 봉사할 수 있는 뜻하지 않은 기회를 주시기도 합니다. 당신은 이러한 기회를 '거룩한 간섭' 혹은 '하나님의 사건' 또는 '하나님 나라의 순간들'이라고 부를 수 있을 것입니다.

최근에 저는 지하철을 타면서 매우 험한 인상을 가진 분이 차량 끝부분에 앉아 있는 것을 보았습니다. 저는 긴장하면서 그가 앉은 자리의 앞자리에 앉았습니다. 잠시 후 한 이름이 제 마음속에서 떠올랐습니다. '다니엘.'

살아오면서 제가 알지 못하는 사람의 이름이 제 마음에 떠오른 적이 몇 번 있었습니다. 저는 하나님께서 알려 주신 이름을 확인하기 위하여 몸을 돌린 후 그분께 이름이 다니엘인지 물어 보았습니다. 그분은 "예"라고 대답했습니다.

저는 계속해서 말했습니다. "다니엘, 주님께서 저를 이 밤에 여기에 보내셔서 당신에게 말씀하게 하셨습니다. 주님은 당신을 매우 사랑하십니다. 그리고 그분은 당신이 당신의 운명을 완수하기를 원하십니다. 그러나 당신은 다른 방향을 향하여 가고 계시군요. 그렇지 않습니까?" 그는 고개를 끄떡였고 이내 눈물이 뺨을 타고 흘러내리기 시작했습니다. 그런 후 저는 그분에게 교회로 돌아가서 마음을 다해 주님을 찾으라고 권면했습니다. 그분은 다음 주일에 교회에 가겠다고 말했습니다.

하나님은 당신이 원하기만 한다면 당신을 하나님 나라의 사업을 위한 일꾼으로 고용하실 것입니다. 그러므로 주님께 말씀하십시오. "주님 저는 주님의 뜻을 행할 준비가 되어 있습니다." 이렇게 고백하시면 주님께서 당신에게 무엇을 하며 어떻게 해야 할지를 알려 주실 것입니다.

결론

만일 당신이 인생의 목적, 곧 운명을 이루기를 원하고 또한 당신의 삶이 최종적인 완성을 이루기를 원한다면, 삶 전체의 중심에 예수님을 모셔야만 합니다. 하나님과의 친밀함을 가지는 일에는 다른 지름길이 없습니다. 주님과의 친밀한 삶, 곧 영적으로 성숙한 삶은 하나님의 말씀에 귀를 기울이며 또 그 말씀을 따라 살기 위하여 계속적으로 시간을 투자하며 애를 쓴 결과이기 때문입니다.

당신을 위하여 주님이 세우신 최고의 계획을 드러내며, 이 땅에 사는 동안 본질적인 의미를 발견할 수 있도록 당신에게 힘을 주시는 분은 오직 예수님 밖에는 없습니다.

위의 액션 스텝들을 실천하겠다는 굳은 결심을 하기를 강력하게 권고합니다. 액션 스텝들을 실천할 때 당신의 삶은 하나님의 음성에 맞추어지게 될 것이며, 그 결과 당신에게 부여하신 목적, 곧 운명을 이루게 될 것입니다. 또한 당신이 주님의 뜻을 행하는 그 자리에 하나님의 나라가 임하는 것을 보게 될 것입니다.

다음 장(章)에서 당신은 마귀의 악한 공격을 분별하는 방법과 유혹을 이기며 예수님과 함께 굳건히 서서 걸어가는 방법에 대하여 배우게 될 것입니다.

각주

1. Smith, H. W., & Dieter, M. E. (1997). 그리스도인들의 거룩한 삶의 비밀: Hannah Whitall Smith의 미출판된 개인 저작물(11월 30일). Oak Harbor: Logos Research Systems, Inc.

2

속지 말라

> 사랑하는 자들아 나그네와 행인 같은 너희를 권하노니
> 영혼을 거슬러 싸우는 육체의 정욕을 제어하라
> 너희가 이방인 중에서 행실을 선하게 가져 너희를 악행한다고
> 비방하는 자들로 하여금 너희 선한 일을 보고 권고하시는 날에
> 하나님께 영광을 돌리게 하려 함이라
> - 사도 바울(벧전 2:11-12)

> 무릇 지킬 만한 것보다 더욱 네 마음을 지키라
> 생명의 근원이 이에서 남이니라
> - 솔로몬(잠 4:23)

마귀는 속이고 참소하며 거짓말하는 존재입니다. 마귀는 하나님을 미워합니다. 그리고 하나님을 사랑한다는 이유 때문에 당신을 미워합니다. 마귀는 하나님께서 부여하신 운명으로부터 당신을 빼앗기 위하여 할 수

있는 모든 방법을 동원할 것입니다. 그러므로 근신하고 깨어 있으십시오. 마귀는 우는 사자같이 두루 다니며 삼킬 자를 찾고 있습니다.

세속적 사고방식을 버리십시오.

동료 군목에게 들었던 매우 슬픈 이야기 하나가 생각납니다. 그는 내 사무실로 와서는 "왜 이런 일이 생겼는지 도무지 모르겠다네…"라고 흐느끼면서 말했습니다. 낙담한 그는 자신의 군인으로서의 경력과 결혼생활 그리고 목사로서의 모든 경력을 마감하게 만든 추한 이야기, 간음에 대하여 자세히 털어놓기 시작했습니다. 그는 자신이 피해자라고 생각하고 있었습니다. 하지만 그는 남을 돕는 자리에 있는 사람으로서 지켜야 할 선을 넘어 금지된 장소까지 가고 말았던 것입니다. 그는 양심을 무시했고 정욕에 몸을 맡긴 결과 자신의 인생을 파멸로 이끌고 말았습니다.

만일 당신이 예수님을 따르는 사람이라면, 당신은 하나님 군대의 최전선에 배치되어 있는 군인이며 매일 매일 영적인 전투를 하고 있다는 사실을 명심하기 바랍니다. 대적 마귀는 당신의 삶을 서서히 침식하며, 당신의 운명을 도적질하기 위한 철저한 계획을 이미 세워놓았을 뿐 아니라 시행하기 시작했습니다.

마귀는 당신을 하나님으로부터 송두리째 빼앗고자 안달이 나 있습니다.

반면 하나님은 당신에게 "타락과 혼동을 향하여 치닫고 있는 세상 속에서 옳고 선한 일과 진리의 편에 서라"고 명하십니다. 당신은 그렇게 거룩한 삶―하나님께 영광 올려드리며 더 나아가 그의 나라를 빛내는―을 살도록 부름 받았기 때문입니다.

이를 방해하고 무너뜨리기 위하여 마귀가 성도들에게 즐겨 사용하는 무기들 중의 하나가 바로 '불법적 관계로 빠져들게 만드는 정욕적 유혹'

입니다. 성적(性的) 충동을 통제하지 않고 방치하면 그 충동의 포로가 되어 결국은 영적인 삶이 서서히 침식을 당하며 모든 관계와 평판도 무너지고 말 것입니다. 그리고 만일 당신이 가정과 직장, 또는 지역사회의 지도자라면, 당신 주변에 있는 모든 사람들이 자신들을 어두운 파멸로 이끌어 버릴 수 있는 도색적 이미지나 성적인 환상의 융단 폭격을 받고 있는 중임을 직시하고 명심하기 바랍니다.

마귀가 당신을 도적질 하지 못하게 하십시오

한 젊은 그리스도인 여성이 개인적인 문제에 관하여 상담하려고 제 사무실로 찾아왔었습니다. 20대 초반인 그 여성은 안절부절 못하면서 내 맞은편에 앉았고, 내가 "무엇을 도와드릴까요?"라고 묻자 그녀는 울기 시작했습니다.

잠시 후 아버지를 여읜 어린 시절에 겪었던 슬픔부터 말하기 시작하더니 마침내 그녀는 지난 2년간 지속되었던 한 무정한 남자와의 관계에 대하여 털어놓았습니다.

"목사님, 그를 위하여 무엇이든 했어요, 뭐든지요…."

"무슨 뜻이죠?"

"뭐든 지요…. 그가 하라는 대로 뭐든지 다 했습니다."

"그렇군요. 그런데 무슨 문제가 생겼나요?"

"어젯밤에 저는 너무 큰 상처를 받았어요. 그가 하라는 대로, 시키는 대로 다 했는데… 그리고 나서 그가 저를 때렸고 저보고 매춘부라고 한 후 저를 버렸어요."

우리는 매주 만나 상담을 했습니다. 그녀 스스로 하나님께 용서를 구할 수 있게 될 때까지 그리고 버림받고 학대당한 상처를 극복할 수 있을 때까지 상담은 계속되었습니다. 드디어 그녀는 품위 있던 원래의 모습을 되찾게 되었고, 상담도 마치게 되었으며, 얼마 있지 않아 대학에 진학하게 되었습니다. 그러나 그녀가 옛 남자친구로부터 전염된 성병은 좀처럼 치료되기 어려웠습니다.

모든 죄에는 반드시 대가가 따라옵니다.

여러분, 엄청난 사기꾼에게 속지 않도록 주의하십시오! 항상 마귀의 수단을 지혜롭게 살피며 저항하기 바랍니다. 세상의 보화들을 꽉 붙들고 있는 상태로는 하나님의 축복을 기대할 수 없습니다. '정결함'은 모든 세속적 사회에서는 인기가 없는 단어일지도 모릅니다. 그러나 당신이 운명을 장악하고 이 세상에 긍정적 영향력을 미치기 원한다면 반드시 정결함을 가져야 합니다. 하나님께서는 우리를 축복하시기 전에 먼저 우리의 충성과 순종을 요구하신다는 사실을 기억하십시오. 하나님은 당신에게 마음과 생각과 몸을 통하여 하나님께 영광을 돌리라고 명하십니다.

성적인 범죄에 빠져들지 마십시오. 하나님께서 인정하신 남녀관계는 오직 결혼이라는 계약으로 성립한 관계뿐입니다.

예외는 없습니다!

데이트 중인 미혼 그리스도인들이나, 불행한 결혼 때문에 다른 돌파구를 찾고자 하는 그리스도인들 그리고 이혼이나 별거 중인 그리스도인들에게도 마찬가지입니다. 예외는 없습니다. 당신의 유익을 위하여 금지하신 것입니다. 두 영혼의 영적인 결합은 초자연적인 결과를 가지고 옵니다. 하나님의 뜻 안에서 허락된 성적인 결합은 완전함과 하나됨 그리고 거룩한 축복을 가져다주지만, 하나님 밖에서 일어난 일이라면 나뉨과 분리 그리고 손실이 다가올 뿐입니다.

당신의 삶은 당신이 생각하는 것보다 훨씬 중요합니다. 당신은 하나님의 영광을 위하여 살도록 하나님께 부름을 받은 사람이라는 사실을 아셔야 합니다. 당신의 운명은 하나님께 얼마나 순종하느냐에 달려 있습니다. 하나님께서 요구하시는 그 어떤 희생도, 사실은 하나님께서 주실 엄청난 축복에 비할 때 너무도 작은 대가를 지불할 뿐입니다. 사도 바울은 이렇게 말했습니다.

> 그러므로 형제들아 내가 하나님의 모든 자비하심으로 너희를 권하노니 너희 몸을 하나님이 기뻐하시는 거룩한 산 제사로 드리라 이는 너희의 드릴 영적 예배니라 너희는 이 세대를 본받지 말고 오직 마음을 새롭게 함으로 변화를 받아 하나님의 선하시고 기뻐하시고 온전하신 뜻이 무엇인지 분별하도록 하라(롬 12:1-2)

무엇이 큰 문제입니까?

우리는 자주 매체들을 통하여 기독교계 지도자들의 숨은 죄가 폭로되는 것을 봅니다. 거의 대부분의 경우는 기혼 남성이 불법적인 혼외 관계를 맺는 것에 대한 이야기이며 가끔은 기혼 여성의 이야기도 보도됩니다. 아무튼 그들은 자신들이 저지를 은밀한 죄가 드러나지 않을 것이라고 생각했을 것입니다. 성경은 우리에게 모든 죄에는 대가가 따라온다고 가르치고 있습니다. "대저 사람의 길은 여호와의 눈앞에 있나니 그가 그 모든 길을 평탄케 하시느니라 악인은 자기의 악에 걸리며 그 죄의 줄에 매이나니 그는 훈계를 받지 아니함을 인하여 죽겠고 미련함이 많음을 인하여 혼미하게 되느니라"(잠 5:21-23).

그러나 죄와 싸우는 일은 몇몇 지도자들만의 문제가 아닙니다.

우리 모두 죄와 싸우고 있습니다. 하나님께서는 모든 신자들에게 각자의 몸과 마음과 영을 하나님이 기뻐하시는 제물로 드리라고 말씀하십니다. 그런데 왜 많은 그리스도인들이 주저하고 있을까요?

그들은 여전히 죄에 사로잡혀 있습니다.

한 동료 목사님이 저에게 자신의 성도 중 채팅에 빠진 한 부부에 대한 이야기를 해 주었습니다. 그들 부부는 서로가 채팅 상대와 불륜에는 빠지지 말고 인터넷으로만 하는 연애는 묵인해 주기로 동의했습니다. 몇 개월 후 그 부부는 인터넷상의 애인들과 함께 만나면 재미있을 것이라는데 동의하고 함께 모였습니다. 그러나 한 달이 채 못 되어 부부는 이혼을 하고 말았습니다. 이유는 남편이 온라인 애인과 채팅 이상의 것을 원했기 때문이었습니다.

어떤 이유에서든지 이런 불장난 같은 일을 하지 마십시오. 대신에 "위의 것을 찾으십시오"(골 3:1).

통제되지 않은 상상(환상)은 정상적인 생각을 막아버린 후 우리의 생각과 행동을 지배하여 원치 않는 악한 결과로 이끌고 가는 힘을 가지고 있습니다. 생각의 패턴은 자주 행동 양식이 되어 나타납니다.

사단은 유혹하는 일에 많은 경험을 가지고 있습니다. 그렇기 때문에 사단은 우리의 생각에 초점을 맞춥니다. **우리의 생각이 우리의 감정을 지**

배하고, 우리의 감정이 우리의 행동을 지배한다는 사실을 잘 알기 때문입니다.

우리의 고삐 풀린 상상 위에 더하여진 인터넷의 매혹적인 유혹은 삶에 대한 통제력을 수초 안에 빼앗아버릴 수 있습니다. 당신의 대적은 그렇게 당신을 송두리째 빼앗아버리기 원합니다. 그런데 당신의 대적은 당신의 도움 없이는 그 일을 할 수가 없습니다. 우리가 빼앗기는 이유는 마귀의 유혹을 거절하며 대적하는 싸움을 슬금슬금 피할 뿐 아니라, 나도 모르게 대적을 도와주고 있기 때문일 것입니다.

당신은 어떻습니까? 당신의 내면에 어떤 문제가 있지는 않습니까?

어디에서 문제가 시작될까요?

낸시 앤더슨은 그녀의 책 『The Warning Sings of Infidelity』에서 다음과 같이 말합니다.

불법적인 관계는 종종 동료와의 건전한 만남에서 시작됩니다. 그러나 아무리 '건전한 만남'이라고 하는 큰 길을 걸어 다녀도 그 큰 길의 곳곳에는 '거룩하지 못한 관계'라는 골목이 수없이 많습니다. 한 작가가 이렇게 썼습니다. "불륜은 많은 이유 때문에 그리고 많은 형태로 시작이 됩니다. 그렇기 때문에 아무리 약한 유혹의 충동이라도 무시하지 말고 그 충동으로부터 나를 지켜야만 합니다. 왜냐하면 충동은 장난처럼 시작되었다가 매력으로 바뀌고, 매력은 다시 불륜으로 바뀌며, 불륜은 재앙으로 바뀌기 때문입니다.'

모든 그리스도인들은 약간씩이나마 죄를 범하고 있습니다. 그러나 이 사실이 '죄의 유혹에 대한 저항의 포기'를 정당화시켜줄 변명은 될 수 없습니다. 오스왈드 챔버스(Oswald Chambers)는 "만약 세상, 육신, 마귀가 당신을 쓰러뜨렸다면 일어나서 이길 때까지 또 다시 정면으로 대응하고 또 다시 정면으로 대응하십시오"라고 말했습니다.[2]

당신을 쉽게 얽어매는 죄, 주님과의 친밀한 관계로부터 당신을 도적질하는 죄, 이러한 죄에서 진정으로 해방되기를 소원하고 간구하면 하나님께서 당신에게 힘을 주사 전투에서 승리하도록 도와주실 것입니다.

그러나 정결함을 얻기 위한 전투에서 당신이 감당해야 할 중대한 부분이 있습니다. 그것은 무슨 일이 일어나든지 싸움을 포기하거나 멈추지 않는 것입니다. 넘어졌더라도 도망가면 안 됩니다. 넘어졌으면 패배한 채로 남아있지 말고 다시 일어나서 회개하고 또 다시 전투에 임하십시오. 잠언 기자는 말했습니다.

> 대저 의인은 일곱 번 넘어질지라도 다시 일어나려니와(잠 24:16)

무엇이 당신의 생각을 조종합니까?

당신의 생각을 조종하는 것이 무엇이냐에 따라 지속적인 승리의 여부가 달려 있습니다. 조금 전에 말씀드린 바와 같이, 마음에 받아들인 것이 종종 생각의 패턴이 되며, 생각의 패턴은 다시 행동의 패턴으로 바뀝니다. **우리의 생각이 우리의 감정을 지배하고, 우리의 감정이 우리의 행동을 지배합니다.**

마음을 지배하도록 허용한 그 무엇이 당신의 생각과 감정과 행동에 강력한 영향을 주는 것입니다. 만일 공포소설을 읽고 잠자리에 든다면 소설 내용이 꿈에 영향을 줄 것이기 때문에 자연적으로 악몽을 꿀 가능성이 높아집니다.

만약 자동차 잡지를 읽는다면 완벽하게 좋은 차를 가지고 있으면서도 더 날렵하고 더 빠르며 더 비싼 차로 바꾸고 싶은 충동을 받게 될 것입니다. 당신이 로맨틱한 환상에 푹 빠진다면 원초적 본능만이 자극될 뿐입니다. 당신의 영혼보다 육신에게 더 많은 영양분을 공급하면 할수록 육신이 생각을 지배하게 됩니다. 마약에 중독되면 점점 더 많은 양의 마약을 요구하게 되듯이, 세속적이며 정욕적인 생각에 중독되기 시작하면 음란한 생각을 포함한 육신적인 생각에 점점 더 사로잡히게 될 것이며, 반면 하나님과 함께 걷는 걸음은 점점 줄어들 수밖에 없습니다.

저는 생각과 투쟁하는 수백 명의 남성 및 여성 그리스도인들과 상담을 해왔습니다. 한 해변가에서 장기 주둔을 하고 있을 때, 동료 중에서 항상 섹스에 사로잡혀 있던 한 장교가 있었습니다. 저는 그에게 욕구를 따라 사는 것은 마치 큰 폭포에 몸을 던지는 일과 마찬가지라는 말을 수차례 해주었습니다. 하지만 그는 그때마다 화를 내면서 당신 일이나 신경 쓰라고 핀잔을 주곤 했습니다. 그러다가 그는 외국에서 어떤 매춘부의 집을 방문한 후 몹쓸 성병에 걸리게 되었으며, 나중에는 혼자 화장실에도 못 걸어갈 정도로 쇠약하게 되고 말았습니다. 제가 그에게 "이제 잘못된 것을 알았나요?"라고 물었더니, 그는 정색을 하며 "다시는 그런 짓을 하지 않을 겁니다"라고 말했습니다.

수백 마디의 말보다 한 번 당한 일이 그를 금세 깨닫게 했습니다. 왜 그는 자신의 행동이 그렇게 좋지 못한 결과를 초래할 것이라는 것을 예측하지 못했을까요? 왜냐하면 음란에 사로잡혀 눈이 멀어 있었기 때문입니다.

대부분의 그리스도인들은 삶을 통하여 하나님께 영광을 돌리는 일에 헌신되어 있으며 하나님의 은혜로부터 떨어지지 않기를 원하고 있습니다. 그러나 우리 모두는 어떠한 형태로든 학교와 가정과 사업체와 교회들에 침투한 세상의 문화와 썩어질 가치들에 감염되어 있습니다.

1980년대에 저는 가족들과 함께 일본에서 살았던 적이 있습니다. 당시 우리가 살던 아파트에는 오직 하나의 채널만 들어왔었는데 가족용 영어 TV 채널이었습니다. 그 후 3년 만에 다시 미국으로 돌아왔을 때, 저와 가족은 경악하지 않을 수 없었습니다. 노골적으로 성적 감정을 자극하는 내용과 반기독교적인 내용을 담은 프로그램들 때문이었습니다. 이렇듯, 엄청난 문화의 변화 앞에 우리는 멍해질 수밖에 없었습니다. 도덕의 지속적인 퇴락에 대하여 무덤덤한 우리들의 경각심을 보노라면 마치 냄비 속의 개구리처럼 되지 않을까 하는 염려가 들었습니다. 냄비 속의 개구리는 물 온도가 점점 올라가서 마침내 물이 끓어서 자신을 삶을 때까지도 물 온도 변화를 알아차리지 못하기 때문에 빠져나갈 기회조차 가질 수 없게 됩니다.

빌리 그래함이 몇 년 전 이렇게 말했습니다. "나는 내가 더 이상 충격을 받지 않는다는 사실에 충격을 받았습니다."

당신을 더 이상 충격주지 못하는 일이 무엇입니까?

속지 마십시오

불평은 윤리를 무너뜨리는 가장 큰 원인입니다. 인간의 마음 깊은 곳에서 시작된 불평은 공허한 잔소리의 형태로 나타나기도 하며, 우리 역량 밖의 일이나 사람과 연결되고 싶어 하는 간절한 소망이라는 형태로 나타나기도 합니다. 이 불평이 가지고 있는 힘은 어두움과 두려움입니다. 그렇기 때문에 때때로 저항할 수 없는 힘을 가진 소용돌이 회오리바람에 사로잡혀서 저 아래로 끌려가고 있다는 느낌을 받을 수도 있습니다.

그러나 이 모든 것은 우리를 사랑하시는 하나님께서 허락하신 것이며 하나님께서 세심하게 보시는 일이며, 또 아시는 일입니다. 이에 대하여 바울은 이렇게 말했습니다.

> 사람이 감당할 시험밖에는 너희에게 당한 것이 없나니 오직 하나님은 미쁘사 너희가 감당치 못할 시험당함을 허락지 아니하시고 시험당할 즈음에 또한 피할 길을 내사 너희로 능히 감당하게 하시느니라(고전 10:13)

아무리 캄캄한 밤일지라도 하나님의 빛은 당신과 함께 거하고 있습니다. 하나님의 존재를 알아차리지 못하는 때에도 하나님은 당신과 함께 계십니다. 그 아무것도 하나님의 빛을 가릴 수는 없습니다. 고통이나 외로움을 조금 단축시켜 보려는 인간적인 노력을 하지 마십시오. 대신 하나님의 능력은 '당신의 약함' 속에서 나타남을 명심하고, 하나님의 도우심을 울부짖으며 간구하십시오!

그런데 불만을 가지게 되는 근본적인 이유는 무엇일까요? 무엇보다 당신은 구원을 받은 존재이며 성령으로 충만하며 영원을 목적삼고 있는 존재입니다. 그럼에도 불구하고 왜 신앙의 행위들이 마음에 평화를 주지 못하고 또 세속적인 열망을 이길 힘을 주지 못할까요?

당신은 영적 기만의 피해자일지 모릅니다. 위태위태하고 아슬아슬한 죄의 경계선에서 살면서도, 여전히 확고한 의의 길을 걸을 수 있다는 생각에 속아버린 사람일지도 모릅니다. 그렇다면 당신은 치료받아야 할 심각한 '마음의 병'을 가지고 있는 것입니다.

당신의 마음은 삶과 생각의 중심부입니다. 다윗은 이렇게 물어보았습니다.

> 여호와의 산에 오를 자 누구며 그 거룩한 곳에 설 자가 누군고

그는 답합니다.

> 곧 손이 깨끗하며 **마음이 청결하며** 뜻을 허탄한 데 두지 아니하며 거짓 맹세치 아니하는 자로다(시 24:3-4)

마음은 당신의 존재의 핵심이며, 영원함과 순간이 만나는 장소입니다. 마음속에 생명의 근원이 거하며, 그 중심에는 영원함을 갈망하는 소원이 있고, 하나님과 연합이 실재로 이루어질 때까지 그 연합을 끝없이 바라보는 소망이 거합니다. 이 마음을 정결하게 청소한다면 하나님의 음성을 들을 수 있게 될 것입니다.

그렇기 때문에 대적 마귀가 우리를 죄로 유혹하는 것입니다. 죄의 유

혹에 넘어가서 마음이 더럽혀지면 하나님의 음성을 듣지 못하게 되고, 결국은 우리의 운명을 이루지 못하게 될 것이기 때문입니다. 마귀는 우리가 넘어지는 것에만 관심이 있지 어떻게 넘어지는 가에는 관심이 없습니다.

그렇다면 당신은 어떻게 예기치 못한 패배를 피할 수 있을까요?

당신은 운명을 장악함으로써 패배를 피할 수 있습니다. 또한 '당신의 눈을 예수님으로부터 죄의 유혹으로 향하게 만들기 위하여 끊임없이 일하고 있는 악한 자들' 과의 싸움을 중단 없이 계속 함으로써 패배를 피할 수 있습니다.

주님께서 제게 주신 영적 전쟁에 대한 메시지입니다.

너희의 대적들은 너희들을 영적인 삶이 아닌 육적인 삶에 초점을 맞추게 함으로써 나의 이름을 더럽히게 하는 일에 몰두하고 있다. 순간적인 만족은 결코 영원한 기쁨과 평강을 줄 수 없다. 그러나 지금 어려운 일을 택하기로 한 결정은 나중에 영원한 상급을 줄 것이다. 아무리 작은 일이라도 죄악과 타협을 하는 사람은 스스로를 파멸의 길로 인도하는 씨를 뿌리는 사람임을 기억하라. 일단 불순종의 습관이 몸에 배면 그 습관은 점점 더 큰 죄악으로 자라날 것이다. 단지 몇 번만 회개하지 않아도 나를 향하던 너의 마음은 식어갈 것이며 마침내 완전히 차갑게 냉각되고 말 것이다.

세상은 완전히 식어버렸다. 그리고 죄는 순간적인 기쁨만을 줄 뿐이다. 차갑게 식은 세상에서 약간의 쾌락거리라도 발견된다면, 사람들은 그것을 차지하기 위하여 더 많은 죄를 범하게 될 것이며, 결과적으로 나에 대한 반역은 점점 더 커질 것이고 점점 더 노골적이 될 것이다. 일단 너희 마음속에 죄의 패턴이 생겨나면, 너희 대적은 그것을 자라게 하기 위하여 어두운 생각과 욕정이라는 사악한 영양분을 공급할 것이다. 그렇기 때문에 죄악은 내버려두면 추하고 혐오스러운 모습으로 점점 자라게 되는 것이다. 너희가 내 목소리를 거절하고 내 말을 피하면, 너희 삶에 슬며시 들어온 죄악은 점점 자라 마침내 완전한 양보를 요구하게 될 것이다.

나의 백성들아, 너의 마음을 살펴보아 너희 마음에 무엇이 있는지 깨달으라. 죄악된 생각, 행동 그리고 죄악된 태도 등으로 나타나는 반역의 생각이 너희 마음속에 있지는 않으냐?

당신의 운명을 장악하라

제2원리

눈을 예수님께로 고정하십시오.
도덕적 타락을 피할 수 있을 것입니다.

액션 스텝_Action Steps

스텝 1: 유혹에 저항하십시오.

몇몇 학자들이 주장하듯이 과연 마귀가 우리로 하여금 죄를 짓게 만들까요? 그럴 가능성은 거의 없습니다. 마귀가 강제적으로 우리로 하여금 죄를 범하게 하는 것이 아니라, 우리가 원해서 스스로 마귀의 유혹에 들어가는 것입니다. 야고보가 이렇게 말했습니다.

> 사람이 시험을 받을 때에 내가 하나님께 시험을 받는다 하지 말지니 하나님은 악에게 시험을 받지도 아니하시고 친히 아무도 시험하지 아니하시느니라 오직 각 사람이 시험을 받는 것은 자기 욕심에 끌려 미혹됨이니 욕심이 잉태한즉 죄를 낳고 죄가 장성한즉 사망을 낳느니라(약 1:13-15)

야고보가 말하는 핵심이 무엇입니까? 자신의 악한 욕구에 스스로 유혹을 받아 끌려가서 유인되는 것입니다. 욕심이 잉태한 후 사망으로 이끄는 죄를 낳습니다. 대적의 불화살이 당신의 마음에 있는 세속적인 장소의 급소를 때릴 때, 피하려고 노력하지 않았기에 죄에 빠지는 것입니다.

마음을 단단히 잡으십시오. 바울이 고린도전서 10장 13절에서 말한 대로 피할 길은 항상 있습니다. 이 구절을 기억하십시오. 이것은 큰 실수를 범하는 것으로부터 당신을 구할 것입니다.

윤리적인 타협은 받아들일수록 점점 더 큰 타협으로 자라곤 합니다. 작은 일의 실패가 점점 더 큰 일의 실패로 발전합니다. 우리들의 대적은 하나님의 자녀들을 가차 없이 사로잡기 위하여 엄청나게 인내하며 기다립니다. 마귀는 으르렁거리기보다는 훨씬 많이 속삭이며, 우리 의식의 가장자리에서 어슬렁거리며 하나님의 말씀을 살짝 비틀곤 합니다. "하나님이 참으로 그렇게 말씀하시더냐?"라고 묻습니다. 다윗 왕은 자신의 생각을 조절하지 못해서 성적인 범죄를 저지르고 말았습니다. 다윗의 생각이 하나님으로부터 자기만족으로 바뀌자 그는 즉각적으로 체인같이 연결되는 죄에 **빠지기** 시작했습니다. 마침내 혼외임신이 이루어졌으며 이 사실을 감추기 위하여 충성되고 신실한 부하이자 밧세바의 남편인 헷 사람 우리아를 살해하기에 이르렀습니다(삼하 11).

당신의 현 위치를 빨리 알아차려서 시선을 재빨리 반대방향으로 돌린 후 유혹으로부터 도망을 쳐야 합니다. 바울은 이렇게 말했습니다. "음행을 피하라 사람이 범하는 죄마다 몸 밖에 있거니와 음행하는 자는 자기 몸에게 죄를 범하느니라"(고전 6:18). 히브리서 역시 이러한 유혹과의 싸움에 대하여 말하고 있습니다.

> 그러므로 우리에게 큰 대제사장이 있으니 승천하신 자 곧 하나님 아들 예수시라 우리가 믿는 도리를 굳게 잡을지어다 우리에게 있는 대제사장은 우리 연약함을 체휼하지 아니하는 자가 아니요 모든 일에 우리와 한결같이 시험을 받은 자로되 죄는 없으시니라 그러므로 우리가 긍휼하심을 받고 **때를 따라 돕는 은혜를** 얻기 위하여 은혜의 보좌 앞에 담대히 나아갈 것이니라(히 4:14-16)

당신의 눈을 예수님께로 고정하고 있으면 이러한 윤리적인 넘어짐을 피할 수 있습니다. 사도 바울의 권면을 받아들이십시오. 그래서 이러한 유혹이 다가오는 순간 최대한 재빨리 유혹으로부터 도망치기 바랍니다. 그렇지 않으면 너무나도 많은 것을 잃게 될 것입니다.

스텝 2: 주변에 있는 죄의 기회를 피하십시오.

윤리적인 넘어짐—간통과 다른 성적 범죄들, 모든 정결함의 파괴, 비윤리적인 모든 이기적인 행동과 죄악—은 마음의 반역에 그 뿌리를 두고 있습니다. 이기주의는 우상숭배의 또 다른 하나의 모습입니다—다른 사람들을 판단하고자 하는 이기적인 욕구를 충족시켜주는 일입니다. 이기심은 어두움, 곧 아직도 거룩해지지 않은 당신 마음속의 한 부분에 뿌리를 두고 있습니다.

그러므로 당신을 자극시키는 일이 무엇인지 깨어 분별하며 경계하여야만 합니다. 당신의 생각이 계속적으로 식탐과 음욕, 물질, 권력, 보복, 시기 혹은 비슷한 일들에 의하여 사로잡혀 있다면 곧 넘어지고 말 것이라는 사실을 깨달아 알아야만 합니다. 혹시 당신의 삶 속에 마귀가 낭패를 심어줄 만한 틈이 있지는 않습니까? 만일 있다면 그 틈이 바로 죄임을 고백하고 잘못된 것들을 자백함으로 회개하며, 앞으로 있을 죄와의 투쟁을 위하여 하나님의 도우심을 간구하기 바랍니다.

당신의 협조가 있을 때만 대적이 당신을 끌고 갈 수 있음을 기억하십시오. 그러므로 생각의 통제권을 되찾기 위한 싸움을 싸우십시오.

사도 바울이 이렇게 말했습니다.

종말로 형제들아 무엇에든지 참되며 무엇에든지 경건하며 무엇에든지 옳으며 무엇에든지 정결하며 무엇에든지 사랑할만하며 무엇에든지 칭찬할 만하며 무슨 덕이 있든지 무슨 기림이 있든지 **이것들을 생각하라**(빌 4:8)

당신이 유혹에게 양보하기 시작하는 것은 당신의 마음과 생각 속에 마귀의 발판을 만들어 주는 일이며, 결과적으로 마귀에게 힘을 부여하는 일임을 기억하십시오. 죄악된 생각이나 행동과 더 많이 타협하면 할수록 죄는 당신에 대한 더 많은 장악력을 가지게 될 것입니다.

그 반대도 성립됩니다. 유혹에 대하여 저항하면 할수록 당신의 생각 속에 있는 마귀의 발판은 점점 설 자리를 잃게 될 것입니다. 야고보가 이렇게 말했습니다.

그런즉 너희는 하나님께 순복할지어다 **마귀를 대적하라** 그리하면 **너희를 피하리라** 하나님을 가까이 하라 그리하면 너희를 가까이 하시리라 죄인들아 손을 깨끗이 하라 두 마음을 품은 자들아 마음을 성결케 하라(약 4:7-8)

도덕적으로 타락하는 사람들은 무분별의 결과로 인하여 불행한 결말, 곧 공개적인 곤혹, 이혼, 사역에서의 퇴출, 경제적 파탄, 고립, 자기혐오, 반항적인 자녀들, 심지어 자살 등을 맞이한다는 사실을 명심해야 합니다. "도적이 오는 것은 도적질하고 죽이고 멸망시키려는 것뿐이요"(요 10:10a). 마귀는 당신이 '하나님의 능력을 가지고 마귀를 대적' 하지 않을 경우에만 당신을 빼앗아 갈 수 있습니다. 그러므로 대적하십시오. 마귀에게 원래 있던 곳으로 물러가라고 예수님의 강력한 이름으로 명령하십시오.

당신이 마귀로부터 공격을 받을 때 마음과 생각을 지키며, 아울러 마귀를 대적할 수 있는 몇 가지 '지침'들을 만들어 봤습니다.

- 비도덕적인 음악과 DVD, 영화 또는 웹사이트에 접촉하지 마십시오.
- 예수님께서 기뻐하지 않으실 채널들에게 자꾸 유혹이 된다면 케이블 TV를 끊어버리십시오.
- 책임감 있는 기도의 파트너를 찾아서 일주일에 한 번씩은 함께 기도하십시오.
- 당신의 머릿속에 있는 파괴적 생각 패턴을 인식하고 버리십시오.
- 도움이 될 만한 성경구절을 묵상하고 암기하십시오.
- 기억나는 죄를 매일 고백하시며 성령님께 능력으로 채워달라고 요청하십시오.
- 죄악된 생각이나 행동의 패턴을 중단할 수 없다면 당신의 목사님께 상담을 요청하십시오.

결론

예수님은 당신을 인도할 북극성이며 이 세상 모든 것의 심판 기준이십니다. 만일 당신이 그분께 눈을 고정시킨다면, 당신은 도덕적 타락을 피할 수 있을 것이며, 당신의 운명을 이루게 될 것이고, 하나님께 영광을 돌리는 삶을 살게 될 것입니다. 하나님을 기쁘게 해드리는 삶을 사십시오. 그분을 기쁘게 해드리는 삶을 살 때, 그분은 '세상이 주는 헛된 만족과 확신을 추구하는 삶'으로부터 당신을 해방시켜 줄 것입니다.

세상이 주는 유혹은 종종 당신을 결박으로 인도할 것입니다. 그러나 예수님은 항상 자유를 주십니다. 이것이 바로 예수께서 "너희가 내 말에 거하면 참 내 제자가 되고 진리를 알지니 진리가 너희를 자유케 하리라"(요 8:31b-32)고 말씀하신 이유입니다.

사람들은 거의 맹목적으로 쾌락을 추구합니다. 그러나 그 쾌락은 아무런 궁극적 가치도 가지고 있지 못합니다. 진정한 의미와 깊은 만족은 오직 하나님과의 깊은 영적인 연합 안에서만 존재합니다.

당신의 삶을 한번 주님께 솔직하게 의탁하기 바랍니다. 그러면 하나님 나라의 비전과 능력 그리고 영광이 당신의 심장을 채울 것입니다

하나님을 깊이 알게 되면 즉시로 '세속적 즐거움은 하나님의 영광에 비하면 아무것도 아닌 것' 임을 발견하게 됩니다. 그렇기 때문에 성부 하나님, 성자 하나님 그리고 성령 하나님을 바로 알게 되면, 당신은 당신에게 주어진 운명을 가장 완벽하게 성취하며 가장 큰 상급을 받게 될 것입니다.

다음 장에서 당신은 하나님의 방법대로 사는 것이 어떻게 운명을 완수하는 길로 당신을 인도하며, 어떻게 당신에게 큰 기쁨과 평화를 매일 가져다주는지에 대하여 배우도록 하겠습니다.

각주

1. Nancy C. Anderson, 『The Warning Sings of Infidelity』, Growhttrac.com.
2. *Draper's Quotes*, 1,024.

3
하나님의 방법으로 살라

여호와는 선하시고 정직하시니
그러므로 그 도로 죄인을 교훈하시리로다
온유한 자를 공의로 지도하심이여
온유한 자에게 그 도를 가르치시리로다
- 다윗(시 25:8-9)

"하나님께서 원하시는 것을 나도 원합니다.
이것이 내가 기뻐하는 이유입니다."
- 아씨시의 성 프란시스(1181-1226)

하나님의 방법들은 예외 없이 항상 최고입니다. 이러한 하나님이 당신의 운명을 항상 계획하고 생각하시기 때문에, 당신의 삶은 하나님의 완전한 뜻 안에서만 최고의 삶이 될 수 있습니다.

버지니아 주의 노포크(Norfolk)에 주둔하고 있던 신참 군목시절, 저는 시립교도소로 한 수병(水兵)을 방문한 적이 있었습니다. 지미는 당시 22세였으며 결혼 2년째였습니다. 그는 당시 매우 심각한 재정적 문제를 가지고 있었는데, 도무지 부채를 해결할 방법이 없자 식료품점에서 수백 달러 현금을 훔쳐 달아났었고 불과 10분 만에 붙잡히고 말았습니다. 놀랍도록 공손하며 온유한 태도를 가진 한 젊은이가 한 순간의 실수로 수십 년 징역을 살게 되고 말았습니다.

안타까움을 뒤로 하고 떠나려고 하자 그 젊은 수병은 저에게 더 슬픈 이야기를 들려주었습니다. "군목님, 저를 견디지 못하게 하는 일이 있었습니다. 제 아내는 하나님께 우리 부부에게 돈을 달라고 기도를 했었습니다. 저는 그런 일은 생길리가 없다고 믿었었는데, 제가 체포된 다음 날 그녀의 삼촌으로부터 우편으로 수표 한 장이 왔는데, 우리가 가진 모든 빚을 갚을 수 있는 금액이었습니다."

척 스윈돌(Chuck Swindoll)이 한 말은 절대적으로 옳습니다. "우리 대적은 대 전략가입니다. 짙은 안개를 우리 마음에 뿌려 지척도 분간할 수 없도록 만듭니다."[1]

지미는 이 진리를 어려운 방법을 통하여 배우게 된 것입니다.

끈기 있는 인내심을 기르십시오

조급함과 하나님의 무한한 사랑에 대한 신뢰심의 부족은 종종 우리로 하여금 성급한 행동을 하게 합니다. 만일 우리가 인내를 가지고 기다린다면 하나님께서는 우리에게 그분의 길을 보이실 것입니다. 30년간의 목회 경험을 통해서 저는 많은 사람들이 하나님께서 뜻을 보여주실 때까지 기다리는 일에 자주 실패하는 것을 목격했습니다. 정말 슬픈 일은….

성급함은 우리를 종종 고통으로 이끌고 만다는 것입니다.

시편 기자는 우리들에게 "여호와 앞에 잠잠하고 참아 기다리라 자기 길이 형통하며 악한 꾀를 이루는 자를 인하여 불평하여 말지어다"(시 37:7)라고 하였습니다. 주님께서는 우리가 아무것도 할 수 없을 때도 초조해하지 않고 주님의 뜻이 드러날 때까지 기다릴 때 우리를 기뻐하시고 자랑스럽게 여기십니다. 다음의 말을 마음에 새기십시오.

성령께서 당신의 삶을 민감하게 이끄실 수 있도록 하나님의 목소리에 조율된 삶을 사십시오.

해결이 불가능해 보이는 문제를 만날 때마다, 마귀는 당신 스스로 더 이상 방법이 없다고 포기하는 것을 학수고대하고 있습니다. 앞에는 홍해, 뒤에는 애굽 군대의 추격을 맞은 순간의 모세도 아마 포기하고 싶은 생각의 유혹을 받았을지 모르며, 사드락, 메삭, 아벳느고 역시 풀무불에 던져지려는 순간에 비슷한 생각의 유혹을 받았을지 모릅니다. 사자 굴에 갇힌 다니엘도 비슷하지 않았을까요? 그러나 이 믿음의 영웅들은 해결이 불가능하게 보이는 일들 앞에서도 믿음을 잃지 않았습니다. 그들은 어떤 대가를 지불한다 하여도, 그 대가가 자신들의 생명이어도, 하나님께 자신들의 모든 것을 온전히 맡겨버린 사람들이었습니다.

하나님의 방법으로 사는 이에게 주어지는 위대한 축복들

하나님께서 당신에게 주시는 한 가지 기쁜 소식이 있습니다. "하나님께서는 우리가 구하거나 생각하는 것보다 훨씬 더 좋은 것들을 주십니다"

(엡 3:2).

홍해가 갈라지고 애굽의 군대가 수장된 일에 모세가 증인입니다.

사드락, 메삭, 아벳느고는 뜨거운 풀무불 속에 던져졌지만 그 안에서 죽지 않았을 뿐 아니라, 그 불 속에서 '신의 아들과 같은' 또 다른 한 사람을 만났으며 아무 상해도 없이 다시 나올 수 있었습니다.

다니엘은 포악한 맹수들과 하룻밤을 보냈지만 다음 날 아침 천사가 사자들의 입을 막았다고 증언할 수 있었습니다.

당신은 이 진리를 받아들여야 합니다. 만일 자신의 힘, 곧 당신의 제한적인 것들, 곧 지혜, 육체적 능력, 설득적인 성격 그리고 경험들을 의지하여 살려고 한다면, 스스로에게 속았다는 사실도 모른 채 하나님께서 부여하신 목적, 곧 운명을 놓쳐버리고 말 것입니다.

하나님 아버지는 우리가 참된 삶을 살 수 있도록 하나님의 방법을 알려주기 원하십니다.

순종은 선택사항이 아닌 필수사항이지만 하나님께서는 우리에게 강제로 순종하게 하지는 않으십니다.

하지만 당신 스스로의 보잘것없는 본질을 뛰어넘어 하나님께서 부여하신 운명을 완수하는 길은 오직 살아계신 하나님의 방법과 능력 그리고 하나님의 영광을 위한 길 속에만 있음을 명심하기 바랍니다.

지혜로운 결정을 하십시오

하나님의 뜻과 당신의 뜻을 동시에 가질 수는 없습니다. 만일 당신이 지혜롭다면 하나님의 뜻을 받아들여 당신의 것으로 삼은 후, 하나님 나라를 속히 임하게 하는 일에 당신의 삶을 드리기 바랍니다. 당신의 삶을 인도해 달라고 하나님께 기도하는 것이 처음에는 모험적인 일처럼 느껴질 수도 있습니다. 그러나 하나님의 방법을 따르기로 한 결정이 얼마나 지혜로운 일이었는지는 순종 뒤에 따라올 엄청난 축복들이 증명해 줄 것입니다.

십대 시절에 저는 모터사이클을 가지고 싶어 했습니다. 모터사이클을 타고 확 트인 길을 달리는 것을 몇 달 간이나 갈망했는지 모릅니다. 그때 저에게 모터사이클은 꿈이었고, 없으면 도저히 견딜 수 없을 정도였습니다. 저는 아버지께 저금을 털어서 모터사이클을 살 계획을 말씀드렸습니다. 그러자 아버지는 웃음을 띠신 채 저를 조용히 응시하셨습니다.

잠시의 침묵이 지난 후 저는 우물쭈물하면서 아버지의 답변을 재차 요구했습니다. 그러자 이렇게 말씀하셨습니다. "아들아, 만일 네가 이 집에서 살기 원한다면 모터사이클은 사지 마라." 아버지의 이 말씀은 모터사이클을 사는 것이 어리석인 일임을 저에게 분명하게 말씀하신 것입니다.

저는 속이 상했지만 마음이 진정된 후, 아버지가 옳으셨다는 것을 깨달았습니다. 우리는 1년에 겨울이 6개월이나 되는 곳에 살고 있었습니다. 길고 긴 겨울 동안에는 모터사이클을 사용할 수 없습니다. 한 순간의 감정으로 모터사이클을 샀더라면 정작 필요할 때에는 살을 에는 추위와 눈 때문에 사용하지도 못하는 애물단지가 되고 말았을 것입니다. 제 아버지는 저를 사랑하셨기에 저에게 최고의 것을 주기 원하셨던 것입니다. 모터사이클에 눈이 먼 제가 다른 문제점을 볼 수 없을 때 제 아버지는 보셨습니다.

대신 아버지는 저에게 오래된 중고자동차를 사주셨는데, 그 차는 히터를 가지고 있었습니다!

우리를 사랑하시는 하나님은 우리가 스스로 만든 계획들 속에 있는 많은 허점들을 보고 계십니다. 반면 하나님께서 당신을 위하여 세심하게 만드신 계획을 따라 하나님의 방법대로 살 때 당신이 경험하게 될 축복들도 보고 계십니다.

하나님께서는 당신이 원하는 것을 하도록 내버려 두십니다. 그것이 죄라 할지라도 말입니다.

그러나 언젠가는 하나님의 방법이 항상 최고라는 것을 발견하게 될 것입니다.

당장은 손해를 보더라도 장기적인 안목으로 볼 때 하나님 안에 머물러 있는 것이 결국 훨씬 유익한 것이라는 것을 저는 깨달았습니다. 여러분도 저와 똑같은 진리를 발견할 것으로 믿습니다. 왜냐하면,

당신은 하나님을 사랑하기 위하여 그리고 그분의 뜻을 이루기 위하여 창조되었기 때문입니다.

사도 요한은 말했습니다.

> 누구든지 그의 말씀을 지키는 자는 하나님의 사랑이 참으로 그 속에서 온전케 되었나니 이로써 우리가 저 안에 있는 줄을 아노라 저 안에 거한다 하는 자는 그의 행하시는 대로 자기도 행할지니라(요일 2:5-6)

예수님은 아버지의 영광을 위하여 사셨습니다.

만일 예수님을 진정으로 사랑하신다면, 성령의 인도하심에 따라 예수님께서 하셨던 똑같은 일들을 당신도 매일 매일 하시게 될 것입니다. 예수님처럼 사십시오. 하나님의 뜻이 이루어지는 그곳에 하나님의 나라가

임하는 것을 보게 될 것입니다.

그러므로 하나님께서 하라고 명하신 일을 두려움 없이 행하십시오. 당신은 혼자가 아닙니다.

하나님의 뜻이 이루어지는 것은 너무도 중요합니다. 그렇기 때문에 하나님께서는 당신이 하나님의 뜻을 이루는 데 필요한 것은 무엇이라도 도와주십니다. 하나님이 당신의 삶을 매일 매일 인도하시도록 당신의 삶을 전적으로 주님께 의탁하십시오. 하나님은 하나님의 방법대로 모든 일을 행하기로 결단한 사람들에게 가장 중요한 사명을 맡기십니다.

주님은 당신이 하나님의 뜻 안에 살기를 원하십니다. 주님이 이렇게 말씀하셨습니다.

내가 어찌 거룩한 복음의 메시지를 추악한 손들과 마음을 가진 자들에게 맡길 수 있겠느냐? 내 말은 귀하고 귀한 진주 같은 것이지 싸구려 모조품이 아니다. 그것은 생명과 자유이다. 하지만 생명과 자유의 온전한 축제가 기다리고 있음도 모르는 많은 사람들은 겨우 말씀을 한 입씩 먹고는 만족해하고 있다. 세상의 것들이 너의 장자권을 빼앗지 못하도록 하며, 육체적인 저급한 유혹이 너의 운명을 흐려버리지 못하게 하라. 너는 나의 자녀이다. 네가 순종할 때 좋은 것으로 너를 축복할 것이다. 네가 기쁘게 나를 순종하면 반드시 나의 축복을 누리게 될 것이다. 만일 거역하고 불순종한다면 나는 나의 축복을 중단할 것이며 대신 죄의 대가를 치루게 될 것이다. 생명을 선택하라. 나를 선택하라.

하나님의 나라는 어떻게 세워집니까?

하나님의 나라는 하나님의 뜻이 이루어지는 곳에 세워집니다. 당신이 하나님의 뜻을 행할 때, 하나님은 당신을 통하여 그 능력을 이 세상에 펼치시며, 그때 하나님의 나라는 세워집니다.

하나님은 당신이 무엇을 해야 하는지를 정확하게 아실 뿐 아니라, 당신의 주변에 있는 사람들의 마음속에 하나님의 나라를 세우고자 하시는 하나님의 계획에 당신이 동참하는 것을 기대하고 계십니다.

이제 순종으로 나아가서 당신에게 주신 땅을 기경(起耕)할 때입니다.
빌 존슨(Bill Johnson) 목사님이 우리에게 말했습니다.

우리는 다스리기 위하여—피조물과 어두움을—그리고 지옥을 무너뜨리기 위하여, 또한 천국복음을 전함으로 예수님의 나라를 세우기 위하여 태어났습니다. 왕국은 왕이 다스리는 나라입니다. 하나님의 창조 목적에 의하면, 사람들은 피조물들을 다스리게 되어 있었습니다. 그러나 죄가 세상에 들어와서 피조물들은 재앙, 질병, 상처, 가난, 자연재난, 악한 영의 영향 등 한마디로 어둠의 세력에 오염되고 말았습니다. 우리는 여전히 피조물을 다스릴 권한을 가지고 있지만, 지금은 악한 마귀가 행한 일들을 들어내고 회복시키는 일에 초점을 맞추고 있는 실정입니다. 만일 우리가 하나님의 능력을 체험함으로써 그분의 능력을 받게 된다면 악한 마귀 자체를 내어 쫓을 수 있게 될 것입니다. 불가능한 상황을 맞서 싸워 이기는 하나님의 강력한 힘은 위로부터 능력을 공급받으며 그 능력을 다양한 환경 속에서 사용하는 법을 배우는 사람들을 통하여 나타날 것입니다.[2]

주님께서는 하나님의 나라를 이 땅에 임하게 하는 일—주님께서 혼자서 하실 수도 있는 일—에 당신의 도움을 필요로 하십니다. 하나님은 주님의 교회에 이 일에 대한 책임을 위임하였으며 헌신되고 구별된 성도들로 이루어진 큰 군대를 불러 모집하고 계십니다. 주님은 각자의 목적, 곧 운명을 이룰 준비가 되어 있는 사람들을 모으고 계십니다. 그들은 하나님께 순종하는데 최선을 다하는 사람들이며, 성령의 기름부으심 안에서 움직이는 사람들이고, 주님의 나라를 세우는 일에 있어서 전적으로 하나님의 인도하심을 따르는 사람들입니다.

당신은 지금 이 책을 우연히 읽고 있는 것이 아닙니다. 하나님께서 읽게 하신 것입니다. 하나님께서 당신을 통하여 당신이 사랑하는 사람들의 삶 속에 하나님의 나라를 임하게 하기를 원하시기 때문입니다.

하나님의 길을 따를 수 있도록 우리를 준비시키시는 하나님의 방법들

성화, 하나님의 뜻에 굴복, 깨어짐 등은 생동감 있는 성도의 삶과 하나님의 나라를 세우는데 있어서 필수불가결한 중요한 요소들입니다. 왜냐하면 성화는 거룩을 가져다주고, 굴복은 자원하는 심령을 가져다주며, 깨어짐은 우리를 하나님께서 쓰실 수 있는 사람으로 만들어 주기 때문입니다.

아마 당신은 성화와 하나님의 뜻에 굴복하는 것의 목적을 명백하게 알고 있을 것입니다. 그렇기 때문에 저는 서구의 교회들 사이에서 광범위하게 가르쳐지고 있는 깨어짐의 목적에 대하여 잠시 나누어 보겠습니다.

깨어짐이란, 하나님께서 당신을 다스리시기 위하여 현재 당신 삶을 지배하는 보좌에서 당신을 끌어내릴 때 사용하시는 방법입니다. 그렇다면 어떻게 깨어짐이 성도의 삶을 그렇게 변화시킬 수 있을까요? 중국의 신학자 워치만 니가 이렇게 말했습니다.

> 이 세상에 있는 모든 사람들 중에 일부는 주님의 생명을 가지고 있습니다. 주님의 생명을 가진 이들 중에도 두 종류의 사람들이 있습니다. 첫 번째 부류는 묶여 있고 제한되어 있고 결박되어 있는 생명을 가진 사람들입니다. 두 번째 부류는 주님께서 그 생명들을 자유케 하신 사람들입니다. 오늘날 우리가 가지고 있는 문제는 어떻게 생명을 소유하는가라는 문제가 아니라, 우리가 소유한 생명을 어떻게 우리 밖으로 흘러넘치게 하느냐의 문제입니다. 우리는 '주님께서 우리를 깨뜨리셨다' 라는 말을 합니다. 이 말은 어떠한 상징적인 말이나 교리적인 말이 아닙니다. 우리의 본질적인 본성이 주님에 의하여 깨어졌다는 의미입니다. 주님의 생명은 온 세상을 능히 덮을 수 있습니다. 그러나 그 생명이 바로 우리 안에서 묶여 있습니다! 주님께서는 능히 교회들을 축복하실 수 있습니다. 그러나 주님의 생명은 우리 안에 갇혀 있고 묶여 있고 억류되어 있습니다! 우리 겉사람이 깨지지 않으면 우리는 결코 교회의 축복이 될 수 없으며, 세상은 우리를 통해서 하나님의 은혜를 받을 수 없습니다! [3]

저는 군목이 되기 전 파견 전도사 시절에 이 깨어짐을 경험했습니다. 내 인생에 있어서 최악과 최고를 동시에 경험했던 1980년 1월의 한 매우 추운 날이 기억납니다.

그때 저는 완전히 낙담해 있었으며 목회 사역지를 떠날 생각만 하고 있었습니다. 9개월간 쉬지 않고 섬기며 노력했지만 눈에 띄는 열매는 하나도 없었습니다. 나는 철저하게 고립되었으며 지칠 대로 지쳤고 하나님의 도움도 더 이상 구하지 못할 만큼 자포자기의 상태였습니다.

저는 저의 작은 방에 무릎을 꿇고는 수십 년 만에 처음으로 울기 시작했으며 제 안에 있었던 암담함은 마치 냉냉한 북대서양의 안개처럼 느껴졌습니다. 저는 하나님께 부르짖기 시작했습니다. "아버지, 저 혼자서는 도저히 이 일을 할 수 없습니다. 아무것도 되지 않아요. 제 설교는 너무 평범하고, 주일 성경 공부반에는 아무도 찾아오지 않습니다. 그리고 그들은 예수님에 대하여 관심도 없어요. 아버지 제가 무엇을 해야 할지 저도 모르겠습니다. 죄송합니다. 제 방법으로 하는 것을 포기합니다. 무엇을 해야 할지 알려주세요. 아버지 제가 그것을 하겠습니다."

제가 제 삶을 하나님의 목적을 위하여 드리겠다고 하자 제 영혼 속에 있던 어두움은 서서히 물러가더니 대신 뭔가 다른 것이, 설명하기 어려운 느낌과 함께 내 안을 채우기 시작했습니다. 그때 저는 실패에 대한 두려움과 '다른 사람들을 기쁘게 하려는 마음'이라는 결박으로부터 해방을 받았습니다. 하나님 아버지로부터 사랑과 능력이 제 마음에 부어지는 것을 느꼈습니다. 주님은 저를 치료하셨고 능력을 부어주셨으며 제 운명을 이룰 수 있는 바른 길로 인도하셨습니다.

그날 이후로 저는 하나님께서 제 심장에 부어주신 성령의 불을 잃어버리지 않았으며, 수십 년이 지나도록 하나님과 그분의 나라에 대한 불타는 갈망이 점점 더 뜨거워지는 것을 경험하고 있습니다. 깨어짐은 종종 고통스러운 일이지만 우리에게 큰 영적인 축복을 주시는 하나님의 가장 효과적인 방법입니다. 최소한 제 경우에는 그랬습니다.

하나님께서는 하나님의 방법을, 주님의 뜻을 기도로 찾고 또 그분의 뜻을 이루는 것을 택하라고 우리에게 명하고 계십니다. 하나님께서는 지금 혁신적인 교회, 두려움 없는 교회, 사랑이 있는 교회, 섬기는 교회, 성령의 강한 기름부으심이 있는 교회를 찾으십니다. 하나님의 나라는 주님의 뜻이 이루어지는 곳에 임합니다. 하나님의 방법을 따라 살기로 결심하십시오. 당신은 당신의 목적, 곧 하나님께서 부여하신 당신의 운명을 이루는 사람이 될 것입니다.

당신의 운명을 장악하라

제3원리

당신은 하나님의 뜻과 당신의 뜻을
동시에 가질 수 없습니다.

액션 스텝_Action Steps

스텝 1: 지혜와 능력을 얻기 위하여 매일 기도하십시오.

당신은 지혜를 필요로 합니다. 어떤 분야에 대하여 매우 지혜로워도 항상 당신이 모르는 일들은 있기 마련입니다. 오직 하나님께서만이 인생의 모든 문제에 대한 해답을 아십니다. 우리는 잠언을 통하여 솔로몬이 이것을 이해하고 있었다는 사실을 알 수 있습니다. 역사상 가장 지혜로운 존재였던 솔로몬마저도 하나님의 지혜를 필요로 했었습니다. 그래서 그는 잠언 2장 1-6절을 통하여 그의 아들과 우리에게 이렇게 말했습니다.

> 내 아들아 네가 만일 나의 말을 받으며 나의 계명을 네게 간직하며 네 귀를 지혜에 기울이며 네 마음을 명철에 두며 지식을 불러 구하며 명철을 얻으려고 소리를 높이며 은을 구하는 것같이 그것을 구하며 감추인 보배를 찾는 것같이 그것을 찾으면 여호와 경외하기를 깨달으며 하나님을 알게 되리니 대저 여호와는 지혜를 주시며 지식과 명철을 그 입에서 내심이며

하나님께서는 "나의 말을 받으며 나의 계명을 네게 간직하며 네 귀를 지혜에 기울이며 네 마음을 명철에 두며 지식을 불러 구하며 명철을 얻으려고 소리를 높이며 은을 구하는 것같이 그것을 구하며 감추인 보배를 찾는 것같이 그것을 찾으라. 그러면—찾기 전이 아니라—그 후에 여호와 경외하기를 깨달으며 하나님을 알게 해주신다"라고 말씀하십니다.

지혜는 하나님의 마음에서 당신의 마음으로 옵니다. 야고보서 1장 5

절은 말하기를 "너희 중에 누구든지 지혜가 부족하거든 모든 사람에게 후히 주시고 꾸짖지 아니하시는 하나님께 구하라 그리하면 주시리라"고 하였습니다.

하나님의 방법대로 살기 위해서는 하나님의 방법을 이해하는 지혜뿐 아니라 성령의 능력도 필요로 합니다. 사람의 지혜는 하나님의 나라를 이 땅에 임하게 하기에는 너무 부족하며, 사람의 능력 역시 대적의 강한 진을 극복하기에는 너무 약합니다. 당신은 하나님의 능력이 필요합니다. 예수님께서 제자들과 작별하시고 승천하려고 하실 때 제자들에게 분부하신 것은 성령의 능력입니다. "오직 성령이 너희에게 임하시면 너희가 권능(두나미스)을 받고 예루살렘과 온 유대와 사마리아와 땅 끝까지 이르러 내 증인이 되리라 하시니라"(행 1:8).

죄를 이기고 주님의 길을 걷게 해줄 능력을 하나님께 구하십시오.

스텝 2: 하나님의 말씀을 읽고 공부하십시오.

성경은 세상에 주신 하나님의 선물입니다. 성경은 당신의 마음을 새롭게 하며, 당신의 마음을 하나님의 마음과 뜻에 일치시키는 완전한 진리를 가지고 있습니다. 말씀과 우리의 마음 사이에 있는 이 관계를 잘 이해하면 죄의 파워를 극복할 수 있을 것입니다. 다윗은 중요한 질문을 가지고 있었습니다. "청년이 무엇으로 그 행실을 깨끗케 하리이까?" 이 질문 후에 다윗은 스스로 하나님께 신실한 답변을 드립니다.

> 청년이 무엇으로 그 행실을 깨끗케 하리이까 주의 말씀을 따라 삼갈 것이니이다 내가 전심으로 주를 찾았사오니 주의 계명에서 떠나지 말게 하소

서 내가 주께 범죄치 아니하려 하여 주의 말씀을 내 마음에 두었나이다 찬송을 받으실 여호와여 주의 율례를 내게 가르치소서 주의 입의 모든 규례를 나의 입술로 선포하였으며 내가 모든 재물을 즐거워함같이 주의 증거의 도를 즐거워하였나이다 내가 주의 법도를 묵상하며 주의 도에 주의하며 주의 율례를 즐거워하며 주의 말씀을 잊지 아니하리이다(시 119:9-16)

예수님께서는, 바울이 설명한 바를 통하여, 하나님의 말씀은 성령의 검―강력한 영적인 무기―이라고 말씀하셨습니다. 광야에서 금식기도 하시던 중 예수님께서는 대적 마귀와 하나님의 말씀을 가지고 싸우셨습니다. 예수님의 이 모범은 우리에게 성경구절 암송의 중요성을 보여주신 일이기도 하지만, 하나님의 말씀을 큰 소리로 선포하는 것의 능력을 보여주기도 합니다(마 4:1-10). 우리의 주님께서 그러셨던 것처럼 당신도 고난과 유혹을 만날 것입니다. 당신이 매일 매일 정해진 양의 말씀을 읽고 묵상하는 일은 당신으로 하여금 당신의 삶에 나타날 대적의 모든 공격을 이길 힘을 줄 것입니다.

하나님의 말씀이 당신의 심령 안에 거하도록 하는 일과 당신의 마음을 열어 하나님의 방법을 받아들이는 일은 당신에게 더 없이 중요합니다. 조직적인 성경공부는 당신에게 새로운 차원의 영성뿐 아니라 하나님과의 친밀함도 가져다 줄 것입니다.

말씀의 사람이 되는 간단하지만 강력한 세 단계가 있습니다.

읽고, 공부하고, 기도하라.

1. 하루에 몇 장씩 꼭 읽으십시오.

2. 각 장의 한 부분을 깊이 있게 묵상하고 공부하십시오.
3. 하루에 한 절씩 붙잡고 종일 기도하십시오.

하나님의 말씀은 초자연적인 능력을 가지고 있습니다. 말씀은 믿음을 세우고 또 당신을 하나님의 길로 인도할 것입니다. 하나님의 말씀에 늘 거하십시오. 하나님의 강력한 능력으로 무장되어 승리를 얻을 것이며, 하나님께서 당신에게 부여하신 인생의 목적, 곧 당신의 운명을 완성하는 사람이 될 것입니다.

스텝 3: 하나님의 방법에 당신의 삶을 맡기십시오.

하나님께서는 당신의 필요를 아십니다. 때론 당신이 알아차리지 못하고 있는 필요도 주님께서는 다 알고 계십니다. 당신의 마음과 사고의 저 깊은 아래에 있는 필요들까지도 아십니다. 그리고 하나님께서는 당신에게 꼭 있어야 할 중대한 필요, 곧 없으면 당신 삶이 바뀔 정도의 필요 그리고 없으면 하나님의 길을 찾는 일에 큰 혼동을 겪을 정도의 필요도 다 아십니다.

하나님은 당신을 내면의 고통과 깊은 상처와 나약한 태도로부터 해방시켜주시기를 갈망하고 계십니다. 당신의 마음은 생명의 근원이지만, 악한 마귀는 때때로 우리 마음 한켠에 숨어서 잠복하고 있음을 주지해야 합니다. 악한 대적은 우리의 생각 속에 견고한 진을 만들어 놓고는 우리를 우리의 운명으로부터 도적질하기를 학수고대하며 기다리고 있습니다.

우리를 사랑하시는 하늘 아버지께서는 당신에게 당신의 삶을 하나님께 드리라고 명하고 계십니다. 여러분의 심장과 마음과 힘까지도 하나께 맡기라고 지금 말씀하십니다. 하나님께 맡기면 하나님께서 당신을 무장시키고 능력을 부여하셔서 영적 싸움에서 승리하게 하실 것입니다. 더욱이, 하나님께서는 불필요하고 고통스러운 수고와 분투로부터 당신을 해방시켜 주실 것입니다. 하나님의 뜻을 따라 행하십시오. 그러면 하나님을 보류한 채 당신 스스로의 뜻을 따라 살 때와는 비교할 수 없는 큰 기쁨과 평화 그리고 성취를 누리게 될 것이라는 확신 속에서 하나님의 안식을 얻게 될 것입니다.

다윗이 기도한 것처럼 다시 한 번 모든 것을 하나님의 방법에 맡기는 기도를 하기 바랍니다. "여호와여 주의 도를 내게 보이시고 주의 길을 내게 가르치소서 주의 진리로 나를 지도하시고 교훈하소서 주는 내 구원의 하나님이시니 내가 종일 주를 바라나이다"(시 5:4-5).

결론

당신의 삶은 그리고 당신은 하나님과 중대한 관계를 가지고 있습니다. 무엇보다 당신은 하나님의 임재하심 안에 있는 기쁨과 축복을 경험하는 존재로 창조되었습니다. 하나님의 방법을 따르십시오. 당신을 '당신의 운명을 완수하는 장소'로 인도할 것입니다. 대적들은 당신을 기만합니다. 하나님의 영원한 뜻을 훼방할 뿐 아니라 당신을 속여서 이 세상에 있는 것들을 즐기는 것 외에는 당신의 삶에 아무런 목적도 존재하지 않는다고 믿게 하려 합니다. 그러나 그것은 거짓말입니다. 주님은 당신을 번영케 하려는 계획을 가지고 계시지만 당신이 그 계획을 추구하도록 강제적으로 끌어당기지는 않으십니다. 하지만 당신이 주님을 신실하게 찾는

다면 주님께서는 당신에게 상을 주실 것입니다.

그러므로 의미 있는 삶으로 인도할 그 길을 따르십시오. 당신의 삶을 하나님의 방법에 맡기십시오. 그리고 기억하기 바랍니다.

의로운 길에 생명이 있나니 그 길에는 사망이 없느니라(잠 12:28)

다음 장에서는 당신의 가족과 교회, 직장과 사업장 그리고 지역사회에 다가오는 대적의 공격을 이기기 위하여, 하나님께서 주신 능력과 권세를 어떻게 사용하는가에 대하여 배울 것입니다.

각주

1. *Draper's Quotes*, 2,260.
2. 빌 존슨, 천국이 이땅을 침노할때: 기적을 체험하는 삶의 실제적인 지침서(Shippensburg,PA, Destiny Image, 2003), 32-33.
3. 워치만 니, 자아의 파쇄와 영의 해방, (Anaheim, Living Stream Ministry, 1997), 9.

4

당신의 권세를 사용하라

예수께서 이르시되 사단이 하늘로서 번개같이 떨어지는 것을 내가 보았노라 내가 너희에게 뱀과 전갈을 밟으며 원수의 모든 능력을 제어할 권세를 주었으니 너희를 해할 자가 결단코 없으리라
- 예수 그리스도(눅 10:18-19)

"오직 갈보리의 밝은 빛만이 지옥의 어두운 일들을 소멸시켜버릴 수 있기 때문에 황량한 환경을 바꾸고 우리의 삶을 잠식해 들어오는 악한 조류를 뒤바꿀 수 있는 유일한 사람들은
예수님의 이름으로 기도하는 사람들이다." [1]
- 잭 헤이포드(Jack Hayford)

마귀는 도적이며 살인자입니다. 그는 거짓말쟁이이며 거짓, 불법, 모략 그리고 불타는 복수심의 아비입니다. 그는 넘어뜨리기 쉬운 표적들을 찾아다닙니다. 당신을 도적질하지 못하게 하십시오. 당신은 빼앗길 것이

너무 많습니다.

캐시는 열여섯 살에 사악한 마녀모임에 가입했습니다.

하지만 그녀는 3년 후 그 모임에서 탈퇴한 후 예수님께 자신의 삶을 드리게 되었습니다. 10년이 지난 후 그녀는 남편과 함께 제가 인도하는 홈바이블 스터디(home Bible study)에 참석을 하기 시작했는데 어느 날 밤 주님께서는 저에게 그녀를 위하여 기도하게 하셨습니다.

캐시는 기도를 허락하였고 우리 모임에 있던 5명이 그녀 주변에 모여 조용하게 기도하기 시작했습니다. 약 몇 분 후 저는 갈색 머리의 한 어린 소녀가 검정 시트로 덮인 침대에 누워있으며 그 위에는 어두운 그림자가 떠다니는 환상을 보게 되었습니다. 방의 한 쪽에는 두 개의 검정 초가 검정색 제단 위에서 불을 밝히고 있었습니다.

저는 캐시에게 제가 본 것이 어떤 의미냐고 물었습니다. 캐시는 제가 본 것은 그녀의 예전 침실이며 갈색 머리는 염색하기 전 원래의 머리색이라고 말했습니다. 그녀는 울면서 지난 3년간 겪었던 마녀모임에서의 기억에 대하여 말하기 시작했고 그 후 매일같이 자살하고 싶은 충동을 느꼈다고 털어 놓았습니다.

그녀를 괴롭히는 어둠의 권세로부터 그녀를 해방해 달라는 기도를 시작하자 그녀는 자신의 오른쪽 귀를 막으며 큰 소리의 휘파람 소리와 함께 날카로운 아픔을 느꼈다고 말했습니다. 몇 분이 지난 후 캐시는 안정감을 되찾았습니다. 우리는 더 기도해야겠다는 감동을 받아 약 20분 정도 캐시를 위하여 더 기도했습니다. 기도를 마치자 캐시는 상기된 채 **뺨**이 붉게 달아오르기 시작했습니다. 그녀는 성령으로 충만을 받았으며 지난 십 수 년 만에 처음으로 평화를 누리게 된 것입니다.

우리가 함께 기도한 지 불과 수일 후 그녀는 남편과 함께 다른 시(市)로 전근을 가게 되었습니다.

3개월 후 저는 캐시와 그녀의 남편이 새롭게 정착하고 있는 지역에 임시로 파견을 가게 되었으며 캐시 부부가 저를 자신들의 집으로 초대하였습니다. 그들의 집에 도착하자 그녀는 우리가 기도한 그 밤에 있었던 일을 흥분된 목소리로 말해주기 시작했습니다.

캐시는 큰 기쁨에 빠져 있었습니다. 지난 3개월 간 한 번도 자살 충동을 느끼지 않았음은 물론 예수님과 사랑에 빠졌다는 사실에 전율을 느끼고 있었습니다. 그녀가 겪었던 지난 시절의 어두운 영적 사실을 전혀 몰랐던 남편도 그녀의 완전한 변화에 마음이 변화되고 말았습니다.

이 지구상에 사는 모든 그리스도인들은 하나님께서 주신 영적 능력과 권세를 가지고 있습니다. 하지만 불행히도 거의 대부분은 어떻게 사용하는지를 모르고 있습니다!

아마 당신도 당신 자신이 그러한 능력과 권세를 가졌다는 사실을 모르거나 아니면 믿지 않을지도 모릅니다. 그러나 당신은 가지고 있습니다. 이제 하나님께서 주신 권세를 이해하고 사용할 때입니다.

하나님께서는 하나님의 땅―마땅히 우리에게 속해 있는―을 회복하는 일에 헌신할 영적 용사들을 전 세계적으로 모집하고 계십니다. 이 일을 통하여 하나님의 나라가 이 땅에 임하게 될 것입니다.

마귀의 능력과 권세에 대하여 알고 있는 것은 무엇입니까?

우리가 대면하고 있는 대적은 '사람들의 마음을 지배하고 또 성도들과 싸움을 벌여온 일'에 풍부한 경험을 가진 존재입니다. 이 어려운 싸움을 싸워야 하는 우리에게 기쁜 소식이 있습니다. 우리는 승리하도록 결정되어 있는 팀에 소속되어 있다는 것입니다. 예수님께서 십자가에 달려 돌아가심으로 말미암아 이 싸움을 이미 이겨놓으신 것입니다. 물론 예수님께서 다시 오시기 전까지는 작은 접전들이 여기저기에서 일어날 것입니다. 하지만 마귀는 결국 이미 정해져 있는 패배의 결말을 받아들일 수밖에 없는 날을 맞이하고 말 것입니다.

사도 요한은 우리에게 이렇게 예언하였습니다.

> 또 저희를 미혹하는 마귀가 불과 유황 못에 던지우니 거기는 그 짐승과 거짓 선지자도 있어 세세토록 밤낮 괴로움을 받으리라(계 20:10)

몇 년 전 저는 한 꿈을 꾸었습니다. 꿈속에서 저는 집 밖에 있는 한 더러운 길을 걷고 있었습니다. 그 길은 어떤 공사를 위하여 임시 울타리를 설치하고 있는 몇 명의 남자들이 일하는 지역과 접해있는 길이었는데, 그 길을 따라 쭉 걷다가 매우 뚱뚱한 남자를 만났습니다. 꿈속에서 저는 즉각 그 남자가 제 돈을 뺏으려 한다는 사실을 알게 되었습니다.

그는 특별히 위협적으로 보이지는 않았습니다. 그는 저에게 다가오더니 많은 주머니를 가진 두툼한 지갑을 자신의 바지에서 쑥 빼었습니다. 그러더니 그 지갑의 주머니에서 뭔가를 찾더니 마침내 아주 오래되고 날이 무뎌진 작은 면도칼을 찾아내었습니다. 그 남자는 그것을 무기삼아 저를 협박하여 돈을 빼앗으려던 참이었습니다. 그는 협박할 아무런 힘도 없는 무기를 들고 있었던 것입니다. 저는 그러한 그에게 떠나라고 말했습니다다. 예수님의 이름으로 꾸짖자 그는 바로 돌아서더니 떠나버렸고 저는 계속하여 걷기 시작했습니다.

저는 꿈에서 깬 후 일기에 제 꿈 이야기를 기록해 두었습니다. 그때 성령께서 저에게 말씀하셨습니다. "마귀는 너에 대하여 행사할 수 있는 아무런 힘도 가지고 있지 않다. 마귀에게는 그리스도의 권세를 가지고 있는 너를 이길 힘이 전혀 없다."

정말로 기쁜 소식이 아닐 수 없습니다!

그러나 나쁜 소식도 있습니다. 마귀의 지갑에는 돈이 가득하다는 것입니다. 마귀가 가지고 있는 돈다발은, 사람들로 하여금 마귀가 사람들의 돈을 빼앗을 힘이 있다고 생각하게 만듭니다. 그러나 마귀한테는 유감스럽지만 그는 하나님의 아들들과 딸들에게서 무엇인가를 빼앗아 올 아무런 힘을 가지고 있지 않습니다.

마귀는 하나님으로부터 영광을 빼앗는 것과 하나님의 자녀로부터 운명을 도적질하는 일에 최우선 수위를 두고 있는 독선적인 과대망상자일 뿐입니다. 하나님의 무한하신 능력과 위대함에 비한다면, 마귀의 힘은 아무것도 아닙니다. 그는 순종과 축복이라는 최상의 길대신 반역과 불순종이라고 하는 악하고 어리석은 길을 선택했습니다. 마귀는 우리가 허락하지 않는 한 우리로부터 아무것도 빼앗을 수 없습니다.

예수님은 하나님의 능력과 권세로 사역을 하셨습니다

실수가 없으셨습니다. 예수님은 하나님의 아들로서의 신적인 권위를 단 한 번도 잃지 않으셨습니다. 예수님께서 이 땅에 오신 이유는 이미 가지고 있는 것을 되찾기 위함이 아닙니다. 죄를 용서하시고, 아담과 하와가 반역한 천사들, 곧 타락한 천사들에게 넘겨준 '사람에게 위임되었던 권리'를 되찾기 위하여 오셨습니다.

가장 중요한 것은 예수님께서 우리를 죄와 사망의 권세로부터 구속하시기 위하여 오셨다는 사실입니다. 예수님께서 이 땅에 오시기 위하여 하늘의 영광스러운 보좌를 버리고 오셨다는 사실이 당신을 놀라게 할 것입니다. 그러나 우리가 마귀에게 넘겨준 권세를 되찾기 위해서는 그렇게 하셔야만 했던 것입니다. 사도 바울이 이렇게 말했습니다.

> 그는 근본 하나님의 본체시나 하나님과 동등됨을 취할 것으로 여기지 아니하시고 오히려 자기를 비어 종의 형체를 가져 사람들과 같이 되었고 사람의 모양으로 나타나셨으매 자기를 낮추시고 죽기까지 복종하셨으니 곧 십자가에 죽으심이라(빌 2:6-8)

예수님께서 세례 받으실 때 성령의 능력도 함께 받았다고 성경은 말하고 있습니다. 신성을 가지신 성자 하나님께서 왜 성령을 받으셔야 했을까요? 그 이유는 예수님께서 이미 하나님의 뜻을 이루시기 위하여 겸손히 자신의 능력과 영광을 스스로 비우신 채 오셨기 때문입니다. 예수님은 자신을 따르는 모든 사람들도 똑같이 성령의 능력을 받기를 원하고 계십니다. 누가가 그 상황을 이렇게 기록했습니다.

> 백성이 다 세례를 받을새 예수도 세례를 받으시고 기도하실 때에 하늘이 열리며 성령이 형체로 비둘기같이 그의 위에 강림하시더니 하늘로서 소리

가 나기를 너는 내 사랑하는 아들이라 내가 너를 기뻐하노라 하시니라(눅 3:21-22)

예수님은 성령의 능력 안에서 권세를 사용하심으로 물을 포도주로 만드셨고, 문둥병 환자를 치료하셨으며, 소경의 눈을 뜨게 하셨고, 앉은뱅이를 일으키셨습니다. 또한 귀신들을 쫓아 내셨고, 죽은 자를 살리셨으며, 오병이어로 남자만 5,000명을 먹이셨고, 풍랑을 잠잠케 하셨으며, 물 위를 걷기도 하셨습니다.

예수님 당시의 사람들은 예수님께서 권세와 능력을 가지고 천국 복음을 설교하셨으며, 병든 자를 고치셨고, 악한 영을 쫓아 내셨다는 사실을 알았습니다. "예수께서 꾸짖어 가라사대 잠잠하고 그 사람에게서 나오라 하시니 귀신이 그 사람을 무리 중에 넘어뜨리고 나오되 그 사람은 상하지 아니한지라 **다 놀라 서로 말하여 가로되 이 어떠한 말씀인고 권세와 능력으로 더러운 귀신을 명하매 나가는도다 하더라 이에 예수의 소문이 그 근처 사방에 퍼지니라**"(눅 4:35-37).

예수님은 하나님께서 주신 권세와 능력을 사용하라고 말씀하십니다

예수님께서 죽으시고 부활하신 후 제자들에게 이렇게 말씀하셨습니다.

예수께서 나아와 일러 가라사대 하늘과 땅의 모든 권세를 내게 주셨으니 그러므로 너희는 가서 모든 족속으로 제자를 삼아 아버지와 아들과 성령의 이름으로 세례를 주고 내가 너희에게 분부한 모든 것을 가르쳐 지키게 하라 볼지어다 내가 세상 끝날까지 너희와 항상 함께 있으리라 하시니라(마 28:18-20)

무슨 말씀인지 아시겠습니까? 하늘(한 번도 빼앗기신 적이 없었던)과 땅(십자가에서 피를 흘리심으로 마귀로부터 되찾으셨던)의 모든 권세가 예수님께 주어졌다는 말입니다. 그리고 예수님은 그 권세를 당신에게 거져 위임하십니다. 이 권세는 우리가 수고하여 얻은 것이 아닙니다. 이 권세는 하나님의 나라를 확장하는 일에 힘쓰는 이 땅의 모든 그리스도인들에게 거져 주어집니다.

그리고 보너스도 있습니다.

우리는 하나님의 뜻을 이루기 위하여 권세(엑수시아)뿐만 아니라 능력(두나미스)도 부여받았습니다. 예수님께서 말씀하시기를 "내가 너희에게 뱀과 전갈을 밟으며 원수의 모든 **능력**을 제어할 **권세**를 주었으니 너희를 해할 자가 결단코 없으리라"(눅 10:19).

사도행전은 자유케 함과 치료 그리고 여러 기적들의 기사(記事)로 가득 차 있습니다. 역사책들을 보아도 여러 시대에 걸쳐 기적들이 기록되어 있음을 알 수 있습니다. 그리스도인들은 오늘날도 세계 곳곳에서 기적으로 역사하시는 하나님을 볼 수 있습니다.

제 딸은 최근 브라질 단기선교를 마치고 돌아왔습니다. 제 딸과 다른 두 여자 성도님들은 브라질에서 유방암에 걸린 한 여자분을 위하여 기도해 달라는 요청을 받았습니다. 마침 통역을 하시는 분이 간호사여서 종양의 위치와 크기를 제 딸과 동행한 두 분에게 잘 설명해 주었다고 합니다.

세 명이 기도를 시작하자 놀라운 일이 일어나기 시작했습니다. 종양의 크기가 줄어들기 시작한 것입니다.

통역하는 간호사는 계속적으로 종양의 크기를 재어보면서 점점 작아지는 것을 확인하여 주었고 45분 후 마침내 종양은 완전히 사라지고 말았습니다.

천국에 있는 완전한 건강이 이 땅에 있는 불완전한 건강, 곧 암에 걸린 육신이 가지고 있는 불완전한 건강을 침공한 것입니다. 성령께서 능력으로 역사하실 때 천국의 실체가 이 땅의 병약한 건강을 대체해 버린 것입니다. 당신은 하나님께서 명하신 그 어떤 일이든지, 그 일을 이루는 데 필요한 모든 능력과 권세를 가지고 있습니다. 만일 당신이 하나님께서 주신 권세와 능력을 사용하는 법만 제대로 알고 있다면 마귀는 절대로 우리를 이기지 못합니다. 사도 바울이 말했습니다.

> 종말로 너희가 주 안에서와 그 힘의 능력으로 강건하여지고 마귀의 궤계를 능히 대적하기 위하여 하나님의 전신갑주를 입으라 우리의 씨름은 혈과 육에 대한 것이 아니요 정사와 권세와 이 어두움의 세상 주관자들과 하늘에 있는 악의 영들에게 대함이라 그러므로 하나님의 전신갑주를 취하라 이는 악한 날에 너희가 능히 대적하고 모든 일을 행한 후에 서기 위함이라(엡 6:10-13)

하나님은 당신에게 하나님 나라를 섬기는 데 필요한 능력을 주십니다

하나님의 뜻을 행하는 곳에 하나님의 나라가 임하는 것을 보기 원하십니까? 그렇다면 복음을 더 효과적으로 전하며, 병든 자를 치료하며, 악한 영을 내쫓을 수 있는 하나님의 능력이 필요합니다. 당신은 또한 하나님께서 움직이시는 방향의 흐름을 따르는 법과 성령의 은사를 따라 행하는 방법을 배워야 합니다.

성령세례는 하나님의 초자연적인 능력이 우리에게 부여되는 일입니다. 누구든지 주님이시며 구원자이신 예수님께 삶을 드리기로 고백하면, 그 순간 성령께서 그들 속에 거하시게 됩니다. 그렇기 때문에 바울이 이렇게 물어 보았습니다.

> 너희 몸은 너희가 하나님께로부터 받은 바 너희 가운데 계신 성령의 전인 줄을 알지 못하느냐 너희는 너희의 것이 아니라(고전 6:19)

그러나 모든 그리스도인들이 성령님의 뜻대로 움직이지는 않습니다. 이것은 마치 유니폼과 배트와 글러브를 락커룸에 두고 벤치에 앉아 있는 야구선수들과 비슷합니다. 코치의 명령에 따라 그들은 경기장에 나갈 수는 있겠지만 유니폼과 배트와 글러브 없이는 이길 가능성이 없습니다.

하나님께서 당신에게 맡기신 일을 하는데 있어서 꼭 필요한 무장은 오직 성령님으로부터 옵니다. 왜냐하면 당신의 능력은 너무 제한적이고, 하나님의 능력은 무한하기 때문입니다.

세례 요한이 예수님에 대하여 이렇게 말했습니다. "나는 너희에게 물로 세례를 주었거니와 그는 성령으로 너희에게 세례를 주시리라"(막 1:8). 성령님은 성도들이 효과적으로 하나님의 나라를 섬길 수 있도록 무장시키십니다. 하나님께서는 주님의 뜻을 행하려는 사람들과 함께 일하시며, 그들을 통하여 초자연적인 능력의 강물을 이 세상으로 흘려보내십니다. 우리는 순종과 섬김을 통하여 대적을 이기며 하나님의 나라를 이 땅에 임하게 할 수 있습니다. 하나님의 나라가 임하는 그곳에 죄와 악함은 서 있을 수 없습니다.

우리가 캐시를 위하여 기도하면서 그녀의 마음을 괴롭히는 귀신들을 명하여 떠나라고 했을 때 하나님 나라의 실체가 그녀의 삶 속의 실체로 임했습니다. 그녀는 마귀의 손아귀에서 해방되었습니다. 악한 영들은 하나님의 빛 아래 서 있을 수 없기 때문에, 우리가 그녀에게 안수하고 하나님의 말씀을 선포함으로써 성령께서 임하시자 도망칠 수밖에 없었습니다. 그녀의 심장은 새롭게 되었고, 그녀의 마음과 정서는 온전하게 회복되었습니다. 우리는 단지 하나님의 사신(使臣)의 자격으로 하나님께서 부여하신 권세를 선포하였으며 마귀는 쫓겨갈 수밖에 없었습니다. 어떻게 이러한 일이 일어날 수 있습니까?

하나님의 나라로부터 온 능력이 캐시의 내면에 침투하여 마녀교와 연관을 맺으면서부터 자신 속에 들어오도록 허락했던 어둠을 청소하기 시작했습니다. 그리고는 하나님의 빛과 사랑으로 채우기 시작했던 것입니다. 빛과 사랑의 나라는 항상 어둠의 나라를 이기게 되어 있습니다. 마일스 몬로(Miles Monroe)가 이렇게 말했습니다.

하나님은 왕과 절대 권력자로서 영적인 세계와 물질적인 세계 모두를 지배하십니다. 하나님께서 지구와 행성들을 창조하시고 동물들을 창조하신 후, 사람들에게 지구상의 모든 것을 다스리게 하셨습니다. 하나님은 우주의 왕이시며 우리는 지상의 물질적 세계를 맡아서 다스리는 관리자입니다. 지구는 우리에게 지정된 영역입니다. 하나님께서 맡기신 이 땅의 지배자로서의 우리. 우리가 바로 이 땅에 있는 하나님의 나라입니다. 그러므로 하나님의 나라는 지구 그 자체가 아니라, 이 지상에서 하나님의 다스림을 대신하도록 선택된 우리 자신들입니다. 지구라는 행성은 하나님의 나라가 아닙니다. 하나님의 나라는 하나님의 다스림을 이 행성에서 실현시키는 우리들입니다. 하나님의 나라는 특정한 장소에서 나타나는 것이 아니라, 하나님의 사람들에게서 나타납니다.[2]

우리는 날마다 마지막 때를 향하여 나아가고 있습니다. 예수님께서는 이미 전투에서 승리하셨고 마귀는 자기의 때가 얼마 남지 않았음을 알고 있습니다. 마귀는 술을 너무 많이 마셔서 취해 비틀거리는 사람과 같습니다. 그는 자신이 이 세상에서 이루어 놓은 파괴와 타락 때문에 취하여 기뻐 춤을 추며 비틀거리고 있습니다. 그러나 그의 멸망은 명백합니다. 심판뿐 아니라 멸망도 맞이하게 될 마귀는 악에 바친 나머지 우리를 대적하기 위하여 동원 가능한 모든 무기를 사용할 것입니다. 매우 효과적으로 두려움과 걱정, 불안을 사용하여서 우리의 초점을 예수님으로부터 다른 곳으로 옮겨 놓으려 하고 있습니다. 저는 기도와 예배를 통하여 그리고 매일 성경을 읽음으로써 이 싸움을 이겨나가고 있습니다.

전투를 준비하십시오

마귀는 성도들과의 전쟁을 할 때, 어떻게 하든지 하나님의 사랑을 신뢰하지 못하게 하며 기도를 중단시키려는 일에 골몰하고 있습니다. 기도는 적들의 견고한 진을 파괴하며, 하나님의 능력을 이 세상으로 흘러오게 하는 열쇠입니다.

기도로 병을 치유 받은 사람을 위하여 했던 그 기도를 잠시 생각해 봅시다. 하나님께서 주신 지혜 중의 하나인 의학을 무시하거나 폄하하는 것이 아님을 먼저 밝혀 둡니다. 우리가 병든 자들을 위하여 기도하는 것은 은혜와 능력의 대리자로서 질병과 상처의 강력함을 공격하는 일이며, 이는 초자연적인 하나님 나라의 능력이 우리를 통하여 이 땅에 부어지게 하는 탄원의 말이며 선언의 말입니다.

이것을 놓치지 마십시오. 캐시를 위하여 아무도 기도하지 않았다면 그녀는 대적에게 영혼을 빼앗기고 자살로 인생을 마쳤을 것입니다.

기도는 능력(**두나미스**)—회복, 자유 그리고 초자연적인 능력을 가져옵니다. 당신 앞에는 장래에 일어날 많은 일들이 있습니다. 주님께서 이렇게 말씀하셨습니다.

미래는 성도들의 기도에 따라 바뀌고 결정될 것이다. 나의 백성들이 능동적으로 탄원하는 삶을 살 때 역사의 줄기도 바꿀 수 있게 될 것이다. 너희 영혼의 대적은 일부 성도들의 수동적인 삶에 의하여 힘을 얻게 될 것이며, 마찬가지로 신실한 성도들의 기도에 의하여 자주 그 뜻이 좌절될 것이다. 이 진리를 이해하라. 마귀는 이미 패배했다. 마지막 때를 향하여

한 걸음씩 다가갈수록 마귀의 힘은 점점 더 쇠퇴해질 것이다. 그는 많은 강력함들을 가지고 있지만 사람들의 마음이야말로 그가 사용할 수 있는 가장 강력하고 치명적인 무기가 될 수 있음을 기억하라. 사람의 마음은 악한 영이 은둔해 있는 어둠의 요새이며 이 세상을 향한 그들의 출구가 될 수 있기 때문이다.

　너와 많은 믿음의 사람들은 악한 영들에 대하여 대단히 유리한 위치를 점하고 있다. 그것은 단지 마귀가 존재한다는 사실을 안다는 정도가 아니다. 그것은 모든 사람들을 위하여 흘린 내 피의 능력을 결정적으로 인식하고 있다는 것이다. 내 피가 마귀를 패배시켰다. 완전한 어린 양으로서 흘린 피는 마귀의 모든 운명을 봉인해 버렸다. 그러나 현실 세상에서는 그가 아직도 힘을 가지고 있음을 기억하라. 하지만 그의 시간은 끝나가고 있다. 자신의 멸망이 시작되고 있는 지금, 자신의 때가 얼마남지 않았음을 알고 몸부림치고 있다.

당신의 운명을 장악하라

제4원리

마귀에게는 그리스도의 권세를 가지고 있는 당신을 이길 힘이 전혀 없습니다.

액션 스텝_Action Steps

스텝 1: 당신의 영적 권세를 사용하십시오.

모든 그리스도인들은 하나님께서 주신 영적 권세를 가지고 있습니다. 당신이 예수님을 구주로 영접할 때 성령께서는 당신 안에 거하시기 시작합니다. 성령님의 지혜로운 상담과(약 1:5) 영적인 능력과 사랑과(롬 5:5) 권세는(마 28:18-20) 당신에게 부여된 목적, 곧 운명을 이루는데 항상 사용할 수 있는 자원입니다. 하나님의 뜻을 이루며 하나님의 나라를 이 땅에 임하게 하는 우리의 노력을 훼방하기 위하여, 마귀는 가능한 모든 수단을 다 사용한다는 사실을 깨달아야 합니다. 수동적인 태도는 억압과 영적 약함으로 당신을 인도하고 말 것입니다. 그러므로 당신의 운명을 이루고 하나님의 나라가 이 땅의 한 사람 한 사람에게 임하는 것을 보기 원한다면 당신에게 주어진 영적 권세를 사용하여야만 합니다.

말씀은 창조적인 능력과 파괴적인 능력을 모두 가지고 있습니다. 예수님은 죽은 나사로의 몸에 생명을 선포하셨으며(요 11) 열매 없는 무화과나무에게는 죽음을 선포하셨습니다(마 21:18-22). 당신의 말에도 생명과 죽음을 가지고 올 수 있는 능력이 있습니다(잠 18:21). 이것이 바로 마귀가 우리로 하여금 긍정적인 말 대신 부정적인 말을 하도록 유혹하는 이유입니다. 대적의 악한 공격을 싸워 이기기 원한다면 예수님의 이름으로 떠나라고 명령하여야 합니다(약 4:7). 마귀를 대적하는 것이 그에게 영적인 틈을 보이지 않고 그를 도망가게 하는 길입니다(엡 4:27).

예수님은 마귀가 예수님의 지체를 이길 수 없다고 말씀하셨습니다.

"이 반석 위에 내 교회를 세우리니 음부의 권세가 이기지 못하리라"(마 16:18). 하나님은 마귀의 견고한 진을 파괴하며(고후 10:4), 대적이 훔쳐간 것을 되찾으며, 하나님의 나라가 전진하는 것을 막는 마귀의 어떠한 방해 공작도 무너뜨릴 능력과 권세로 당신을 이미 무장시켜 놓으셨습니다.

많은 그리스도인들은 예수님께서 광야에서 하셨던 것처럼(마 4:1-11) 기도하고 선포함으로써 영적 전투에서 하나님의 말씀을 어떻게 사용하는 가를 배우고 있습니다. 그들은 하나님의 약속을 선포하고, 영적인 세계를 향하여 하나님의 말씀을 외치면서 마귀가 빼앗아 거주하고 있는 영역을 되찾고 있습니다. 또한 당신의 기도는 악한 영을 이기는 강력한 능력을 가지고 있습니다.

마귀에게는 그리스도의 권세를 가지고 있는 당신을 이길 힘이 전혀 없다는 것을 기억하십시오. 하나님께서 주신 영적 권위를 가지고 예수님의 이름으로 마귀에게 명령하십시오. 당신의 몸에서, 마음에서, 정서에서, 아이들에게서, 결혼생활에서, 가정에서, 이웃에서, 교회에서 그리고 지역사회에서 떠나라고! 당신이 기도할 때 하나님은 초자연적으로 역사하십니다. 이것을 기대하십시오.

스텝 2: 승리를 얻을 때마다 하나님께 영광을 돌리십시오.

당신의 대적이 당신의 자아 속에서 결코 발판을 가지지 못하도록 매우 신중하며 주의해야 합니다. 교만은 성도들이 넘어지는 대표적인 원인입니다. 저는 기독교 지도자들이 넘어지는 가장 대표적인 원인이 자신들의 감정 속에 '예외'를 서서히 그리고 조금씩 더했기 때문이라고 믿습니다. 당신은 하나님의 아들 또는 딸입니다. 그렇기 때문에 당신의 행동에 대하여 더 책임을 져야 합니다. 왜냐하면 더 많이 받은 자에게 더 많이 요구하시기 때문입니다(눅 12:48).

어떤 축복을 경험하시든지 항상 하나님께 영광을 돌리십시오. 기억하십시오. "사람의 마음의 교만은 멸망의 선봉이요 겸손은 존귀의 앞잡이니"(잠 18:12). 당신을 통하여 하나님께서 행하신 모든 일에 대하여 하나님께 영광을 돌리십시오. 하나님께서 당신에게 더 큰 칭찬과 명성을 주실 것입니다.

결론

당신은 무장되어 있는 위험한 존재입니다. 당신은 대적의 모든 불화살을 저항할 수 있도록 무장되어 있습니다. 순수한 마음을 가지도록 더욱 노력하면서 하나님께 능력을 달라고 기도하십시오. 그리고 당신 안에서 역사하는 능력은 무한한 것임을 기억하기 바랍니다. 그 능력은 하늘의 하나님께로부터 온 것이며 이 땅에서는 기적이라는 모습으로 나타납니다. 천국이 당신의 삶을 침공하게 하십시오. 그러면 하나님께서 당신의 속사람을 변화시키시고, 당신을 두려움으로부터 해방시키시며, 믿음을 강하게 하시며, 하나님의 말씀에 대한 당신의 이해력을 날카롭게 하시고, 마귀가 당신의 길 여기저기에 심어 놓은 장애물을 부수고 통과할 수 있도록 당신을 무장시키시는 것을 보게 될 것입니다.

당신의 하나님께서 주신 권세와 능력을 그분의 뜻에 따라 사용하십시오. 그러면 당신이 하나님의 나라를 이 땅에 임하게 하는 사람이 될 것입니다. 당신이 어디로 가든지 하나님 나라의 대사(大使)로서 하나님을 드러내는 것이 바로 당신의 존재 목적, 곧 운명입니다. 주님께서 당신의 삶을 인도하게 내어드리십시오. 그러면 당신은 한 싸움씩 승리하면서 대적의 영향력을 이기게 될 것입니다.

다음 장에서는 우리가 매일 매일 기억하여야 할 하나님의 명령, 곧 주님 안에서 여유를 가지고 안식함으로써 우리를 급하고 성급하게 만드는 모든 유혹을 이기게 하여 우리의 삶을 맛나게 만들어 줄 하나님의 명령에 대하여 말씀드리겠습니다.

각주

1. 잭 헤이포드, 불가능을 침공하는 기도(Plainfield, NJ: Logos International, 1977), 64.
2. 마일스 몬로, 왕국의 재발견: 21세기의 세계를 위한 조상들의 소원, (Shippensburg, Destiny Image, 2004), 83.

5

성급해 하지 말라

지식 없는 소원은 선치 못하고 발이 급한 사람은 그릇하느니라
- 솔로몬(잠 19:2)

"성급함이란, 어떤 상황에 대하여 인내하지 못함과
잘못된 확신을 가지고 반응하는 내 마음의 태도이다."
- 나의 일기(2007년 3월 26일)

성급함 속에는 낭비가 있습니다.

몇 년 전 에너지 위기 때 이야기입니다. 제 차의 연료탱크가 거의 비어있었을 때 휘발유를 갤런 당 3센트 싸게 판다고 하는 한 주유소의 광고 간판을 발견했습니다. 때마침 절약할 수 있다는 사실에 흥분하면서 쏜살같이 차를 몰아 주유소로 진입해서는 빈자리를 찾기 시작했습니다. 빈자리를 발견한 저는 자리를 놓치지 않기 위하여 급하게 후진을 하기 시작했습니다. 그 순간 와장창하는 소리가 들렸습니다. 계산대 건물을 보호하기

위하여 설치하여 놓은 시멘트 기둥에 부딪힌 것이었습니다. 믿을 수 없는 일이었습니다.

너무 혼란스러웠던 저는 기름을 넣기 위하여 차에서 내릴 엄두도 나지 않았습니다. 주유도 하지 못한 채 그냥 주유소를 떠나고 말았습니다. 제 차는 움푹 들어갔으며 제 자아도 타박상을 입은 듯했습니다. 그리고 우리 은행 계좌의 무게는 700달러만큼 가벼워지고 말았습니다. 제가 입은 손해를 보충하려고 계산해 보니 갤런 당 3센트 싼 기름을 무려 23,000갤런(약 87,000리터-역자 주) 만큼 넣어야 했습니다. 저는 그 순간부터 싼 기름을 찾기 위하여 더 이상 고생하지 않기로 했습니다.

성급함은 사람들의 삶 속에서 여러 형태로 나타납니다. 미 연방의회에서 일할 때 저는 매우 말쑥하게 차려입은 한 국장급 인사가 문이 막 닫히려는 엘리베이터를 급히 잡으려다가 뜨거운 커피를 바지 위에 쏟는 장면을 목격하였으며, 버스를 잡기 위하여 뛰어가던 인턴 여사원이 길 언저리에 걸려 그녀 구두 굽이 부러지는 장면도 보았습니다.

가장 최근에 목격했던 일은 샌달을 신고 에스컬레이터를 뛰어 올라가던 한 젊은 여성이 행한 실수였습니다. 에스컬레이터에서 뛰어 올라간 자체는 문제없을 수 있습니다. 그러나 그녀는 플립플롭(발가락 사이에 끼운 채 신는 고무제품의 샌달-역자 주)을 신고 전속력으로 에스컬레이터를 뛰어 올라가다가 철제 계단에 걸려 넘어지고 말았습니다. 그녀의 정강이가 어떻게 되었을지 상상에 맡기겠습니다.

워싱턴 DC에서 성급하게 과속운전을 하려면 몇 천불을 벌금으로 지불할 준비부터 해야 합니다. 빨간 신호등과 과속카메라가 워싱턴 DC에게 수백만 달러의 수입을 올리게 하고 있습니다. 최근에는 급하게 운전하던 메트로 버스(미국이나 캐나다에서 광역 수도권 지역을 운행하는 버스-역자 주) 운전기사가 행인 두 명을 치어 숨지게 하는 사건이 벌어지기도 하였습니다. 그는 빨간불임에도 불구하고 재빨리 우회전하려는 데만 신경을 쓴 나머지 지나가는 행인에게 주의를 기울이지 않았기 때문에 '차량에 의한 고살죄'로 고발당할 처지에 놓이게 되었습니다. 부주의하고 무리하게 몇 초를 아껴보려는 시도가 두 명의 생명을 앗아간 것입니다.

성급함은 셀 수 없이 많은 형태로 나타나는데, 대부분의 성급함은 마음을 파괴하고, 명성을 무너뜨리며, 어렵게 모은 재물을 한 순간에 날아가게 만듭니다.

아드레날린과 스트레스

성급한 생활양식이 크게 유행하고 있습니다. 하지만 어떤 대가를 치러야 하는지 아십니까? 예를 들면 아드레날린 중독(아드레날린이란 스트레스나 자극이 주어질 때 몸에서 분비되는 일종의 '신경안정' 호르몬으로서 극한 상황들을 이길 수 있는 순간적인 강한 인체 에너지를 준다. 이러한 에너지, 흥분상태 등에 점차 중독되는 것이 아드레날린 중독으로서 아드레날린 중독에 걸린 사람들은 아드레날린이 주는 에너지를 얻기 위하여 자극적이고 위험한 도전이나 일에 지나치게 몰두하여 버리는 일중독에 빠지는 등 몸을 극한으로 내모는 일을 서슴지 않는다-역자 주), 경제적 위협, 관계의 어려움 그리고 개인적인 낭패 등입니다.

제가 해군 초년병 시절, 무엇인가를 선택할 때마다 아드레날린 중독은 어김없이 등장했었습니다. 지금 생각해 보면 저 스스로를 한계 상황까지 그토록 쉽게 몰아갈 수 있었다는 사실이 놀라울 뿐입니다. 항해 중에는 종종 하루에 16시간씩 일하기도 했었습니다.

항구에 정박하고 있었을 때도 방문, 상담, 성경공부 인도, 기도회 등으로 하루에 거의 10시간씩 일하였으며, 그러고 나서도 힘이 남아서 다섯 가지의 부가적인 일을 더 하기도 했습니다.

하지만 토요일은 그렇지 못했습니다. 심각했습니다.

몇 시간을 자야 겨우 회복할 수 있었던 극심한 편두통 때문에 종종 침대 위에 누워 있어야만 했습니다. 토요일만 되면 항상 이 지경이 되는 것을 알면서도 왜 주중에는 아드레날린 중독자가 되어 일에 빠졌는지 지금 생각해도 이해가 되지 않습니다. 쉬지 않고 계속적으로 일에만 몰두하는 것이 내 자신을 손상시키고 있다는 것을 깨닫기까지는 몇 년이 더 필요했습니다. 주님의 일을 할 때는 쉬지 않고 몰아 부치며 해야 한다고 생각하고 또 그렇게 했습니다. 그렇게 하는 것이 주님의 뜻이라고 믿었기 때문입니다.

저는 매일 매일 열정적인 걸음걸이로 살았다고 생각을 했지만, 제가 몰랐을 뿐이지 아드레날린 중독에 걸려있었던 것입니다. 당신은 어떠한 걸음걸이로 삶을 살아가십니까? 아키발드 D. 하트 박사(Dr. Archibald D. Hart)가 이렇게 경고했습니다.

스트레스 문제의 핵심은 서구의 20세기 생활양식에서 기인합니다. 우리들 대부분은 너무 정신이 없거나 지나치게 빠르게 살아가고 있습니다. 성공 지향적으로 살아 왔으며, 이렇게 정신없는 삶은 휴식을 거의 제공하지 못했습니다. 마치 브레이크가 어디 있는지도 모르는 상태로 달리는 기차에 갇힌 상황과 마찬가지입니다. 우리의 몸 안에 있는 엔진은 '스토틀 밸브가 최대로 열린 채로 어딘가에 걸려 더 이상 닫히지 않은' 상태입니다. 그리스도인들 역시 스트레스성 질병이 가지고 오는 파괴에 면역이 되어 있지 않습니다. 왜냐하면 그리스도인이 된다는 것이 자동적으로 스트레스에서 자유를 주는 것은 아니기 때문입니다. 오히려 그리스도인이 된다는 것은 때때로 더 큰 스트레스를 받는다는 것을 의미할 수도 있습니다. 왜냐하면 신성하지 못한 이 세상에서 신성한 삶을 살기 위해서는 많은 대가를 지불하여야 하기 때문입니다.¹

전투가 제 삶을 바꾸어 놓았습니다

제 삶이 바뀌어버린 그 사건은 사우디 아라비아의 한 사막에서였습니다. 적의 맹렬한 포격이 있었던 밤에 저는 120센티미터 깊이의 개인호에서 성경을 읽고 있었습니다. 저는 처음으로 사도 바울이 에베소서 1장에서 말한 '우리가 누구이며, 어떻게 살아야 하는가'에 대하여 진정으로 이해하게 되었습니다. 그의 영감 넘치는 말들을 들어봅시다.

> 모든 일을 그 마음의 원대로 역사하시는 자의 뜻을 따라 우리가 예정을 입어 그 안에서 기업이 되었으니 이는 그리스도 안에서 전부터 바라던 우리로 그의 영광의 찬송이 "되게" 하려 하심이라 (엡 1:11-12)

무슨 말씀인지 아십니까? "되게"라고 했습니다. "하게"가 아닙니다. 우리는 하나님의 영광을 위하여 존재합니다. 우리는 우리 자신을 위하여 죽도록 일하라고 지음 받은 것이 아닙니다. 우리는 하나님의 영광의 찬송이 되게 지음을 받았습니다. 일중독에 대한 하나님의 가르치심이 아닐 수 없습니다.

마침내 저는 기독교란 본질적으로 하나님을 위하여 무엇인가를 하는 것이 아님을 알았습니다. 그것은 하나님의 아들과 딸이 되는 것이었으며, 그것은 하나님 아버지와 개인적으로 친밀하게 되는 것이었습니다. 우리는 하나님의 가족이 되는 것을 기뻐하기 위하여 구속을 받았지, 하나님을 위하여 일만 하라고 구원을 받은 것이 아닙니다. "만세"라고 외치고 싶지 않습니까?

이것을 깨닫자 즉각적으로 자유함을 얻기 시작했습니다. 저는 사춘기 이후로 시속 160km로 달려왔지만 39세가 되서야, 하나님은 '하나님을 위하여 무슨 일을 하는가' 보다 '어떤 사람이 되는가'에 훨씬 더 많은 관심을 가지고 계신다는 것을 깨달은 것입니다. 그날 저는 A+점수를 받을 만한 결정을 내렸습니다. 할 수 없는 일에 매달리다가 주저앉는 대신 즉각 마음을 돌이키기로 결단한 것입니다.

그날 밤, 제 속에 있는 모터의 속도가 줄어들고 있다는 것을 느끼게 되었습니다.

하나님이 주신 1991년의 특별하신 깨달음 이후, 저는 지극히 높으신 하나님의 자녀가 된 것을 증명하려고 노력하고 애쓰는 대신 점차적으로 하나님 아버지와의 개인적인 관계에 더욱 집중하게 되었습니다. 저는 더 이상 아드레날린 수치를 높이면서까지 일에 몰두하지 않습니다. 물론 저는 아직도 멀었습니다. 하지만 성급한 삶은 하나님과의 친밀감뿐만 아니라 우리 주변에 있는 사람들과의 관계도 방해한다는 사실은 확실히 말씀드릴 수 있습니다.

혹시 휴식을 취하고 휴가를 가지는 것에 대하여 죄책감을 느끼십니까? 혹은 하나님의 인정과 칭찬을 차지하기 위하여 일에 매달려 있지 않습니까?

만일 당신이 예전의 저처럼 아드레날린 증후군에 걸려 있다면 아키발드 하트 박사가 지은 『아드레날린과 스트레스』라는 책을 읽어 보기를 권합니다. 그의 지성과 영감이 속도와 분주함이라는 결박으로부터 당신을 해방시켜 줄 것입니다.

경제적인 문제들과 관계의 문제들

성급함은 경제적인 결정이나 관계를 설정하는 결정을 할 때 초라하고 궁상맞은 결정을 하게 만듭니다. 왜냐하면 성급함은 충동적인 소비를 낳고 충동적 소비는 통제불능의 빚과 파산을 낳기 때문입니다.

새 차를 몹시도 원하는 한 젊은 부부를 그려봅시다. 오래된 차를 몰고 자동차 매장으로 갑니다. 경험 많은 세일즈우먼이 어질러진 책상에서 웃으며 일어난 후 그들을 데리고 바깥으로 나갑니다. 세일즈우먼은 그들의 첫인상만 보고도 벌써 오늘 한 대 팔았다는 것을 알게 됩니다. 이제 한 대 팔았으니 얼마나 큰 커미션을 받을까 하는 생각만 하고 있을 것입니다.

한 시간 후, 젊은 부부는 새 차 냄새를 맡으며 행복에 젖습니다. 5년간 7% 이자의 할부계약서에 사인을 하면서도 풀 옵션에 반짝이는 SUV를 싸게 샀다는 기분에 들뜹니다. 약 두 주가 지난 후 그들은 주차장에서 접촉사고를 내게 됩니다. 60번의 할부금 중 겨우 첫 번째를 내었을 뿐입니다. 다시 한 주 후 아이를 가졌다는 것을 알게 된 그들은 자신들의 생활

비 예산을 무시하고는 방 두 개짜리의 새 아파트로 이사를 갑니다.

세 명의 40대 아버지 중 한 명은 중년의 위기 때 성급한 외도를 한다고 합니다. 그는 결혼 생활에 대하여 후회를 거듭하다가 마침내 20년 이상 함께 살아온 아내를 이혼 법정으로 데리고 가기로 결심을 합니다. 그러나 결국 남편은 10,000불 가량의 변호사 비용을 갚아야 하며, 아내는 집을 잃지 않기 위하여 그 이상으로 쓴 비용을 갚아야만 할 것입니다. 결국에는 모두가 가진 것을 잃어버리고 맙니다.

무엇보다 가장 큰 손실은 상처받은 아이입니다. 이 모든 것은 순간적으로 홀려 외도를 한 남편이 아내와 평판 그리고 미래를 버리는 조급한 결정을 하였기 때문에 시작된 일입니다. 그것이 전부일까요? 한 가정의 가장을 유혹하여 가정을 파괴하게 한 그 여자는 1년 후 또 다시 다른 충동적인 남자를 만나면서 그 가장을 버렸습니다.

조급한 결정은 종종 사람들의 삶을 엉망으로 만듭니다.

예수님을 영접한 지 얼마 되지 않을 때의 일입니다. 저는 대학에서 마케팅 과목을 수강하고 있었으며, 교수님은 어떻게 하면 구매자를 잘 다루어서 필요 없는 물건을 사게 하는 가에 대한 강의를 하고 있었습니다. 가장 큰 이윤을 주는 물건들을 눈높이에 맞추어 진열하며, 아이들을 자극시킬만한 포장 등 충동구매자들의 비용을 통하여 최대한의 이윤을 얻는 '충동구매'와 관련된 수퍼마켓의 전략에 대하여 강의하고 있었습니다.

은행과 마케팅의 천재들은 어떻게 하면 매우 열성적인 신용카드 사용자들을 충동하여 돈을 벌 수 있는지에 대한 방법들을 발견해 내었습니다. 2007년 3월을 기준으로 미국의 일반적인 신용카드의 연평균 이자는 2003년의 16.5%에 비하여 크게 오른 19%였습니다. 신용카드 사용자의 절반 정

도는 일시불로 갚지 않고 매달 최소금액과 이자만 갚고 있습니다.[2]

이 말은 많은 미국인들은 평생 동안 결코 카드빚을 다 갚지 못한다는 뜻입니다. 키프링거(Kiplinger)는 지금 당장 구매하고 신용카드의 빚을 점점 늘려가는 것은 결코 최고의 전략이 아니라고 경고합니다.

그들은 좋은 거래라는 등의 매우 좋은 말로 시작을 합니다. 신용카드를 쓰면 당장 사고 나중에 갚을 수 있습니다. 그러나 그들은 추악한 얼굴 뒤에서 청구서를 어김없이 제때 보내고 이자를 청구합니다. 아마 당신은 약간 분노로 흥분하게 된 후에야 그것을 알아차리게 될 것입니다. 무엇보다 신용카드를 사용하는 것은 마치 '무조건 감옥에서 나오게 만들어 주는 카드'를 사용하는 것처럼 쉬워서 '일단 구매부터 하고 청구서는 나중에 걱정'하게 만들어 줍니다. 미국의 25세부터 34세 사이의 구매자들이 지고 있는 평균 카드 부채는 5,000불이 넘습니다.[3]

즉각적 만족은 항상 우리의 경제 및 대인 관계에 심각한 위협이 됩니다. 즉각적 만족을 추구하는 사람들 사이에서 '집과 가구를 장만하기 위하여 벌써부터 산더미 같은 빚을 지고 있는 신혼부부'를 찾는 것은 어렵지 않습니다. 이러한 현상은 불과 한 세대나 길어야 두 세대 정도 전부터 일어나기 시작한 큰 변화입니다. 우리 부부가 신혼이었던 시절만 하더라도 가족들이 뭔가 필요하다고 느끼게 될 때부터 그것을 사기 위하여 저축도 시작하였습니다.

저는 수만 불의 빚을 지고 있는 많은 젊은 군인 부부들을 상담했습니다. 그들은 한결같이 그들이 가지고 싶어 한 모든 것, 가구로 가득한 새 집,

최신 전자기기, 매끈한 새 차와 SUV 등을 구매하느라고 엄청난 빚을 지고 있었습니다. 한 군인은 신용카드 하나로 매월 돈을 빼 쓴 후 다른 신용카드로 그 빚을 갚고 있다고 고백했습니다. 그는 신용파산을 당했습니다.

성급한 결정은 당신으로 하여금 '돈'보다 더 큰 대가를 지불하게 만듭니다. 그러므로 여유 이상의 것이나 당신의 재정과 대인 관계를 위기에 빠뜨릴 것들은 구매하지 마십시오. 소비의 속도를 늦추십시오. 수입의 범위 내에서 생활하시고 당신의 경제적 여유가 허락하는 것 안에서의 만족함을 배우십시오.

당신이 하나님께 도움을 구한다면, 하나님께서는 당신이 가지고 있는 것들 안에서 만족함을 얻는 비밀을 알려 주실 것이며, 아울러 수입을 넘는 생활이 가져다 줄 부정적인 결과로부터 당신을 보호하는 방법을 계시해 주실 것입니다.

> 내가 궁핍하므로 말하는 것이 아니라 어떠한 형편에든지 내가 자족하기를 배웠노니 내가 비천에 처할 줄도 알고 풍부에 처할 줄도 알아 모든 일에 배부르며 배고픔과 풍부와 궁핍에도 일체의 비결을 배웠노라 내게 능력 주시는 자 안에서 내가 모든 것을 할 수 있느니라(빌 4:11-13)

개인적 낭패

당신은 시카고 베어스의 팬인 스캇 와이즈에 대한 신문 기사를 기억하십니까? 그는 동네의 한 선술집에서 술친구들과 한 잔하면서 이렇게 말했습니다. "만일 콜츠가 베어스를 이기면 내 이름을 페이튼 맨닝(시카고 베어스와 경기를 벌이던 인디애나폴리스 콜츠 팀의 쿼터백–역자 주)으로 바꾸겠다." 다음 날 아침 콜츠가 슈퍼볼에서 승리하였을 때 그의 표정이 어땠을 지 궁금했었습니다.

성급한 말은 종종 낭패를 가지고 옵니다. 그렇기 때문에 솔로몬은 이렇게 말했습니다. "네가 언어에 조급한 사람을 보느냐 그보다 미련한 자에게 오히려 바랄 것이 있느니라"(잠 29:20).

당신은 생각 없이 말을 했었던 적이 없습니까? 그때 어떤 느낌이었습니까? 낭패감을 느끼지 않았었나요?

십대 시절 스쿨 버스 안에서 두 명의 친구 사이에서 벌어졌던 뜨거운 논쟁이 기억납니다. 저는 생각할 겨를도 없이 그 논쟁에 끼어들면서 말을 했습니다. 그 결과는 주먹다툼이었습니다. 싸우다가 상대의 머리에 제 오른손이 골절되었고 그 결과로 긴긴 여름방학의 대부분 동안 그렇게 좋아하던 야구 경기를 할 수 없었습니다. 어리석은 일이 아닐 수 없었습니다.

성급한 말은 기대하지 않은 폭력과 관계의 파괴를 가져다줍니다. 논쟁이 점점 격해져서 모독의 말이 오가고 결국 법정에 서게 된 한 부부를 생각해 보기 바랍니다. 그들은 서로 옳다고 느꼈기에 서로에게 사과할 생각조차 하지 않았습니다. 용서하지 못하는 상황이 지속된다면 성급한 이혼이 올 수밖에 없습니다. 그들은 서로에게 사과하기에는 각자가 너무나 큰 자신감을 가지고 있거나 또는 상대에게 사과한다는 것을 스스로 용납할 수 없었기 때문에 관계가 파괴되어 죽은 관계가 되도록 내버려 둔 것입니다.

몇 마디의 성급한 말이 모든 것을 파괴합니다.

성급함에 대하여 주님께서 하신 말씀입니다.

성급함이란, 나에게 그 어떤 안내도 구하지 않고 너희들 스스로 선택한 방향으로 나아가는 것이다. 너희가 나에게 기도하지 않고 생각하지도 않고 행동을 한다면, 너희들은 내가 너희들을 위하여 남겨놓은 표지판들을 못보고 놓치게 될 것이다. 땅을 경작하지도 않고 씨를 뿌린 농부를 생각해 보라. 일을 빨리 마칠 수는 있겠지만 곡식은 모두 죽고 말 것이다. 혹은 낚시대를 던져 놓고서는 바로 거두어 들이는 어부를 생각해 보라. 물고기가 미끼를 물기까지 기다리지 못한다면 한 마리의 고기도 잡지 못할 것이다. 성급함이란 너희의 행동이 어떠한 결과를 가지고 올까에 대하여 기도해 보지도 않고서 저돌적으로 돌진하는 것이다. 성급함은 목수에게 목재의 낭비를 주며, 농부에게는 씨앗의 낭비를 줄 것이다. 조급함은 너희에게 일을 빨리 하게만 할 뿐 제대로 하게 하지는 못할 것이다.

균형을 찾으십시오

로버트 업드그라프는 "모든 것을 다 해낸다는 것은 우리의 능력 밖입니다. 우리는 각자의 삶을 중단시키거나 조금씩 갉아 먹을 정도로 너무 조급하게 서두르는 대신 주어진 시간을 지혜롭게 사용해야 합니다. 반면 시간의 중요성에 대한 인식 역시 잊지 말아야 합니다."라고 말했습니다.[4]

균형이 열쇠입니다. 만일 이제 두 살된 당신의 아이가 수영장에 빠지기 직전에 있다면 즉각 뛰어가 말려야 합니다. 만일 당신이 제가 그랬던 것처럼 지금 시속 160km로 인생을 질주하고 있다면 그 질주가 당신의 생명을 일찍 빼앗아 갈 것임을 명심하기 바랍니다. 어떻게 하면 '당신의 마음을 피곤하게 하며, 필요하지 않은 것을 사게 하고, 신용카드 한도를 꽉 채우게 하며, 당신이 사랑하는 사람들의 마음에 상처를 주는' 일들을 벗어나 당신의 마음을 최상의 상태로 만들 수 있을까요? 여기에 당신의 속도를 늦추고 간단한 일들 속에서 만족을 느끼며, 장수하게 하는 몇 가지 제안들이 있습니다.

당신의 운명을 장악하라

제5원리

성급해 하지 마십시오.
그러면 사람들의 인생에게 부정적인 영향을 미칠
많은 함정을 피하게 될 것입니다.

액션 스텝_Action Steps

스텝 1: 말하거나 행동하기 전에 먼저 생각하고 기도하십시오.

성급함이 왜 나쁩니까? 성급함은 위기에 대한 사려 깊은 응답이 아니기 때문입니다. 성급함은 위협뿐 아니라 기회에 대하여도 '기도 없는 반응' 입니다. 성급함은 당신에게서 하나님의 계시와 인도하심을 빼앗아 갈 것입니다. 성급함은 인스턴트 기쁨은 주지만 장기적으로는 손해를 끼칩니다. 장기적인 유익을 얻기 원한다면 반드시 기도하면서 숙고하여야만 합니다. 생각나는 대로 결정하면 때때로 단기적인 열매를 얻을 수도 있겠지만 장기적으로는 톡톡히 대가를 치러야 할 것입니다.

기독교인 학자이자 저술가인 윌리엄 아더 워드[5]는 생각하기 전에 말하며 기도하기 전에 행동하곤 하는 사람들에게 다음과 같은 지혜로운 제안을 했습니다.

- 말하기 전에 들으십시오.
- 글을 쓰기 전에 생각하십시오.
- 돈을 사용하기 전에 먼저 버십시오.
- 투자하기 전에 조사하십시오.
- 비판하기 전에 기다리십시오.

컬크 존스 박사는 이렇게 묻습니다. "얼마나 많은 결정이 조급함 때문에 방해를 받습니까?" 그리고 그의 통찰력 있는 대답이 조급한 삶 아래를 빛으로 비추어 줍니다.

> 우리는 급하게 생각하는 것에 너무 익숙해 있기 때문에 초고속 판단의 해로 움조차도 알아차리지 못하고 있습니다. 조급한 생각은 우리의 미래에 대하여 마음으로 그려보고 또 제대로 선택하는 능력을 심각하게 제한시킵니다. 자리에 앉아 문제를 응시하지 않았기 때문에 얼마나 많은 서투른 결정을 했었습니까? 성급함은 인내를 가지고 생각할 때에만 보이는 '그 어떤 것'을 볼 수 있는 시간을 결코 주지 않습니다. 결정하기 전에 먼저 인내심을 가지고 잘 숙고하면 서투른 결정이 가지고 올 결과를 미리 알 수 있습니다. 피하지 못할 실수들도 있지만 많은 실수들은 성급한 결정 때문에 생겨난다는 것을 알아야 합니다.[6]

중요한 결정을 할 때, 반드시 하나님의 지혜를 구하여야 합니다. 그러므로 기도와 하나님의 말씀을 묵상하는 것을 통하여 지혜의 금광을 개발하십시오. 당신의 운명을 이루는데 있어서 '지혜'는 너무도 중요하기 때문에 성경은 이렇게 말했습니다. "지혜를 얻는 것이 금을 얻는 것보다 얼마나 나은고 명철을 얻는 것이 은을 얻는 것보다 더욱 나으니라"(잠 16:16). 지혜를 위하여 기도하는 것은 쉽습니다. 하나님께서는 야고보를 통하여 약속하셨습니다. "너희 중에 누구든지 지혜가 부족하거든 모든 사람에게 후히 주시고 꾸짖지 아니하시는 하나님께 구하라 그리하면 주시리라"(약 1:5).

지혜를 구하기는 쉽지만 하나님께서 그분의 통찰력을 당신에게 계시하기까지 기다리는 일은 쉽지 않습니다. 그러므로 말하거나 행동하기 전에 먼저 생각하고 기도하십시오. 그러면 다른 사람들에게 해를 끼칠 많은 함정들을 피하게 될 것입니다.

스텝 2: 천천히 음미하면서 사십시오.

천천히 음미하면서 산다는 것은 어떤 의미일까요? 역시 컬크 존스 박사[7]의 지혜를 당신과 나누기 원합니다.

천천히 음미한다는 것은 기쁨으로 맛보고 냄새를 맡는다는 것이며, 풍미를 만끽하는 것이고, 기뻐하는 것이며, 즐거워하는 것입니다. 이 단어는 라틴어로 sapere(독음: 세페레-역자 주)라고 하는데, 그 의미는 '맛보다'와 '지혜롭다' 이렇게 두 의미를 가지고 있습니다. 이 단어의 어근 속에 있는 이 물질적 속성과 심리학적 속성 사이의 관계는 매우 중요합니다. 당신 스스로 느낄 정도로 속도를 늦추십시오. 그러면 음미할 수 있게 되고 음미하기 시작하면 당신의 삶은 더 부해지고 밝아지게 될 것입니다. 속도를 늦추고 음미하게 되면 남을 배려하기는 하되 때론 과격하고 이기적이던 당신의 자세에 온유함이 더해질 것이며, 지속성이 생겨날 것이고, 변명하기보다는 남을 더 생각하게 될 것입니다.[8]

만일 당신이 보스턴 마라톤을 완주했다면 그것은 당신이 42.195km를 일정한 페이스로 달렸다는 것을 의미합니다. 너무 빨리 달리면 중간에 쓰러질지도 모르며 너무 천천히 달리면 다른 모든 선수들이 경주를 마치고 집에 돌아가고 나서야 결승점에 도달할 것입니다. 무슨 일이든 제대로 마치기 원한다면 페이스를 잘 조절해야 합니다.

삶의 속도는 장수와 건강 그리고 의미 있는 삶을 이루는 데 매우 중대한 영향을 미칩니다. 특히 초고속시대를 사는 우리들에게는 더 그러합니다. 우리에게 스트레스를 주던 어제 일은 어제 받은 것으로 충분합니다. 매일 질주하는 삶은 우리를 더 부유하게 만들지는 몰라도 더 행복하게 만들어 주지는 못합니다.

작정하고 속도를 늦추신 후 주변을 돌아보고 삶을 즐기기 바랍니다. 그러면 당신이 그토록 열심히 일하면서 지켜 왔던 당신의 삶이 질주하는 페이스 때문에 도적질 당하는 일은 일어나지 않을 것입니다. 한 번 실험해 보지 않겠습니까? 음악과 컴퓨터와 휴대폰이 없는 정원이나 해변, 혹은 산속에서 조용히 앉아서 잠시 주변을 돌아보십시오. 무엇이 보이고 들리고 느껴집니까? 색다른 느낌이 들지 않습니까?

그것이 삶입니다!

스텝 3: 최고의 것을 주실 하나님의 때를 기다리십시오.

하와이에 주둔하고 있던 1997년 말, 제 군생활 경력은 거의 20년이 되어 가고 있었습니다. 마침 박사학위를 막 마친 저는 해군에서 은퇴하여 가르치는 사역이나 목회사역을 새롭게 시작하려는 계획을 하며 들떠 있었습니다. 게다가 몇 주 후 믿기 어려울 정도로 좋은 사역지 세 곳에서 저를 청빙하는 초청이 왔습니다. 하지만 저는 하나님의 계획보다 앞서서 움직이고 싶지 않았기에 은퇴신청서를 제출하는 것이 주님의 뜻인지 기도로 묻기 시작했습니다. 하루에도 몇 번씩 기도하기를 6주간 계속했지만 명확한 하나님의 응답을 들을 수 없었습니다.

그 기간 동안 제 마음은 저에게 주님의 뜻을 기다리라고 말하였고 머리는 계속 은퇴하라고 말하였습니다. 6주가 지날 무렵 저는 제 아내와 함께 오아후(Oahu)를 방문 중이던 해군 군목감이 개최한 파티에 초청을 받았습니다. 디저트가 나오기 전 군목감께서는 정원을 잠시 걷자고 저에게 말씀하셨습니다. 몇 분간의 가벼운 산책 후 장군께서는 저에게 많은 자리들을 제안하면서 은퇴하지 말 것을 부탁하셨습니다. 그러고 나서 결심이 서면 자기에게 전화를 달라고 하셨습니다.

3일 밤낮으로 하나님과 기도를 하면서 씨름했습니다. 나흘째 되던 날 아침, 하나님께서는 제 마음속에 이렇게 말씀하셨습니다. *"네가 은퇴하면 너의 목회를 축복할 것이며, 네가 머물면 더 축복할 것이다."* 저는 하와이에서 은퇴하고 싶었습니다. 그러나 이 말씀에 따라 해군에 계속 남기로 했습니다.

하나님께서는 제가 어떠한 선택을 했을지라도 저를 사랑하셨을 것입니다. 그러나 해군에 계속 머물게 하신 뜻에 순종하자 하나님께서는 5년 후에 은퇴하게 하셔서 미 상원의 원목이 되게 하시고 지금까지 섬기게 하시는 더 큰 축복을 주셨습니다. 은퇴신청서를 제출하기 전에 기도하지 않고 하나님의 뜻을 기다리지 않았다면 저는 미연방의회를 섬기도록 하신 하나님의 더 큰 축복을 경험할 수 없었을 것입니다.

하나님이 주실 최고의 것, 최고의 직장, 배우자, 학교, 집 등 모든 최고의 것을 기다리는 것은 쉽지 않습니다. 그러나 하나님이 주실 최고의 것은 정말 최고의 것입니다. 당신은 배우자나 직장, 혹은 당신 삶의 새로운 목표를 조바심내면서 기다릴지도 모릅니다. 당신이 원하는 것들은 하나님이 주실 최고의 것일 수도 있고 아닐 수도 있음을 잊지 마십시오.

기도하십시오! 예배를 통하여 하나님을 찾으십시오. 당신의 필요를 하나님께 아뢰십시오. 그리고 하나님께서 응답하실 때까지 기다릴 수 있게 도와달라고 하나님께 요청하십시오. 당신에게 부여된 목적, 곧 운명을 이루기 원한다면 하나님이 당신을 위하여 움직이실 때까지 기다리는 법을 반드시 배워야만 합니다. 하나님께서 당신을 위하여 준비하신 최고의 것은 언제나 당신을 최종 목적지까지 인도할 것입니다.

결론

당신을 끌어당기는 성급함과 맞서 싸우며, 아울러 당신을 축복하실 능력의 주님을 믿는 그 믿음 위에 굳건히 서야 합니다. 성급한 결정과 말과 행동은 당신을 고통스러운 곳으로 인도할 것입니다. 말하거나 행동하기 전에 생각하지 않고 기도하지 않으면 당신은 지쳐 무기력하게 되거나 또는 경제적 위기, 대인 관계의 위기 그리고 개인적인 낭패를 만나게 될 것입니다. 속도를 늦추고 음미하는 삶을 시작하십시오. 그리고 하나님께서 주실 최고의 것을 기다리기 바랍니다.

안심하고 하나님 안에서의 쉼을 누리십시오. 하나님께서는 시편 84편 11절에서 약속하신 것을 이루어 주실 것입니다. "여호와 하나님은 해요 방패시라 여호와께서 은혜와 영화를 주시며 정직히 행하는 자에게 좋은 것을 아끼지 아니하실 것임이니이다"(시 84:11).

다음 장에서 저는 의미 있는 삶을 깊게 경험하는데 있어서 하나님을 사랑하고 이웃을 사랑하는 것이 얼마나 중요한 지에 대하여 논의할 것입니다. 하나님의 사랑은 당신으로 하여금 사랑이 가득한 삶을 살게 해 줄 것이며, 당신이 하나님의 뜻을 행할 때 하나님의 나라가 이 땅에 임하게 될 것입니다.

각주

1. 아키발드 D. 하트(Archibald D. Hart), 아드레날린과 스트레스: 스트레스를 극복하는데 도움을 줄 새롭고 신나는 돌파법(Dallas: Word Publishing, 1991), 3-4.
2. http://www.hoffmanbrinker.com/credit-card-debt-statistics.html.
3. http://www.kiplinger.com/features/archives/2007/02/ccmoves.html.
4. Robert Updegraff in Inspirational Quotes.
5. 윌리엄 아더 워드(William Arthur Ward, 19211994), 미국의 크리스천 교육가이며 100편 이상의 시와 묵상 등의 글을 쓴 작가
6. 컬크 바이런 존스 박사(Dr. Kirk Byron Jones), 성급 중독증: 속도를 죽이게 하는 영적인 작전(Valley Forge: Judson Press, 2003), 10.
7. 컬크 존스 박사는 "폭풍 가운데의 휴식: 성직자들과 다른 이들을 돌보는 사람들을 위한 자기 관리" 등의 베스트셀러의 작가이다.
8. http://www.savoringpace.com/history.html.

6

이웃을 돌보라

어떤 사마리아인은 여행하는 중 거기 이르러 그를 보고 불쌍히 여겨 가까이 가서 기름과 포도주를 그 상처에 붓고 싸매고 자기 짐승에 태워 주막으로 데리고 가서 돌보아 주고 이튿날에 데나리온 둘을 내어 주막 주인에게 주며 가로되 이 사람을 돌보아 주라 부비가 더 들면 내가 돌아올 때에 갚으리라 하였으니
- 선한 사마리아인의 비유(눅 10:33-35)

"사랑은 부담을 느끼지 않으며, 문제를 생각하지 않으며, 능력을 초과하는 것도 시도하며, 불가능하다고 변명하거나 애원하지 않습니다. 사랑은 모든 것이 자격을 가지고 있으며 또 모든 일이 가능하다고 생각하기 때문입니다. 그러므로 사랑은 모든 것을 떠맡고, 모든 것이 시행될 것을 보증하며, 원하지 않는 것이라도 잠자코 묵묵히 행합니다."
- 토마스 아 켐피스(로마 가톨릭 사제, 1379-1471)

이웃을 돌보는 일은 모든 사랑의 근원이신 예수님의 본을 따르는 일을 하는 것입니다.

부부간의 사랑은 예수님께서 우리에게 느끼시는 사랑에 가까운 감정을 보여줍니다. 여느 때와 달리 매우 무덥던 한 여름 날, 버지니아 비치에 있는 사무실에 앉아 있을 때 전화벨이 울렸습니다. 지난 6년 간 난소암으로 인하여 서서히 죽어가는 아내를 둔 해군의 선임하사였습니다. 그러고 보니 지난 1년간 저는 목회자로서 그의 가족을 돌보아 주지 못했었습니다.

"군목님." 그가 말했습니다. "아내 실라가 오늘 오후에 세상을 떠날 것 같다고 의사가 말했습니다. 병원으로 와줄 수 있으십니까?"

"물론입니다. 지금 곧 출발하겠습니다." 저는 마을을 가로 질러 운전하는 도중에 주차를 하면서 그리고 실라의 병실로 가면서도 "하나님 제가 무슨 말을 해야 합니까?"라고 계속 기도했습니다.

제가 도착했을 때, 멋진 두 아들을 둔 27세의 젊은 어머니는 가까스로 생명을 유지하고 있었습니다. 그녀의 남편 벤은 침대에 앉아 그녀의 힘없이 늘어진 손을 붙잡고 있었습니다. 저는 반대편에 앉았으며 심장 모니터는 그녀의 심장이 서서히 정지하고 있는 것을 보여주었습니다. 우리는 그녀가 떠나갈 마지막 시간이 곧 다가오고 있음을 깨달으며 소리죽여 눈물을 흘렸습니다. 저는 벤에게 작별인사를 하라고 권했습니다.

그는 아내의 오른쪽 귀로 몸을 구부리고는 "여보, 사랑해"라고 말했습니다. 바로 그때 작은 기적이 일어났습니다. 심장 모니터가 즉각적으로 빠르게 작동하기 시작하더니 실라의 얼굴색이 순간적으로 돌아왔습니다. 그녀는 서서히 벤을 향하여 머리를 돌리더니 조용히 속삭였습니다. "나도 당신을 사랑해요." 그러고 나서 그녀는 운명했습니다. 잠시 동안이었지만 우리는 그 방에서 하나님의 임재를 느낄 수 있었습니다. 저는 그때 사랑의 힘이 얼마나 큰 지 깨달을 수 있었습니다. 그리스도인인 남편과 부인의 서로에 대한 사랑은 죽음의 순간에서도 강력했습니다.

그로부터 5년 후 제가 노쓰포크 해군 기지의 교회를 방문했을 때 벤이 두 아들을 데리고 저에게 와서는 자신을 기억하느냐고 물었습니다. 어찌 잊을 수 있겠습니까? 그는 실라가 죽은 날 밤 하나님께서 찾아오셔서 위로하시며 하신 말씀을 저에게 해주었습니다. "실라는 훌륭하게 경주를 마쳤고 지금 신실한 섬김에 대한 상급을 누리고 있단다."

성도는 죽음을 잘 맞이할 수 있습니다.

실라 역시 그랬습니다. 제가 임종을 지켜본 다른 성도님들도 모두 죽음을 잘 맞이했습니다. 그들은 주님을 위하여 자신의 삶을 드렸으며 죽음을 포함한 그들의 삶 모든 상황에서 그것을 증명해 보였습니다. 그들은 모두 하나님을 본받는 자들이었으며 하나님께 크게 사랑받는 자들이었습니다. 그들은 자신들이 천국으로 간다는 사실에 대하여 추호도 의심하지 않았습니다.

바울은 우리에게 이렇게 요구했습니다.

> 그러므로 사랑을 입은 자녀같이 너희는 하나님을 본받는 자가 되고 그리스도께서 너희를 사랑하신 것같이 너희도 사랑 가운데서 행하라 그는 우리를 위하여 자신을 버리사 향기로운 제물과 생축으로 하나님께 드리셨느니라 (엡 5:1-2)

사랑은 매일 하나님을 섬기며 이웃과 자신들을 돌보는 가운데 이루어집니다. 그것은 '잘 살면서 동시에 잘 죽는' 희생의 제사를 드리는 삶입니다. 예수님께서 말씀하셨습니다.

> 선생님이여 율법 중에 어느 계명이 크니이까 예수께서 가라사대 네 마음을 다하고 목숨을 다하고 뜻을 다하여 주 너의 하나님을 사랑하라 하셨으니 이것이 크고 첫째 되는 계명이요 둘째는 그와 같으니 네 이웃을 네 몸과 같이 사랑하라 하셨으니 (마 22:36-39)

사랑은 삶의 핵심입니다.
하나님과 이웃 그리고 당신과 당신의 삶을 사랑하지 못한다면 당신의 삶은 아무런 근본적인 의미를 가지지 못하게 될 것입니다.

사랑의 삶을 사신 예수님

예수님은 최고의 사랑을 실천하신 분입니다. 예수님은 주변에 있는 모든 자들을 사랑하셨습니다. 우리가 알고 있어야 할 것임에도 불구하고, 예수님께서 우리 대신 깨닫고 보여주신 것이 있습니다. 그것은 '진실한 사랑을 가지면 다른 사람들의 고귀함을 볼 수 있게 된다' 는 사실입니다. 그렇기 때문에 예수님께서 보여주신 사랑은, 자신의 희생을 통하여서 다른 사람들의 가치를 확인시켜주신 '자기희생적' 사랑이었습니다. 그 사랑은 약함, 절망, 인종 그리고 성별을 초월하는 사랑이며, 우리로 하여금 하나님 아버지의 마음을 가지고 다른 사람들을 볼 수 있게 해 주는 사랑입니다. 이것이 천국의 사랑입니다. 이 사랑은 하나님의 심장에서 시작되어 예수님의 심장을 거쳐 사람들의 심장에 부어졌으며 그들의 삶을 바꾸었습니다.

이 사랑이 아가페입니다.

예수님의 사랑은 이기적인 사랑이 아니었습니다. 그 사랑은 주는 사랑이며 자유를 주는 사랑이었습니다. 간음하다가 이스라엘의 종교 지도자들에게 붙잡혀서 예수님께로 끌려온 한 여인을 대하셨던 주님의 모습을 예로 들어보겠습니다. 유대의 율법(레 20:10)에 의하면 그녀는 죽임을 당해야만 했습니다. 사실 이 일은 '율법을 무시하고 어기는 죄'로 예수님을 고발하기 위하여 만들어낸 그들의 음모였습니다.

예수님의 사랑이 무자비한 율법주의를 압도하자 그들의 계획은 실패로 돌아가고 말았습니다. 다음에 나오는 이야기는 간음한 여인도 받아주시는 예수님의 사랑에 대하여 뭐라고 말하고 있습니까? 요한이 이 일에 대하여 기록했습니다.

> 예수께 말하되 선생이여 이 여자가 간음하다가 현장에서 잡혔나이다 모세는 율법에 이러한 여자를 돌로 치라 명하였거니와 선생은 어떻게 말하겠나이까 저희가 이렇게 말함은 고소할 조건을 얻고자 하여 예수를 시험함이러라 예수께서 몸을 굽히사 손가락으로 땅에 쓰시니 저희가 묻기를 마지 아니하는지라 이에 일어나 가라사대 너희 중에 죄 없는 자가 먼저 돌로 치라 하시고 다시 몸을 굽히사 손가락으로 땅에 쓰시니 저희가 이 말씀을 듣고 양심의 가책을 받아 어른으로 시작하여 젊은이까지 하나씩 하나씩 나가고 오직 예수와 그 가운데 섰는 여자만 남았더라 예수께서 일어나사 여자 외에 아무도 없는 것을 보시고 이르시되 여자여 너를 고소하던 그들이 어디

있느냐 너를 정죄한 자가 없느냐 대답하되 주여 없나이다 예수께서 가라사
대 나도 너를 정죄하지 아니하노니 가서 다시는 죄를 범치 말라 하시니라
(요 8:4-11)

하나님과 이웃에 대한 사랑을 밀어내고 그 자리를 차지한 '외식적 율법 준수'가 모든 것의 기준이 되어 버린 사회 속에서, 모든 사람들로부터 쓸모없는 사람이라고 취급받던 한 여인을 예수님은 귀한 사람으로 인정해 주셨습니다. 예수님은 그녀의 죄를 용납하신 것이 아니라 그녀 자신을 용서해 주신 것이며, 더 이상의 죄를 범하지 말라고 사랑으로 권면하셨습니다. 이것이 바로 하나님의 사랑스러운 제안에 긍정적으로 반응하는 사람들을 대하시는 하나님의 반응이십니다. 주님은 용서하시고 잊으시고 죄를 제거하시며 은혜를 부어주십니다. 그리고는 구속하신 사람들에게 사랑의 삶을 살라고 요구하십니다.

더 큰 사랑은 없다

아버지 하나님의 요청에 따라 예수님은 겸손히 영광을 버리시고 육신을 입으신 후 33년 간 이 땅에서 사람으로 사셨습니다. 예수님의 사명이 절정에 이르렀을 때, 예수님은 말할 수 없는 비용, 곧 이 세상의 모든 죄를 십자가로 가지고 가는 대가를 치루셨습니다.

바울이 예수님에 대하여 이렇게 말했습니다.

그는 근본 하나님의 본체시나 하나님과 동등됨을 취할 것으로 여기지 아니하시고 오히려 자기를 비어 종의 형체를 가져 사람들과 같이 되었고 사람

의 모양으로 나타나셨으매 자기를 낮추시고 죽기까지 복종하셨으니 곧 십자가에 죽으심이라(빌 2:6-8)

예수님은 당신의 모든 죄를 완벽히 용서하기 위하여 돌아가셨습니다. 예수님의 보혈은 당신의 모든 죄를 깨끗게 하셨습니다. 당신의 죄 중 일부가 아니라 전부입니다. 과거의 죄, 현재의 죄 그리고 미래의 죄입니다. 놀랍지 않습니까?

사랑이 그분으로 하여금 죽게 하였고, 그 결과 당신은 그분과 함께 영원히 하나님 나라에서 살 수 있게 되었습니다. "사람이 친구를 위하여 자기 목숨을 버리면 이에서 더 큰 사랑이 없나니"(요 15:13). 예수님은 거절, 부인, 매 맞음, 채찍질, 발길질, 침 뱉음, 조롱, 발가벗김의 모욕을 받으셨으며, 소진되셨고 십자가에 못 박히셨으며, 6시간이라고 하는 끔찍한 형벌의 시간이 흐른 후 마침내 영혼이 떠나시기까지 갈증으로 고통을 받으셨습니다. 예수님은 이러한 모욕과 형벌 중 언제라도 천사들을 동원하여 모욕과 형벌에서 벗어날 수 있으셨습니다. 하지만 예수님께서는 감당할 수 없는 구원이라는 큰 선물을 우리에게 주시기 위하여 자유 대신 모욕과 죽음을 선택하셨습니다.

아가페의 사랑이 예수님을 십자가로 이끄셨습니다.

아가페의 사랑이 예수님을 십자가 위에 머물게 하셨습니다.

당신을 구원하신 주님의 사랑은 이렇게 크십니다.

예수님은 사랑의 삶을 살라고 모든 그리스도인에게 말씀하십니다

예수님은 희생적인 사랑과 이웃을 돌보시는 모범을 보여주셨을 뿐 아니라 자신을 따르는 사람들에게 사랑의 삶을 살라고 명하셨습니다. "새 계명을 너희에게 주노니 서로 사랑하라 내가 너희를 사랑한 것같이 너희도 서로 사랑하라"(요 13:34). 아가페(희생적 사랑)란 구체적으로 무엇입니까? 바울이 이렇게 말합니다.

> 사랑은 오래 참고 사랑은 온유하며 투기하는 자가 되지 아니하며 사랑은 자랑하지 아니하며 교만하지 아니하며 무례히 행치 아니하며 자기의 유익을 구치 아니하며 성내지 아니하며 악한 것을 생각지 아니하며 불의를 기뻐하지 아니하며 진리와 함께 기뻐하고 모든 것을 참으며 모든 것을 믿으며 모든 것을 바라며 모든 것을 견디느니라(고전 13:4-7)

당신은 이 말씀처럼 이웃을 사랑합니까? 확신할 수 없다고요? 그렇다면 위 성경구절에서 '사랑' 대신 당신의 이름을 넣은 후 다시 한 번 크게 읽어 보십시오. 그리고 지금부터 그렇게 행하십시오.

어렵게 느껴지십니까? 저 역시 마찬가지입니다. 저도 예수님께서 보여주신 완벽한 **아가페**에는 턱없이 부족합니다. 컴퓨터 앞에 앉아 있는 지금 어젯밤 제 아들과의 통화에서 짜증을 내었던 기억이 나면서 아들에게 전화하여 사과해야겠다는 마음이 강하게 듭니다. 저의 부족함을 명확하게 나타내는 감정, 태도 그리고 과민반응들이 떠오릅니다. 그러나 저는 사랑의 삶을 살기 위하여 애쓰는 것을 포기하지 않을 것입니다. 왜냐하면 사랑은 이 지구상에서 가장 강력한 힘이기 때문입니다. 사랑이야말로 인류의 유일한 희망입니다.

제가 '사랑의 능력'과 세상을 더 나은 장소로 바꿀 수 있는 '사랑의 힘'에 대하여 묵상하고 있을 때, 주님은 다음과 같은 메시지를 제게 주셨습니다.

내 아들아, 서로 사랑하는 것이 왜 중요한 줄 아느냐? 사랑은 어떠한 대가를 치루더라도 변함없는 약속을 따라 우리의 마음을 묶어줌으로써 우리의 관계를 지켜주기 때문이다. 나는 죽음으로써 우리의 관계를 지켰으며, 너희에게 계속적인 생명을 주기 위하여 나의 생명을 계속 부어주노라. 희생적인 사랑만이 두 사람의 마음 사이에 존재하는 열정을 계속하여 강렬하게 유지시켜 줄 수 있다. 혼자만 생각하는 이기심은 서로에게 더 가까이 다가가려는 노력을 방해할 뿐이다. 우리들이 다른 사람의 유익을 위하여 서로를 줄 때, 그 희생적 사랑은 서로의 친밀감을 더욱 타오르게 할 연료를 공급하게 될 것이다.

사람들은 일이 어려워지면 뒤로 물러서려는 경향을 가지고 있으며, 일이 어려워지면 약속도 매우 쉽게 깨어버린다. 그러나 사랑은 가장 어려운 시기에 가장 크게 자란다. 사랑이 사라지는 경우는 대개 더 큰 사랑의 가장자리에 놓여 있을 때이다. 사랑하는 것이 불가능하게 보였던 상황은 사실 가장 큰 시험의 순간이기도 하며 아울러 가장 위대한 승리의 기회이기도 했다는 것을 알게 될 것이다. 큰 손실을 겪을 때라도 사랑의 본질을 잃어버리지 않고 있으면 그 사랑은 반드시 승리할 것이다. 고통의 용광로, 시험 그리고 고난의 장소에서 사랑은 점점 더 정화될 것이다. 사랑은 시험당할 때 그 진실성이 증명됨을 기억하라.

사랑은 반드시 오래 참아야 하며 친절해야 한다. 사랑은 탄력성과 유연성도 가져야 한다. 너무 딱딱하면 강해 보일지 모르지만 고난이 다가올 때 너무 쉽게 부서질 것이기 때문이다. 시험대에 올랐을 때 사랑은 그 진실성을 증명해 보일 수 있다. 상대가 용서를 구한다면 명백한 잘못이라도 용서할 수 있겠느냐? 상대가 부탁한다면 십리를 같이 가줄 수 있겠느냐? 나쁜 것 대신 좋은 것을 바라고 추구할 수 있겠느냐? 나에게 해를 끼친 사람이라도 용서해야겠다는 부담이 생겼느냐? 과연 그러하느냐? 이것들이 바로 사랑의 증거들이다.

사랑은 네 속에서 '파도쳐 올라오는 나의 임재'이다. 이 파도치는 마음은 주변의 한 심령씩 변화시키면서 결국 이 세상을 바꾸게 될 것이다. 이 말을 들으라. 사랑이 모든 것을 정복한다면 이 세상은 내게로 돌아올 것이다. 사랑은 변화의 매개체이다. 사랑은 마음과 마음을 변화시킴으로 세상을 변화시키는 나의 임재이다.

사랑은 바람과 같다. 사랑이 불어올 때 너는 그것을 느낄 수는 있지만 믿음의 눈을 가지지 못하거나 사랑하는 마음이 열리지 않는다면 사랑을 보거나 이해할 수는 없다.

이웃을 돌보라. 그렇게 할 때 그들이 감동을 받아 진실한 사랑의 장소로 인도될 것이다. 진실한 사랑을 경험함에 따라 그들은 자신의 깊은 내면에 있는 참된 필요를 깨닫게 될 것이다. 요구 없는 사랑은 사람들의 마음속에 있는 길을 열어서 나와 영원히 연결되게 해 줄 것이다. 너희가 진정한 사랑을 행할 때, 그 일을 통하여 하늘의 향기가 발산될 것이다.

이것이 아가페 사랑, 곧 한 사람씩 변화시켜 결국 세상을 긍정적으로 바꾸는 사랑의 능력입니다.

우리 주변에 있는 사람들을 어떻게 돌볼 수 있습니까?

저의 한 친구⁾가 다음의 실화를 이야기 해주었습니다.

한 동료가 최근 저에게 말해 준 한 이야기가 기억납니다. 이 이야기는 제 동료가 어린 시절부터 죽마고우로 지내던 아주 친한 친구의 아들에 대한 이야기입니다. 친구의 아들 제레미는 호감이 가는 아이였지만 괴짜였습니다. 항상 멍하게 공상에 잠겨있어 보였으며 남들과 어울리는 것을 원하지 않았습니다. 그의 부모는 그에게 책임감을 가르치려고 했지만 너무 힘들었습니다. 아이는 항상 물건을 잃어버리곤 했습니다. 제레미는 새 스웨터나 책가방을 학교에 두고 집에 오기도 했습니다. 새 도시락통을 사주어도 일주일 안에 잃어버리기 때문에 부모는 도시락통 구입도 단념했습니다. 가난한 시골에 사는 네델란드 출신의 독실한 기독교인인 그의 부모는 아들에게 물건의 소중함을 이해시키기 위하여 무던히 노력했지만 전혀 성과가 없어 보였습니다. 한번은 운동화를 잃어버리고 오기도 했습니다. 아이는 맨발로 들어와서는 그냥 이층으로 올라가 버렸습니다. 아이의 어머니가 어떻게 신을 잃어버리고 올 수 있냐고 묻자 제레미는 그저 어깨를 한 번 들썩이더니 죄송하다고 말하면서 앞으로는 자신의 물건을 잃어버리지 않도록 더 주의하겠다고 말했습니다.

제 동료는 이 이야기를 매우 슬프게 이야기해 주었습니다. 왜냐하면 11학년인

(고등학교 2학년-역자 주) 제레미가 올해 초 교통사고로 세상을 떠났기 때문입니다. 제 동료는 제레미의 추모식에 참여했었습니다. 동료가 말하기를, 그 부모가 추모식에 나타났을 때 부모는 의자를 가득 매운 수백 명의 학생들을 보고 매우 놀랐다고 합니다. 제레미에 대하여 나눌 말이 있냐고 목사님이 묻자 제레미의 급우들이 줄을 이어 앞으로 나와서는 제레미가 얼마나 친절하고 관대하였으며 어떻게 다른 사람들을 항상 도왔었는지에 대하여 말하기 시작했습니다. 한 소년은 홀어머니가 자신에게 1년에 한 켤레의 신발도 사줄 수 없을 정도로 가난했었기 때문에 체육시간마다 발이 아프다고 불평을 하였는데, 그 소리를 들은 제레미가 조용히 자신을 한쪽으로 불러서는 신발 끈을 풀더니 신고 있던 운동화를 자신에게 주었다고 말을 했습니다. 한 소녀는 한 겨울날 재킷을 입지 않고 학교에 와서 떨고 있는 자신의 모습을 본 제레미가 즉시 입고 있던 옷을 벗어 자기에게 주었다고 이야기를 했습니다.

거의 45분 동안 학생들이 나와서 이상하고 조용했던 한 소년이 자신이 가진 모든 것을 나누어 주었던 이야기를 하였습니다. 말할 것도 없이 부모는 진실을 알게 되었으며 학생들은 자신들의 나눔을 통하여 서로 더 가까워지게 되었습니다. 어린 나이의 제레미는 그리스도의 이름 없는 대사로 살았으며 하나님 나라의 누룩을 그 지역사회에 퍼뜨렸습니다.

다른 사람들을 늘 돌보아 주던 한 젊은이에게 바쳐진 가슴 아픈 찬사는 행동으로 나타난 사랑의 놀라운 능력을 보여주었습니다. 슬픔에 빠진 부모가 세상을 떠난 아들이 베풀었던 놀라운 선행들을 듣고는 얼마나 자랑스러웠을까요. 저는 제레미가 다음과 같은 바울의 가르침을 깨달은 후 그 말씀대로 살았다고 생각이 됩니다. "아무 일에든지 다툼이나 허영으로 하지 말고 오직 겸손한 마음으로 각각 자기보다 남을 낫게 여기고"(빌 2:3). 그는 대가를 바라지 않고 주었습니다. 자신을 희생하면서까지 주변의 사람들을 돌보았습니다.

제레미는 아가페 사랑을 실천하며 살았으며 한 사람 한 사람씩 변화시켜 세상을 더 나은 장소로 만들어 갔었습니다. 당신은 아가페의 삶을 살고 있습니까?

다른 사람의 삶을 더 나은 삶으로 만들기 위하여 당신이 행하는 모든 일은 하나님의 사랑을 나누어 주는 일이며 하나님의 나라를 확장시키는 일입니다. 이 일, 곧 세상을 더 나은 장소로 만드는 일을 위하여 당신이 존재합니다. 사랑의 하나님을 알리기 위하여, 또 이 세상에서 빛과 소금이 되기 위하여 최선을 다하십시오. 어떻게 하면 이 일을 할 수 있을까요? 당신 주변에 있는 사람들을 돌볼 기회를 달라고 하나님께 기도하기 바랍니다.

당신의 운명을 장악하라

제6원리

주위의 사람들을 돌보십시오.

액션 스텝_Action Steps

스텝 1: 예의 바르게 말하고 들으십시오.

듣는 은사를 개발하십시오. 바쁜 현대사회에서 남에게 귀 기울여 듣는 사람은 매우 드물며 대신 말하는 사람이 훨씬 많습니다. 야고보의 조언을 따를 필요가 있습니다. "사람마다 듣기는 속히 하고 말하기는 더디 하며 성내기도 더디 하라"(약 1:19). 항상 마음을 열고서 물어 보시며 상대의 대답이 완전히 끝날 때까지 기다리십시오. 당신의 요점을 말하기 위하여 상대의 말을 중단시키지 마시며 그들이 자신의 말을 할 수 있도록 해 주십시오. 자녀가 있다면 방을 지저분하게 했다고, 우유를 엎질렀다고, 또는 늦었다고 잔소리를 하는 대신 앉아서 서로 대화할 시간을 만드십시오.

말을 할 때는 의도적으로 주의하십시오. 당신이 해버린 부주의한 말에 대한 책임을 져야 할 것이기 때문입니다. "내가 너희에게 이르노니 사람이 무슨 무익한 말을 하든지 심판 날에 이에 대하여 심문을 받으리니"(마 12:36). 성경은 또 이렇게 말합니다. "경우에 합당한 말은 아로새긴 은쟁반에 금사과니라"(잠 25:11). "지혜자의 입의 말은 은혜로우나 우매자의 입술은 자기를 삼키나니"(전 10:12). 신중하게 선택된 말 한 마디가 사람들에게 축복을 주는 반면, 부주의하고 쓰디 쓴 말 한 마디는 당신이 사랑하는 사람들에게 해로운 영향을 미친다는 사실을 기억하기 바랍니다.

스텝 2: 기쁨으로 이웃을 섬기십시오.

사랑으로 이웃을 섬기십시오. 바울이 이렇게 말했습니다.

> 형제들아 너희가 자유를 위하여 부르심을 입었으나 그러나 그 자유로 육체의 기회를 삼지 말고 오직 사랑으로 서로 종 노릇 하라(갈 5:13)

당신 차례가 아니라도 설거지를 하십시오. 아픈 이웃에게 음식을 가져다 드리십시오. 누군가를 위하여 당신의 마음 문을 열어 놓으십시오. 모르는 사람의 잔디를 깎아 주십시오. 그들을 위하여 당신의 시간을 사용하십시오. 최선을 다해 약속을 지키십시오. 부모님과 형제들 그리고 자녀들이 기대하지 못할 시간에 전화를 하십시오. 격려하고 용기를 북돋워 줄 이메일, 편지, 문자메시지를 보내십시오. 당신이 이웃을 축복하기 위한 창조적인 방법을 찾으려고 노력할 때 하나님은 당신에게 큰 기쁨을 주실 것이며 축복하실 것입니다. 사람들이 당신에게 '왜 그토록 다른 이들에게 친절하냐'고 묻거든 예수님을 사랑하며 그들을 사랑하기 때문이라고 대답하십시오. 이러한 일들을 통하여 하나님은 문을 활짝 열고 그들을 예수님께로 인도하실 것입니다.

스텝 3: 넘치게 주는 연습을 하십시오.

단지 교회에 드리는 십일조만을 말하는 것이 아닙니다. 십일조는 모든 그리스도인의 의무입니다. 제가 말씀드리는 것은 지금 당장 도움이 필요한 사람들에게 줄 돌봄과 관심입니다. 공휴일이야말로 이웃을 축복할 수 있는 더 없이 좋은 기회입니다. 선물권 두개를 사서 하나를 점원에게 선물로 주었을 때 그 사람의 표정이 어떻게 변했는지 보신 적이 있습니까?

그것은 돈으로는 살 수 없는 가치를 가지고 있는 일입니다.

기대하지 않고 있을 때 당신이 갑자기 나누는 축복은 사람들로 하여금 마음을 활짝 열게 만듭니다. 당신이 주변에서 일상적으로 만날 수 있는 사람들, 식료품점 점원, 미용사, 고객 상담원, 쓰레기 수거원분 등을 돌볼 생각을 시작하기 바랍니다. 작은 선물권이나 혹은 집에서 만든 쿠키가 담긴 리본 달린 박스 하나는 그들을 일주일 간 기쁘게 해 줄 수 있을 것입니다.

예수님께서 이렇게 말씀하셨습니다. "주라 그리하면 너희에게 줄 것이니 곧 후히 되어 누르고 흔들어 넘치도록 하여 너희에게 안겨 주리라 너희의 헤아리는 그 헤아림으로 너희도 헤아림을 도로 받을 것이니라"(눅 6:39). 단지 갚아주는 것이 아니라 축복입니다. 당신이 잠깐만 시간을 내어도 이웃의 삶을 더 나은 삶으로 만들어 줄 수 있습니다. 도움을 필요로 하는 사람들을 찾아보십시오. 한 사람씩 찾으셔서 축복해 주기 바랍니다.

그렇습니다. 하이디와 롤랜드 베이커가 모잠비크에서 했던 것처럼 도움이 필요한 '한 사람'을 찾기 바랍니다. 베이커 부부가 한 번에 한 사람씩 돌보고 사랑을 나눈 결과 수백만 명의 사람들이 축복의 손길을 거쳐가게 되었습니다.

아이리스 미니스트리(하이디와 롤랜드 베이커가 관장하는 선교단체-역자 주)의 2007년 7월호 소식지에서, 하이디는 하나님께서 그녀의 삶에 보내주신 사람들을 돌보면서 느낀 기쁨에 대하여 이렇게 적고 있습니다.

자비로우신 예수님은 저에게 고통의 쓴 잔을 한 모금 마시게 하신 후 기쁨의 잔을 넘치도록 마시게 해 주셨습니다. 하루 50,000명을 먹이기 위한 도전들, 홍수 구호 활동, 파괴적이며 잔인했던 태풍. 이 모든 것 이후 이번 6월에 예수님은 저에게 형언할 수 없고 영광으로 가득 찬 기쁨을 가져다 주셨습니다. 이 달에 저는 아직 복음을 접해 보지 못했던 마쿠아족을 덮고 있는 어둠 가운데로 밝은 영광을 눈부시게 비추어주신 우리 왕 예수님께 마음을 다하여 갈채를 올려 드렸습니다. 저는 수많은 마을들을 돌보기 위하여 주님께 호소할 수밖에 없으며, 이 일들은 저로 하여금 주님과의 더 깊고 깊은 사랑에 빠지게 만들어 줍니다. 저는 제 인생을 사랑합니다. 그러나 제 인생보다 예수님을 더 사랑합니다! 추수할 곡식이 무르익어 주인이 일꾼들을 찾으러 보내실 때 깨어있어 사용될 수 있다는 것이 얼마나 큰 특권인지 모릅니다(마 9:36-40). 우리는 우리의 눈을 들어 밭이 희어져 추수할 준비가 되었는지를 살펴보아야 합니다(요 4장).

결론

줄 수 있을 때 나누십시오. 이웃을 돌아보십시오. 사랑의 삶을 사심으로 세상을 더 나은 곳으로 만드십시오. 이것은 모든 그리스도인이 지켜야 할 명령입니다. 당신이 예수 그리스도를 구주로 영접하였을 때 당신은 거듭났으며, 동시에 성령께서는 그때부터 당신의 심령 속에 들어와 거하기를 시작하셨습니다. 하나님께서 당신으로 하여금 거룩한 삶을 살 수 있도록 힘을 주셨다는 말씀은 하나님께서 아가페 사랑을 당신의 심장에 부어 주셨다는 의미입니다(롬 5:5). 그러므로 온 마음을 다하여 하나님을 신뢰하십시오. 그리고 나서 당신 주변에 있는 이웃을 돌아보고 사랑함으로써 세상을 더 나은 곳으로 만들기를 바랍니다.

다음 장에서 당신은 하나님의 나라를 이 땅에 임하게 하는 일에 있어서 하나님의 파트너가 된다는 것이 무엇을 의미하는지에 대하여 배울 것입니다. 당신은 이웃들의 삶에 놀라운 변화를 일으키기 위하여 지음을 받았으며 또 그럴 능력도 부여받았습니다. 이 일을 위하여 당신은 하나님의 무한한 창고의 문을 두드려야만 하며, 당신의 인생 항로를 주님께 맡겨 그 분께서 인도하시도록 하여야만 합니다.

각주

1. 이 예화가 포함된 자신의 설교 '하나님의 나라' (2007년 7월 8일)를 저에게 나눈 에릭 서프(Eric Sapp)에게 감사합니다.

7

하나님의 파트너가 되라

예수께서 열 두 제자를 불러 모으사 모든 귀신을 제어하며
병을 고치는 능력과 권세를 주시고 하나님의 나라를 전파하며
앓는 자를 고치게 하려고 내어 보내시며 제자들이 나가
각 촌에 두루 행하여 처처에 복음을 전하며 병을 고치더라
- 누가(눅 9:1-2, 6)

"정상적인 그리스도인의 삶은 하나님의 파트너가 되는 삶이어야 합니다. 하나님의 파트너가 되면 사람들에게 하나님의 실재하심을 보여주는 '하늘의 문'으로서의 삶을 살 수 있게 됩니다. 바울은 우리를 '하나님과 함께 일하는 자'라고 불렀습니다(고후 6:2). 우리는 이 지구상에 살면서 하나님과 함께 하늘의 일을 행하는 하나님의 파트너들입니다. 우리가 하나님의 파트너라는 말은 예수님을 떠나서는 어떤 일도 이룰 수 없다는 뜻이며, 다른 한 편으로는 주님께서도 주님의 일을 우리 없이는

이 땅에서 이루지 않으신다 라는 놀라운 의미도 가지고 있습니다.
하나님은 당신과 저를 주님의 뜻을 단순히 수행하는 '로봇'이 아닌
'공헌자'로서 바라보십니다.
하나님은 진정으로 당신의 열망과 꿈에 관심을 가지고 계시며,
당신의 영향력을 기대하시면서 이 땅을 향한 주님의 계획을
당신에게 활짝 열어 보이십니다." [1]
- 빌 존슨

하나님께서는 특별한 목적을 염두에 두시면서 당신을 창조하셨습니다. 그 목적은 당신 자신을 위한 것이 아닌, 하나님을 위한 목적입니다. 릭 워렌이 말한 것처럼,

당신의 삶의 목적은 개인적인 목표를 이루거나, 마음의 평화를 얻거나, 혹은 행복을 얻는 일 등과는 비교할 수 없이 훨씬 크고 중요한 일입니다. 그것은 당신의 가족, 경력, 혹은 야성적인 꿈이나 야망보다도 훨씬 위대한 것입니다. 만일 당신이 이 지구상에 존재하고 있는 이유를 알기 원한다면 지금 당장 하나님과 함께 새로운 삶을 시작하여야만 합니다. 당신은 하나님의 목적에 의하여 태어났고 그 목적을 위하여 태어났습니다.[2]

하나님은 당신의 도움을 필요로 하십니다.
하나님은 당신이 운명을 장악하며 당신에게 부여된 목적을 이룰 것을 원하십니다. 왜냐하면 하나님의 뜻을 행함으로써, 하나님의 나라를 이 땅에 임하게 하는 것이 바로 당신이 이루어야 할 목적임과 동시에, 주님이

원하시는 일이기 때문입니다. 주님께서 이 일을 제자들에게 위임하셨으며 또 이 일을 위하여 당신을 부르십니다. 잭 헤이포드가 말합니다.

> 거의 모든 사람이 예수님의 재림 약속에 대하여 알고 있습니다. 그러나 예수님의 재림을 기다리면서 우리가 해야 할 일은 단지 '예수님의 사랑을 증거하는 증인으로서의 삶을 사는 것'만이 아니라는 사실을 깨닫고 있는 사람은 극소수에 불과합니다. 주님께서 우리에게 명백히 말씀하신 또 하나의 명령은, 타락으로 인하여 통치권을 상실한 인류가 회복 불능으로 만들어 놓은 장소 안에 주님의 통치권—하나님의 나라—을 가지고 들어가라는 명령이셨습니다.[3]

하나님은 모든 그리스도인들에게 주님의 뜻을 이루는 일과 어둠의 권세를 몰아내는 일에 주님의 파트너가 되라고 명하십니다. 더 많은 성도가 주님의 파트너로 참여하면 할수록 하나님의 나라는 더 빠르게 이 세상에 퍼질 것입니다. 데이비브 칠톤이 이렇게 말했습니다.

> 하나님의 나라는 2000년 전 예수님께서 이 땅에 오셨을 때 세워졌습니다. 그러나 완전하게 자라지는 않았습니다. 하나님의 나라는 겨자 나무같이 매우 작게 시작을 했지만 어마어마한 사이즈로 자라게 될 것입니다. 하나님의 나라는 물이 바다를 덮음같이 여호와를 아는 지식이 세상에 충만하게 될 때까지 계속 자랄 것이며 모든 곳으로 퍼져갈 것입니다. 하나님의 나라는 광대하게 성장할 것입니다.
> 한편 하나님의 나라는 강렬하게 자랄 것입니다. 누룩이 발효를 통하여 반죽을 바꾸어 버림같이 하나님의 나라는 각 개인의 삶과 세상을 변화시킬 것입니다.

예수님께서 그 변화의 씨앗인 복음, 곧 구원을 이루는 하나님의 능력을 세상 속에 뿌려 놓으셨습니다. 누룩처럼 하나님 나라의 능력은 모든 것을 발효시킬 때까지 쉬지 않고 일할 것입니다.[4]

바로 지금 수백만의 그리스도인들이 하나님의 파트너가 되어 하나님의 나라를 이 땅에 임하게 하고 있습니다. 그들은 하나님께서 위임하신 능력과 권세를 가지고 온 세상을 다니면서 예수님께 속한 것들을 합법적으로 되찾아 오고 있습니다. 그들은 하나님 나라의 복음을 나누며, 잃어버린 자들을 구원으로 인도하고, 제자를 삼고, 병든 자들을 치유하며, 눌린 자들을 자유케 하고 있습니다. 그들은 장터와 정부 관청, 연회장소, 대학 캠퍼스, 군대와 프로 스포츠, 미디어 그리고 교회, 가정과 외국에까지 하나님 나라의 메시지를 전하고 있습니다. 이 세상의 어떤 권세도 이들을 막을 수 없습니다.

예수님과 제자들처럼 당신도 하나님 나라의 복음을 전함으로써 하나님의 파트너가 되지 않겠습니까?

천국복음은 초대교회의 메시지와 사명이었다

부활하신 후 예수님은 추종자들에게 세상으로 가서 개종자가 아닌 제자들을 만들라고 명령하셨습니다.

하늘과 땅의 모든 권세를 내게 주셨으니 그러므로 너희는 가서 모든 족속으로 제자를 삼아 아버지와 아들과 성령의 이름으로 세례를 주고 내가 너

희에게 분부한 모든 것을 가르쳐 지키게 하라 볼지어다 내가 세상 끝날까
지 너희와 항상 함께 있으리라 하시니라(마 28:18-20)

그 후에도 예수님은 계속해서 제자들에게 모습을 보이시며 하나님의 나라에 대하여 가르치셨습니다.

해 받으신 후에 또한 저희에게 확실한 많은 증거로 친히 사심을 나타내사
사십 일 동안 저희에게 보이시며 하나님 나라의 일을 말씀하시니라(행 1:3)

하늘로 올리우시기 전 예수님이 제자들에게 이렇게 말씀하셨습니다. "예루살렘을 떠나지 말고 내게 들은 바 아버지의 약속하신 것을 기다리라 요한은 물로 세례를 베풀었으나 너희는 몇 날이 못 되어 성령으로 세례를 받으리라 하셨느니라"(행 1:4b-5). 예수님의 이 약속은 그로부터 10일 후 유대인들의 축제인 오순절 날 한 다락방에 모인 120명의 제자들에게 성령이 임하심으로 실현되었습니다.

오순절 날이 이미 이르매 저희가 다 같이 한 곳에 모였더니 홀연히 하늘로
부터 급하고 강한 바람 같은 소리가 있어 저희 앉은 온 집에 가득하며 불의
혀같이 갈라지는 것이 저희에게 보여 각 사람 위에 임하여 있더니 저희가
다 성령의 충만함을 받고 성령이 말하게 하심을 따라 다른 방언으로 말하
기를 시작하니라(행 2:1-4)

제자들은 하나님의 파트너가 된 후 예수님께서 하신 그대로 천국복음

을 전파했고, 병든 자들을 고쳤으며, 귀신들을 쫓아내었습니다. 예수님은 성령으로 오셔서 제자들과 함께 계시면서(지금도 마찬가지입니다) 그들에게 복음을 전파하는 능력과 약한 자를 치유하며 눌린 자들을 해방시키는 능력을 부어 주셨습니다.

오순절 날 제자들에게 위로부터 부어진 성령의 기름부으심이 있은 후 단 며칠 동안에 수천 명이 예수님을 영접하는 일이 일어났습니다. 기사와 이적을 본 많은 사람들이 설교를 듣기 위하여 구름떼 같이 모여들었으며 그 중 상당수의 사람들이 주님께 마음을 드렸기 때문입니다. 약하고 눌린 자들이 육적으로 그리고 영적으로 자유함을 얻었습니다.

사도 야고보의 순교(행 7:54-60)를 시작으로 예루살렘 교회는 집중적인 박해 아래 놓이게 되었으며, 베드로 역시 얼마 있지 않아서 헤롯 왕에 의하여 체포되고 말았습니다. 베드로가 잡힌 때가 마침 무교절기간이었기 때문에 헤롯 왕은 그들을 감옥에 집어넣었고, 이에 예루살렘 교회는 베드로를 위하여 기도의 영적 싸움을 벌이기 시작했습니다. 누가는 이렇게 말했습니다. "이에 베드로는 옥에 갇혔고 교회는 그를 위하여 간절히 하나님께 빌더라"(행 12:5).

헤롯 왕이 베드로를 재판에 넘기기 전날 주의 천사가 그를 감옥에서 풀어 주었습니다. 그는 감금에서 빠져나옴으로써 교회를 크게 놀라게 했으며 헤롯을 격노케 했습니다. 교회는 베드로를 위하여 할 수 있었던 일, 곧 그를 위하여 간절히 기도함으로써 하나님의 파트너가 되었던 것입니다. 그 응답으로 하나님께서는 천사를 보내 베드로를 자유케 하셨습니다(행 12:6-16).

사도 바울 역시 하나님의 파트너가 되어 사역을 하면서 많은 사람들이 주님께 마음을 드리게 하였습니다. 하나님은 바울을 통해서 많은 기적을 행하셨습니다. 바울의 에베소 사역에 대하여 누가가 기록한 것을 보기 바랍니다.

> 바울이 회당에 들어가 석 달 동안을 담대히 하나님 나라에 대하여 강론하며 권면하되 어떤 사람들은 마음이 굳어 순종치 않고 무리 앞에서 이 도를 비방하거늘 바울이 그들을 떠나 제자들을 따로 세우고 두란노 서원에서 날마다 강론하여 이같이 두 해 동안을 하매 아시아에 사는 자는 유대인이나 헬라인이나 다 주의 말씀을 듣더라 하나님이 바울의 손으로 희한한 능을 행하게 하시니 심지어 사람들이 바울의 몸에서 손수건이나 앞치마를 가져다가 병든 사람에게 얹으면 그 병이 떠나고 악귀도 나가더라(행 19:8-12)

하나님 나라의 일에 그분의 파트너가 되십시오

모든 그리스도인들은 하나님 나라의 복음을 선포하는 일에 하나님의 파트너가 되도록 부름을 받았습니다. 역사는 예수님 이후 모든 그리스도인의 시대에 전도의 열기와 기적이 끊이지 않았음을 말하고 있습니다. 박사 과정 중 저는 교회사에 나타난 성령의 역사에 대하여 공부했습니다. 몇몇 학자들이 사도시대를 끝으로 병 고침과 치유 등의 기적이 끝났음을 증명하기 위하여 애쓰고 있음에도 불구하고, 역사는 병 고침과 치유의 기적에 대한 기사로 가득 차 있습니다.

저 역시 하나님께서 행하신 기적들에 대한 증인입니다. 30년 전 뉴욕 주의 북부지방에서 저는 청소년 수양회 기간 동안 축구를 하다가 왼쪽 발목을 심하게 다친 적이 있습니다. 십대 아이들이 한 번도 축구 경기를 해 보지 못한 저를 골키퍼로 뽑아놓았던 것입니다. 그러나 불과 몇 분 후 저는 다쳤고 고통으로 절뚝거리며 경기장을 나올 수밖에 없었습니다. 다음 날, 저는 소파에 앉아 휴식을 취하고 있을 때 마침 고향의 친구가 저를 보기 위하여 잠시 들렀습니다. 우리는 함께 기도하기로 했습니다. 뼈어서 검푸르게 멍이 들은 제 발은 너무도 고통스러웠기에 친구에게 제 발을 위하여 기도해 달라고 부탁을 했습니다. 친구가 기도하자 섬광 같은 빛이 제 눈을 지나 저의 왼쪽 발목을 향해 나아가는 것을 보았습니다.

저는 즉각 치료되었습니다. 고통도, 붓기도 그리고 검푸른 멍도 사라졌습니다.

제가 얼마나 흥분했을지 상상이 갈 것입니다. 저는 그때까지 한 번도 기적을 경험해 본 적이 없었습니다. 친구가 떠난 후 저는 운동복을 입은 후 기적을 축하하는 5km 미니 마라톤을 달렸습니다. 저는 실재하는 하나님의 사랑과 능력의 임재하심에 압도당하고 있었습니다.

하나님께서는 지금도 기적을 행하십니다.

얼마나 놀라운 사실입니까!

하나님께서는 제 눈을 열어 기적, 곧 침례 신학원에서 한 번도 들어보지도 못한 엄청난 일을 보게 하셨습니다. 제 발목은 치료되었으며 제 심장은 주님께 드려졌습니다. 저는 수주 만에 신약성경을 완독하면서 하나님께서는 진실로 병든 자를 고치시며 눌린 자를 자유케 하기를 원하신다는 사실에 대하여 점점 더 확신하게 되었습니다.

저는 천국복음은 구원을 설교하는 것 그 이상임을 발견하게 되었습니다. 그 이상으로 중요한 것이 있습니다. 구원은 죄인들을 그리스도에게로 인도합니다. 하지만 천국복음은 죄인들을 그리스도에게로 인도하고 아울러 성령으로 그들에게 능력을 주어 하나님의 파트너가 되게 함으로써 하나님의 나라를 이 땅에 임하게 하며, 병든 자를 치료하고 악한 영에 눌린 자들을 자유케 하며 그 결과 원수의 권세를 극복하게 합니다.

이것이 진정한 복음입니다!

제가 지금 말씀드리고 있는 것은 우리가 아는 많은 신자들이 매일 경험하는 정상적인 그리스도인의 삶입니다. 아프리카, 남미, 아시아 그리고 많은 나라의 대다수 그리스도인 형제자매들이 지금 이러한 삶을 살아가고 있습니다.

그들은 열정적으로 예수님을 사랑하고 있으며 주님의 기름부으심 속에서 매일 살아가고 있습니다. 비서구(非西歐) 국가들 사이에서 일어나고 있는 급격한 교회 성장은 우연이 아닙니다.

그러나 실망하지 마십시오. 하나님은 서구 교회를 버리지 않으셨습니다. 만일 당신이 하나님의 능력과 사랑을 향하여 마음을 연다면, 주님은 당신이 주님의 나라와 영광을 선포할 때 당신을 파트너로 삼으셔서 기적으로 역사하실 것입니다. 만일 당신이 지도자이며 또 하나님의 파트너가 되고자 하는 열정을 가지고 있다면 주님의 능력으로 당신을 채워달라고 성령님께 요청하기 바랍니다. 뿐만 아니라 매일 매일 그분의 인도하심에 순종할 준비를 하고 있어야 합니다. 하나님은 점차적으로 주님의 계획을 보여줄 것이며, 주님의 뜻을 행하는 데 필요한 모든 것을 당신에게 공급해 주실 것입니다.

'하나님 나라의 복음을 선포하는 일에 하나님의 파트너가 되라' 는 글을 쓰고 있을 때, 주님께서 저에게 물어 보셨습니다.

그리스도인의 삶, 곧 그리스도 안에 있는 삶의 핵심이 무엇이라고 생각하느냐? 그것은 나의 나라를 세우기 위하여 나의 인도함을 따르는 것이다. 그것은 네가 생각하는 것보다 훨씬 중요하고 또 쉬운 일이다. 나의 나라를 세우는 것이 생각보다 쉽고 중요한 이유는 나의 인도함에 순종하기만 하면 내 나라가 세워지기 때문이다. 내 나라는 획기적 프로그램이나 사람들이 효과적이라고 하는 독창적 일에 의하여 세워지지 않음을 기억하라.

너희를 향한 나의 계획은 한 명 한 명을 위하여 개별적으로 그리고 정확하며 구체적으로 만들어진다는 것을 알라. 나의 얼굴을 구하며 내게 물으라. 그리하면 너희가 무엇을 해야 할지를 알려주겠노라. 나는 너희 개인과 가족과 목회에 대한 계획들을 가지고 있다. 나의 파트너가 되라. 나의 계획을 따를 수 있도록 내가 네게 기름을 부을 것이며 너는 운명을 완수하게 될 것이다. 나는 네가 상상하는 것보다 훨씬 능하게 일을 행하는 하나님이다. 나의 목적을 위하여 너의 삶을 내게 내어주기만 한다면 나는 너를 세워 큰 은혜의 일을 이루게 하겠노라. 나를 기쁘게 따르겠느냐?

당신의 운명을 장악하라

제7원리

결코 홀로 경주하지 마십시오.
하나님께서 당신과 늘 함께 계십니다.

액션 스텝_Action Steps

스텝 1: 기도를 통하여 하나님의 파트너가 되십시오.

하나님은 '하나님의 나라를 이 땅에 세우는 것'을 당신이나 저와 같은 사람들에게 맡기심으로써, 직접 관여하시는 부분을 스스로 제한하셨습니다. 하나님은 가장 자격 없는 사람을 고르셔서 하나님의 나라를 이 땅에 임하게 하는 일을 도울 파트너로 삼으시는, 완벽한 유머감각과 신비로운 능력을 가진 분이심에 틀림 없습니다. 다시 말하면, 하나님께서는 우리에게 하나님의 기도 파트너가 되라고 요구하신다는 것입니다.

하나님께서는 모든 그리스도인들에게 기도를 명하셨습니다. 그렇다면 기도의 목적은 무엇일까요? 이 주제에 대하여 수많은 책들이 쓰여졌으며 그중에는 알려지지 않은 책들도 부지기수입니다. 그만큼 기도의 목적을 이해하는 것은 결코 쉽지 않습니다. 하나님은 당신에게 '하나님의 기도 파트너', 곧 하나님의 뜻이 하늘에서 이룬 것 같이 이 땅에서도 매일, 모든 장소에서, 모든 사람에 의하여 이루어지도록 기도하는 기도의 파트너가 되라고 말씀하십니다. 놀랄만한 일이 아닐 수 없습니다.

기도란 무엇인가에 대하여 상세히 설명하기에는 기도가 가진 형태와 뉘앙스가 너무 많고 다양합니다. 그러나 간단히 말하면, 기도란 '성령께서 당신의 마음속에 주시는 생각을 따라 하나님께 말씀을 드리는 것'입니다.

여기에 기도의 한 예문이 있습니다.

"아버지 안녕하세요? 위대한 창조의 아름다움을 인하여 당신을 찬양합니다. 또한 뛰어 노는 아이들의 자연스러운 웃음과 그 아이들을 바라보는 부모들의 눈 안에 있는 사랑, 곧 심장으로 느낄 수 있는 사랑 때문에 당신을 찬양합니다. 예수님께서 십자가 위에서 죽으심으로 우리에게 주신 위대한 구원의 선물 그리고 저의 심장에 부어진 주님의 변함없는 사랑 그리고 저를 받아주심으로 인하여 주님을 찬양합니다.

주님, 오늘 그리고 매일 매일 저를 주님의 파트너로 삼아 주시옵소서. 주님의 신호에 따라 살며, 당신의 영광을 찬양하는 삶을 살도록 저를 인도하시는 당신의 부르심을 따라 살기 원하나이다. 저로 하여금 기쁨으로 주님의 뜻을 행하게 하시어 주님의 나라가 주변 사람들의 심령 가운데 이루어지게 하옵소서.

제 삶을 통하여 주님의 뜻이 이루어질 때 임하는 주님의 나라로 인하여 영광 받으옵소서. 하나님께서 저에게 무엇을 요구하시든지 저는 준비가 되어 있습니다. 저에게 맡기실 일이 있으시면 언제라도 제가 가는 길을 중단시키시고 말씀하여 주옵소서. 주님의 뜻을 밝히 알려 주심으로써 제가 실수하지 않도록 하여 주시고, 저로 하여금 최선을 다하여 주님의 이름에 영광을 돌리게 하옵소서.

주님 사랑합니다. 위태한 길을 걷는 사람들, 낙심한 심령들, 구원받지 못한 영혼들, 병든 자들 그리고 삶의 한계 상황까지 이른 사람들을 위하여 기도합니다. 주님의 도우심을 필요로 하는 모든 사람들을 주님의 손 위에 올려 드리오니 지금 여기에 임하시옵소서. 예수님의 능하신 이름으로 기도드립니다. 아멘."

스텝 2: 예배를 통하여 하나님의 파트너가 되십시오.

하나님의 능력은 예배를 통하여 당신 주변을 감싸고 있는 영적 세계로 흘러 들어옵니다. 하나님이 임재하시면 천군과 천사들이 힘을 얻어 대적의 공격을 꺾어버리며 대적을 묶어 버리게 됩니다. 만일 당신의 마음속에서, 혹은 가정에서 불안감을 느끼신다면 예배를 드리십시오. 만일 대적이 당신의 마음이나 육신, 혹은 감정을 공격한다고 느껴지신다면 예배를 드리십시오. 예배는 지옥문을 깨뜨리며 잃어버린 하나님의 영토를 되찾는 능력을 가지고 있습니다. 예배는 우리의 고집스러운 마음을 없애줄 것이며, 대신 우리에게 하나님의 나라를 섬길 수 있는 힘을 줄 것입니다.

당신은 일주일에 한 번 내지 두 번 정도 교회에 갈지 모르겠습니다. 그러나 사실은 일주일 내내 그리고 하루 24시간 동안 당신 자체가 교회임을 기억하십시오. 예배는 승리하는 그리스도인의 인생 그 자체입니다. 하나님의 선하심과 자비로우심에 대하여 가슴 속에서부터 감사를 드리고, 주님을 인정하며, 그분을 찬양하는 일들을 통하여 늘 하나님께 사랑을 고백하십시오. 물론 그렇게 하려면 제법 많은 시간이 필요할 수도 있습니다. 그러나 하나님께 사랑을 고백하는 것은 당신 곁에서 역사하시는 하나님을 보면서 "예, 하나님"하고 말하거나 혹은 찬양을 들으면서 그분의 임재하심에 젖은 채 한 시간이 훌쩍 지나가는 것처럼 간단한 일입니다.

최근에 있었던 5일 간의 개인적인 수련회 기간 동안, 저와 아내는 회중을 위한 무거운 짐을 느끼며 목적지에 도착을 했습니다. 셋째 날 저녁 저는 마루 위에 엎드려서 얼굴을 바닥에 댄 후 마치 십자가에 달리신 예수님의 발을 만지듯이 손을 뻗으라는 감동을 받았습니다.

제가 주님을 경배하기 시작하였을 때 저를 위한 예수님의 희생이 감동으로 몰려와 눈물이 흘러나오기 시작했습니다. 저는 30분 이상 울었고 엄청난 무게가 저를 누르고 있음을 느끼면서 전혀 움직일 수 없었습니다. 하지만 얼마 있지 않아 그 무게는 점점 사라져 갔으며 대신 하나님의 기쁨이 저를 채우기 시작했습니다. 웃음이 나오기 시작했으며 이어서 웃음보가 터졌는데 얼마나 크게 웃었는지 아픔을 느낄 정도였습니다. 20분 이상 저는 바닥에서 지난 수년간 느껴왔던 그 어떤 기쁨과도 비교할 수 없는 큰 기쁨에 흠뻑 빠졌으며, 성령님께서 저를 덮어 주시는 포근함 속에서 말할 수 없는 행복을 누릴 수 있었습니다. 이 모든 일은 예배와 함께 시작이 되었습니다. 하나님은 회복을 간구하는 저의 소원 가운데서 저를 만나주셨고, 제 예배를 받아 주셨으며, 신령한 기쁨이라고 하는 사랑의 선물로 저를 축복해 주셨습니다.

결심하고 노력하셔서 예배를 당신 삶의 일부분으로 만드십시오. 그러면 예배가 당신을 하나님의 파트너로 만들어 줄 것이며, 당신의 경배를 통하여 하나님의 능력이 나타나게 될 것입니다. 만일 당신의 교회가 기쁨과 축제의 예배를 드리지 않는다면, 가족들과 함께 집에서 그런 예배를 드리십시오. 주님께 외치십시오, 그분 앞에서 춤을 추십시오, 손을 높이 드십시오, 노래를 잘 못해도 상관없으니 큰 소리로 노래하십시오, 홀로 샤워를 할 때도 당신의 찬양을 주님께 올려드리십시오! 하나님께 기쁨의 소리들을 올려드리십시오! 주님께서 기뻐하실 것입니다!

예배자는 하나님을 기쁘게 해드립니다.

운전 중에 빨간 신호등이 켜지면 그 몇 초 동안이라도 헛되게 보내지 마시고 예배의 기회로 삼으십시오. 직장으로 출근하는 동안에도 찬양 CD를 들으시거나 아버지께 기쁨의 노래를 부르면서 말씀을 공부하십시오.

운동을 하면서도 찬양을 들으십시오. 영적 체력을 길러줄 것입니다.

스텝 3: 하나님 나라를 전파함으로써 하나님의 파트너가 되십시오.

열 명의 그리스도인 가운데 겨우 한 명만이 불신자에게 전도를 한다는 글을 읽어 보았습니다. 이 수치가 정확하던 아니던 간에, 모든 그리스도인들은 복음 전도의 삶을 위하여 부르심을 받았다는 사실을 기억하여야 합니다. 그럼에도 불구하고 왜 대부분의 그리스도인들이 복음을 전하거나 믿음을 나누지 않을까요? 아마 실질적으로 나눌 이야기를 가지고 있지 않거나, 거절 당할까봐 걱정하거나, 아니면 전하고는 싶은데 하나님 나라의 복음을 전하는 방법을 모르거나, 이 셋 중의 하나일 것입니다.

그런데 왜 일부 그리스도인들은 나눌 간증을 가지고 있지 않을까요? 주님에 대하여 피상적으로 알기는 하지만 주님을 개인적으로는 모르기 때문일 것입니다. 잘 알지 못하는 사람에 대하여 말하는 것은 어렵습니다. 참으로 슬픈 이야기는, 교회에 의무적으로 출석하는 대부분의 사람들이 예수님을 개인적인 주님으로 알지 못한다는 사실입니다.

여러분에게 중대한 한 사실을 말씀드리겠습니다. 하나님 나라에 속한 모든 사람들(거듭난 성도)은 분명히 교회 안에 있지만, 교회에 다니는 모든 사람들이 전부 하나님 나라에 가는 것은 아니라는 것입니다. 즉, 단순히 교회에 출석하는 것이 장차 당신을 천국으로 갈 수 있도록 보장하지 못한다는 사실입니다. 당신의 미래는 당신의 선택에 달려 있습니다. 예수님을 당신의 구주로 영접했는지 다시 한 번 확인하기 바랍니다. 이것은 당신의 책임입니다. 만일 거절하면, 그 결과는 너무도 슬픈 비극이 될 것입니다.

만일 당신이 거듭난 그리스도인이지만 사람들을 불쾌하게 만들지도 모른다는 두려움, 또는 종교 편견자라는 욕을 먹으면서 따돌림을 당할지도 모른다는 불안감 때문에 복음을 전할 용기를 내지 못하고 있다면, 예수님에 대하여 나눌 수 있는 기회를 달라고 하나님께 요청하기 바랍니다. 기억하십니까? 하나님은 당신의 도움을 기다리고 계십니다. 전도의 기회를 구하는 가장 최고의 방법은 아침마다 기도하는 것입니다. "하나님 저는 준비가 되어 있습니다. 예수님에 대하여 나눌 수 있는 사람들을 제게 보내주십시오." 저의 경우 "당신의 향후 100년 간의 계획은 무엇입니까?"라는 질문이 대화의 물꼬를 트면서 복음 전도의 시작이 되는 경우가 많았습니다. 이 질문을 통해서 많은 대화의 문이 열리곤 했습니다.

하나님이 도와주시면 거절에 대한 두려움을 극복할 수 있습니다.

하나님은 당신에게 두려워하는 영을 주지 않으셨습니다(딤후 1:7). 그러므로 두려워하는 마음이 생겼다면 그것은 대적으로부터 온 것입니다. 하나님께 용기를 구하고 복음 전도의 기회를 구하십시오. 주님께서 들어주실 것입니다.

만일 어떻게 전도하는지에 대한 상세한 방법을 모른다면, 예수님께서 당신의 삶 속에서 행하신 좋은 일들을 사람들에게 이야기해 주십시오. 그리고 그들을 당신이 속해 있는 교회로 인도하기 바랍니다. 전도에 대하여 더 자세히 배우기 원한다면 폴이 지은 소책자『당신의 믿음을 나누는 방법』(How to Give Your Faith Away)이라는 책을 읽어 보기 바랍니다.

마지막으로, 그리스도인들이 한 명의 결신자를 얻기 위해서는 평균적으로 10명의 사람들에게 복음을 전해야 하기 때문에, 하나님께서 당신에게 많은 씨를 뿌리게 하실지도 모른다는 사실을(저에게도 늘 그러셨습니다) 염두에 두기 바랍니다. 때로는 예수님을 영접하기로 결심한 사람들과 함께 기도를 해야 할 때도 생길 것입니다. 제자 훈련을 받지 않는 새 신자들은 하나님으로부터 쉽게 멀어져 버릴 수 있습니다. 그러므로 그들을 교회로 초청하시고, 그들을 목사님이나 셀그룹 리더에게 소개시켜 드리기 바랍니다.

결론

하나님은 당신의 도움을 필요로 하십니다. 이해되지 않으셔도 그것은 사실입니다. 하나님 나라를 이 땅에 임하게 하는 일에 대하여 하나님은 스스로의 역할을 제한하시고는, 대신 예수님의 몸 된 성도들을 파트너로 삼으신 후 그들에게 그 역할을 맡기셨습니다. 우리는 하나님 나라의 대사(大使)들입니다. 비록 당신이 때때로 연약하며, 영적으로 미숙하고, 세상의 것에 마음을 빼앗긴다 할지라도 우주의 하나님께서는 그분의 나라를 이 땅에 임하게 하는 사람으로 당신을 선택하셨습니다. 주님의 나라를 이 땅에 임하게 하는 것은 엄청난 일입니다. 그러나 이 일을 위한 당신의 역할은 하나님께 하나씩 하나씩 순종해 나가는 것뿐입니다. 이 위대한 일을 위하여 하나님 편에 서실 준비가 되었습니까?

다음 장에서 당신은, 하나님의 뜻을 행하는 데 필요한 모든 것을 공급하겠다고 하신 하나님의 약속에 대하여 배울 것이며, 신실한 순종의 걸음이 어떻게 하늘로부터의 공급을 가지고 오는 지에 대하여 배우게 될 것입니다. 당신이 내딛는 믿음의 첫 걸음은 종종 당신을 위하여 준비된 하늘의 창고를 여는 열쇠가 될 것입니다.

각주

1. 빌 존슨, 사람의 마음을 변화시키는 초자연적인 능력: 기적의 삶을 경험하라(Shippensburg: Destiny Image Publishers, Inc., 2005), 139-140.
2. 릭 워렌, 목적이 이끄는 삶(Grand Rapids: Zondervan, 2002), 17.
3. 잭 헤이포드, 불가능을 침공하는 기도(Gainesville: Bridge-Logos Publishers, 1977), 19.
4. 데이비드 칠톤, 낙원의 회복: 통치의 성경적 신학(Horn Lake: Dominion Press, 2007), 74-75.

8

하나님의 공급을 기대하라

여호와는 나의 목자시니 내가 부족함이 없으리로다
- 다윗(시 23:1)

"저는 하늘과 땅을 창조하신 전능하신 하나님 아버지를 믿습니다.
이는 하나님께서 저를 포함한 모든 것을
창조하셨다는 것을 믿는다는 뜻입니다. 그분은 지금도
제 몸과 영혼, 수족 그리고 저의 이성과 감정을 지켜주십니다.
제 의복과 신발, 육류와 음료, 집과 가정, 아내와 아이,
땅과 가축과 모든 소유를 지키십니다.
그분은 매일 매일 제 몸과 삶에 필요한 모든 것을
넉넉하게 공급하시며, 모든 위험으로부터 저를 보호하시고,
모든 악으로부터 저를 지키시고 보존하십니다."
- 마틴 루터(1483 -1546)

하나님은 풍성한 공급자이십니다

한 12학년(고등학교 3학년-역자 주) 학생이 예배 후 저를 찾아와서 신학교에 진학하여 목회자가 되고 싶다고 말했습니다. 18세 된 젊은 친구로부터 이렇게 열정 넘치는 말을 듣자 심장이 떨릴 정도로 기뻤습니다. 어느 학교에 지원했느냐고 그에게 물었습니다. 그러자 잠시 머뭇거리더니 이내 이렇게 말했습니다.

"아직 지원하지 못했습니다."

졸업이 3개월 밖에 남지 않았는데 왜 아직도 지원하지 않았느냐고 묻자 그는 대학에 갈 돈이 없어서 지원하지 못했다고 대답했습니다. 저는 그가 한 말의 의미를 더 명확히 알기 위하여 좀 더 자세히 물어 보았습니다.

"그러니까 하나님께서 형제님을 사역으로 부르신 것은 확실한데 돈이 없어서 신학대학교에 지원하지 못하고 있다는 말인가요?"

"맞습니다."

"무슨 말인지 알겠습니다." 제가 이어 말했습니다. "어떻게 하는 것이 하나님의 뜻 안에서 행하는 것인지 우리 한 번 생각해 봅시다. 하나님께서 형제님을 목회 사역으로 부르셨다면, 하나님은 형제가 하나님의 뜻을 행하는 데 필요한 모든 것을 공급하셔야 할 의무를 자동적으로 가지게 되십니다. 그러니 믿음을 가지고 신학대학에 지원하십시오. 그리고 형제를 향한 하나님의 모든 계획들이 이루어지기 위하여 필요한 것을 달라고 구하십시오. 그러면 하나님께서는 기적적으로 물질을 채워주시든지, 장학금을 주시든지, 아니면 학자금 융자를 받게 하시든지, 아르바이트 자리를 주시든지 하실 것입니다. 하나님은 그 순간에 필요한 만큼의 물질만 주시지 다음번에 필요할 것까지 미리 주시지는 않을 겁니다. 이러한 일들을 통해서 형제님은 하나님만 신뢰하는 법을 배우게 될 것이며 목회를 준비할 수 있을 만큼 믿음이 자랄 것이기 때문입니다. 무슨 말씀인지 아시겠습니까?" 그는 제 말의 뜻을 알아 들었습니다. 그리고는 그 가을에 목회를 위한 준비를 시작할 수 있게 되었습니다.

하나님께서 당신을 사랑하신다는 사실에 대하여 조금도 의심하지 마십시오. 당신은 예수 그리스도와 함께 상속받을 존재로 입양된 가족, 왕의 자녀입니다.

하나님의 공급은 하나님께서 모든 그리스도인들에게 주신 약속입니다. 사도 바울이 이렇게 말했습니다. "나의 하나님이 그리스도 예수 안에서 영광 가운데 그 풍성한 대로 너희 모든 쓸 것을 채우시리라"(빌 4:19). 독생자까지 아끼지 않으시고 보내셔서 우리의 구주가 되게 하신 하나님께서 우리에게 무엇을 아끼시겠습니까? 그러므로 주님의 뜻을 행하는 데 필요한 모든 것을 공급하시는 하나님을 신뢰하십시오.

비록 이 땅의 아버지들은 좋은 공급자가 될 수 없을지라도, 하늘에 계신 아버지는 당신의 필요에 따라 생명과 경건에 속한 모든 것을 공급하실 것입니다(벧후 1:3). 그리스도 안에 있는 하나님의 공급은 그분의 변함없는 사랑, 용서, 치료 그리고 당신이 운명을 이룰 수 있도록 인도하시는 모든 것들을 전부 포함하고 있습니다. 당신이 해야 할 몫은 성령님이 매순간 보여주시는 하나님의 뜻에 무조건적으로, 기쁨으로 순종하는 일입니다. 하나님께서 계획하시는 것은 영적인 그리스도인을 통하여 하나님의 나라가 이 땅에 임하게 하는 것입니다.

하나님께서 당신에게 진정으로 원하시는 것은 무엇일까요?

하나님께서 당신을 하나님의 나라로 부르신 가장 큰 이유가 무엇이라고 생각합니까? 많은 사람들은 자신들의 행위로 하나님을 기쁘시게 하여 드릴 수 있다고 생각합니다. 어떤 면에서 보면 그 생각도 맞습니다. 그러나 하나님께서 정말 원하시는 것은, 우리가 매일 주님의 임재 안에 거하며 주님과 기쁨으로 교제하는 것입니다. 하나님은 당신과 개인적인 교제의 시간을 갖기 원하십니다. 정말입니다!

사실이라고 믿기에는 너무 좋은 소식인가요?

하지만 이미 수백만 명의 그리스도인들이 하나님의 사랑 안으로 더 깊이 들어가기 시작했습니다. 하나님과 깊은 교제를 하는 것은 고통 없는 일만은 아닙니다. 처음에는 약간 두려운 일일지도 모릅니다. 어쨌거나 하나님은 우리와는 비교할 수 없는 전능의 하나님이시며, 사랑의 아버지이신 반면 소멸하는 불이시기도 하기 때문입니다.

그러나 두려워하지 마십시오! 하나님은 당신을 사랑하시며 "온전한 사랑이 두려움을 내어 쫓습니다"(요일 4:18b).

하나님이 진정으로 원하시는 것은 무엇일까요?

하나님은 당신을 원하십니다! 하나님은 당신을 사랑하시며, 당신이 필요로 하는 모든 것을 공급하심으로써 당신과의 풍성한 개인적 교제와 의미 있는 사귐을 갖기 원하십니다. 하나님은 당신을 사랑으로 품어주실 준비가 끝나셨습니다. 그렇다면 무엇이 당신으로 하여금 당신 자신을 주님께 온전히 드리지 못하게 방해합니까?

망설일 이유가 없습니다

당신이 복음을 듣고, 용서받아야 할 죄인임을 깨달은 후, 죄를 고백하고 예수님을 구주로 영접했을 때 당신은 새로운 피조물이 되었습니다. 그분은 당신을 완전히 용서하셨습니다. 그때부터 주님은 때때로 고통스럽기도 하며 또 평생 동안 계속되어질 '당신의 안과 밖을 변화시키는 작업'을 시작하십니다. 성화란, 당신이 가지고 있는 옛 삶의 찌꺼기와 얼룩을 벗겨내는 하나님의 방법입니다. 당신이 예수님을 구주로 영접했을 때 당신의 죄는 이미 용서를 받았지만, 죄악된 생각의 패턴들, 충동, 부정적 태도 등은 시간을 두고 계속적으로 제거될 것입니다.

그러나 간헐적인 죄를 여전히 범하고 있음에도 불구하고 당신은 더 이상 죄의 저주 아래 있지는 않습니다. 예수님께서 당신을 위하여 죽으셨을 때 죄의 저주는 떠난 것입니다. 바울이 말합니다.

> 그러므로 이제 그리스도 예수 안에 있는 자에게는 결코 정죄함이 없나니 이는 그리스도 예수 안에 있는 생명의 성령의 법이 죄와 사망의 법에서 너를 해방하였음이라 율법이 육신으로 말미암아 연약하여 할 수 없는 그것을 하나님은 하시나니 곧 죄를 인하여 자기 아들을 죄 있는 육신의 모양으로 보내어 육신에 죄를 정하사(롬 8:1-3)

이것이 바로 복음입니다.

당신은 새로운 피조물이 되었으며, 하나님은 당신을 영적 전사와 세상을 바꿀 사람으로 만드실 준비를 마치셨습니다. 주님은 당신을 변화시키기 위하여 사랑 가득한 마음으로 당신에게 이렇게 요구하십니다. "네 자신과 싸워 이겨라, 그리하여 삶의 모습을 바꾸라." 이 일은 매우 중요합니다. 세상의(평균적인 미국인) 삶의 모습은 하나님 나라를 위하여 섬기는 것을 방해하기 때문입니다. 예수님께서 말씀하십니다.

> 아무든지 나를 따라오려거든 자기를 부인하고 자기 십자가를 지고 나를 좇을 것이니라 누구든지 제 목숨을 구원코자 하면 잃을 것이요 누구든지 나와 복음을 위하여 제 목숨을 잃으면 구원하리라 사람이 만일 온 천하를 얻고도 제 목숨을 잃으면 무엇이 유익하리요 사람이 무엇을 주고 제 목숨을 바꾸겠느냐 누구든지 이 음란하고 죄 많은 세대에서 나와 내 말을 부끄러워하면 인자도 아버지의 영광으로 거룩한 천사들과 함께 올 때에 그 사람을 부끄러워하리라 (막 8:34b-37)

더 많은 그리스도인들이 매일 십자가를 지고 예수님을 따를 때, 하나님의 나라는 더 빠르게 세상의 끝까지 퍼지게 될 것입니다. 바울이 말했습니다.

> 아담 안에서 모든 사람이 죽은 것같이 그리스도 안에서 모든 사람이 삶을 얻으리라 그러나 각각 자기 차례대로 되리니 먼저는 첫 열매인 그리스도요 다음에는 그리스도 강림하실 때에 그에게 붙은 자요 그 후에는 나중이니 저가 모든 정사와 모든 권세와 능력을 멸하시고 나라를 아버지 하나님께 바칠 때라 저가 모든 원수를 그 발 아래 둘 때까지 불가불 왕 노릇 하시리니 (고전 15:22-25)

하나님의 뜻을 행하게 하기 위하여 하나님은 당신을 택하셨습니다. 그리고 당신이 하나님의 뜻을 행할 때 주님의 나라가 이 땅에 임하게 됩니다. 이것이 당신에게 부여된 목적, 곧 운명입니다. 성령님의 인도하심에 순종함으로써 주님의 뜻을 행하는 데 필요한 것은 당신의 희생과 영적 성숙입니다. 하나님의 뜻을 행하는 그리스도인 한 명 한 명의 영향력이 쌓이면 어둠의 지배를 몰아낼 수 있게 될 것이며, 잃어버린 영혼들을 하나님의 경이로운 빛 가운데로 인도해 올 수 있게 될 것입니다. 높아지는 비결은 낮아지는 데 있습니다. 천국에서 가장 큰 자는 모든 사람들을 섬기는 자입니다. 하지만 슬프게도 어떤 그리스도인들은 하나님 나라를 위하여 자신의 삶을 드릴 마음이 없거나 준비가 되어 있지 않습니다. 왜 그럴까요?

나태한 교회를 고치시는 하나님

많은 그리스도인이 세상적입니다. 무익하고 헛된 생활 속에서 편안함을 느끼며, 대부분이 삶에 싫증을 느낍니다.

그렇습니다. 상당히 많은 성도들이 세상과 짝하며 살아가고 있습니다. 그들은 하나님의 능력과 사랑을 얻기 위하여 문을 두드려 보지도 않았습니다. 세속적 즐거움은 하나님의 임재, 곧 사랑의 임재와는 비교할 수도 없는 저급하고도 헛된 것입니다. 그런데도 적지 않은 그리스도인들이 하나님의 임재 대신 세상의 즐거움을 추구합니다.

매우 많은 수의 교인들이 성경 공부를 거의 하지 않으며, 위급할 때만 기도하며, 목사님의 설교가 20분이 넘으면 초조해 합니다. 그러나 예배

후 좋아하는 팀의 TV 중계를 보기 위하여 집으로 갈 때는 너무나도 신나게 운전하며 달려갑니다.

이러한 일들이 하나님을 슬프시게 만듭니다. 왜 그럴까요?

왜냐하면 하나님은 저와 여러분을 위하여 훨씬 좋은 것들을 매우 많이 예비하셨기 때문입니다. 하나님은 우리가 주님의 뜻을 행하는 데 있어서 필요한 것이라면 어떤 것이라도 우리에게 주기 원하십니다. 하지만 많은 그리스도인이 주님의 뜻을 행하는 일에 관심이 없습니다. 그들은 모두 '방관자들의 교회' 안에서 '끝없는 자기만족을 위하여 자기의 뜻만 주장하는 것'만 보고 듣고 배웠으며 그러한 일에 익숙해져 있습니다. 우리가 종교적(영적이 아닌)인 사람이 되면 될수록 사단의 가슴은 더 설레며 들뜰 것입니다. 왜냐하면 사단은 종교적인 사람에게는 전혀 위협을 받지 않기 때문입니다. 사단이 죽도록 두려워하는 사람은 하나님 나라에 초점을 맞추고 성령으로 충만한 기도의 용사, 곧 영적인 사람들입니다.

하나님 나라를 섬기는 일은 나약한 자들의 일이 아닙니다

조지 뮬러는 일생동안 10,000명이 넘는 고아들을 돌보았습니다. 때론 한 번에 3,000명 내지는 4,000명을 돌보기도 했지만 음식이나 의류, 집, 혹은 아이들 교육을 위하여 사람들에게는 단 한 번도 기부금을 요청하지 않았습니다.

재정 상태가 매우 어려웠던 어떤 날, 고아원의 감독이 수백 명의 고아를 먹일 식량이 남아 있지 않다면서 제발 기부금을 받자고 조지 뮬러에게 애원을 했습니다. 그러자 뮬러는 웃으며 말했습니다. "하나님께서 공급하실 것입니다." 고아원 감독은 좌절감을 느끼며 삐걱거리는 의자에 덜썩 주저앉았습니다. 소년들이 식당으로 물밀듯이 들어와서는 빈 식탁을 채우고 앉았을 때, 뮬러는 그들을 조용히 시키고 나서는 기도했습니다. "주님, 오늘도 이 소년들에게 아침식사를 공급해 주시니 감사드립니다. 예수님의 이름으로 기도드립니다. 아멘."

몇 초 후 누군가 힘차게 문을 두드리는 소리가 들렸습니다. 방문객이 식당으로 안내되었을 때, 그는 수행자들과 함께 많은 수의 빵 바구니들을 가지고 들어오고 있었습니다. 모든 소년들을 충분히 먹일 수 있는 양이었습니다. 제과점 주인이 말을 했습니다. "뮬러 씨, 어젯밤 저는 주님으로부터 이 소년들을 위하여 빵을 구우라는 생각을 강하게 받았습니다. 그래서 저는 종업원들을 깨워 빵을 구워 이렇게 왔습니다."

제과점 사람들이 나가자마자, 마차 한 대가 고아원 앞에서 고장났습니다. 마차 운전사는 큰 통에 있는 것을 모두 도랑에 쏟아 부어 버리려고 했습니다. 그러다가 자신이 고아원 앞에 있다는 것을 깨닫고는 내려서 고아원 문을 두드렸습니다. "뮬러 선생님, 제 마차 바퀴가 고장 났기 때문에 무게를 줄이기 위하여 싣고 있는 우유를 전부 도랑에 쏟아 부어야 할 상황입니다. 혹시 신선한 우유가 필요하지 않으신지요?" 일만 번이 넘는 기도 응답을 받아왔던 조지 뮬러의 기도에 또 한 번 응답이 추가되는 순간이었습니다.

하나님은 조지 뮬러에게 수천 명의 영국 고아들을 돌보라고 명령하셨을 뿐 아니라, 뜻밖의 방법 혹은 기적적인 방법으로 필요를 공급해 주심으로써 고아원을 유지할 수 있도록 해 주셨습니다. 그의 삶은 쉽지 않았습니다. 사실, 때때로 매우 어려웠습니다.

하나님 나라를 추구하는 삶을 살면 때론 지저분하거나 성가신 일을 해야 할 때도 있습니다. 예를 들면 술취한 낯선 사람을 당신의 차로 집까지 태워주는 일을 해야 할 때도 있고, 노출이 심한 옷을 입고 상담하러 온 여성에게 상담 시간 동안 당신 비서의 숄을 걸치실 수 있냐고 점잖게 부탁해야 할 상황이 올 수도 있습니다. 만일 하나님의 나라를 추구하는 삶을 살기 원한다면, 공격적이거나 위협적인 태도를 가진 사람들, 악취, 다양한 말투와 외모 등 별별 일들을 잘 대처하는 법을 배워야만 합니다. 비주류, 혹은 주변사람으로 분류된 사람들 역시 당신과 마찬가지로 하나님의 무조건적인 사랑을 받는 사람들입니다.

예수님께서 주로 만나셨던 사람들 역시 비주류의 인물들이었습니다. 하류 인생으로 불리던 사람들, 전직 창녀들, 세리들, 거친 사람들, 이방인들, 장애인들, 일부 교회의 리더들은 이들을 방문객 자리의 첫 줄에 앉지 못하게 하거나 점심 식사에 초대하지 않을 지도 모릅니다.

하와이에 있는 동안 저와 제 가족은 레드 힐에 위치한 '제일 하나님의 성회 교회'(First Assembly of God)에 출석했었습니다. 몇 천 명이 모이는 교회였습니다. 저희가 처음 주일 저녁 침례식 예배에 참여했을 때 수많은 회심자들이 '예수님을 만나기 전 얼마나 초라한 삶을 살았는지 모른다'고 고백하는 것을 보고 놀라지 않을 수 없었습니다.

담임목사이신 고(Ko) 목사님은 교회가 지저분하게 되는 것을 상관하지 않았습니다. 그와 많은 수의 외부 사역자팀원들은 하나님께서 보내신 사람들 모두와 친구가 되었습니다. 그들 중 상당수는 매주 열리는 많은 제자훈련 중 하나에 참여하기 시작했으며 일부는 1년간의 훈련을 마친 후 교회에서 전적으로 지원해 주는 해외 선교 현장으로 파송되기도 했습니다.

고 목사님은 우리로 하여금 삶의 변두리에 놓여 있는 사람들, 그러나 하나님께 중요하며 우리에게도 중요한 사람들을 볼 수 있는 눈을 뜨게 해 주었습니다.

가지치기를 준비하십시오

그렇다면 하나님께서 다음 단계로 하실 일은 무엇일까요? 그것은 바로 가지치기입니다. 하나님께서는 쓸모없는 지도자들을 쏟아내신 후 대신 겸손하고 하나님 나라에 초점을 맞춘 남자들과 여자들로 채우십니다. 하나님은 전투를 위하여 교회를 준비시키실 것입니다.

뉴스에 시선을 고정시키십시오. 옳고 그름의 문제에 엄격하지 않으며 자기중심적인 사고방식을 가진 리더들, 비단 목회자뿐 아니라 정치가들, 운동선수들, 산업 지도자들, 교육자들, 연예인들 그리고 많은 사람들. 하나님께서는 이러한 사람들을 계속적으로 물러나게 하고 계십니다. 만일 그리스도인이라고 스스로 주장하면서도 하나님의 뜻 밖에서 살고 있다면, 당신은 지금 매우 위험한 지역, 곧 언제 쏟아냄을 당할지 모르는 장소에 머물고 있다는 사실을 알아야 합니다. 하나님은 당신이 뿌린 것을 거두게 하실 것입니다. 예수님께서 말씀하셨습니다.

> 나는 포도나무요 너희는 가지니 저가 내 안에 내가 저 안에 있으면 이 사람은 과실을 많이 맺나니 나를 떠나서는 너희가 아무것도 할 수 없음이라 사람이 내 안에 거하지 아니하면 가지처럼 밖에 버리워 말라지나니 사람들이

이것을 모아다가 불에 던져 사르느니라(요 15:5-6)

하나님은 하나님의 교회와 지도자들에게 회개를 명하시며, 또 우리에게 불우한 지역에 사는 분들과 교제하는 것을 두려워하지 말라고 강하게 말씀하고 계십니다. 기독교란 '혁명적인 주님과 혁명적인 관계를 맺는 것' 이라고 정의를 내릴 수 있습니다. 우리는 주님과 보조를 맞추어 걸어가라는 명령을 받았습니다. 그러므로 앞으로 주어질 혁명적인 사역의 기회들에 대하여 준비하기 바랍니다. 다가올 추수는 결코 깔끔한 일이 아닙니다. 도전적이며 상급이 주어지는 일이지만 깔끔한 일은 아닙니다.

주님께서 주님의 교회에게 말씀하십니다.

나의 자녀들이 길에서 죽어가고 있는데 너희들은 그들에게 가보지도 않는도다. 너희들은 나의 나라를 향한 너희의 시선을 비틀고 있는 이기심을 너희 안에 여전히 방치하고 있다. 두렵고 떨리는 날이 교회들을 찾아오고 있노라. 나는 나에게 자신의 마음을 바친 사람들에게 나의 성령을 부어줄 것이다. 세상이 뒤집어진다면 너희가 나를 거절하겠느냐? 마음을 열고 나의 약속을 받아들이라. 나는 나의 뜻을 행하는 데 필요한 것은 무엇이라도 너희에게 공급할 것이다. 그러나 너희들은 내가 요구하는 것이라면 그것이 무엇이라도 내게 진정으로 순종할 마음을 가지고 있느냐? 너는 너의 이삭을 제단에 바칠 수 있겠느냐? 내가 명령하면 내 말에 순종하여 먼 곳으로 이사갈 수 있느냐? 불신자들에게 너희의 마음의 문뿐 아니라 집과 교회의 문도 열어 줄 수 있느냐?

나는 나의 교회에게 회개를 명하노라. 그러하다. 나는 너희의 수동적인 믿음과 죄악된 삶들로 인하여 지쳐있노라. 나는 너희에게 혁명적 행동을 명하노라. 옥토에 씨를 뿌리듯 나의 말과 나의 사랑 그리고 나의 용서를 세상에 전할 사람들, 곧 혁명적인 행동을 할 사람들을 너희 가운데서 찾노라.

추수가 다가온다. 그러나 추수를 준비하지 못한 사람들은 기름을 준비하지 못한 처녀들처럼 기회를 놓치게 될 것이다. 나는 부흥의 불씨를 던지기 위하여 올 것이다. 너희는 내가 마음을 깨뜨린 사람들을 품어줄 준비를 하였느냐? 인생의 가장 근본적인 질문에 대한 해답을 얻기 위하여 너를 찾아올 수많은 사람들을 맞이할 준비를 하라.

보는 대로, 어려운 시기가 곧 다가올 것이라고 주님께서 말씀하십니다. 예수님은 주님의 나라를 이 땅에 임하게 하려고 하시는데도 수많은 사람들이 그분께 마음을 열고 있지 않기 때문입니다. 많은 사람들은 911 사태를 보고도 회개하지 않았습니다. 이렇게 엄청난 일도 이 나라의 영적 자각에 큰 영향을 미치지 못했다면 도대체 어떤 비극이 와야 사람들이 하나님께로 돌아오겠습니까? 그렇다면 예수님의 재림 전 전 세계적인 대부흥을 일으킬만한 고난은 도대체 어떤 것일까라는 생각만 해도 온 몸에 전율이 느껴집니다.

만일 하나님 나라를 섬기는 일에 당신의 삶을 드리고 거룩한 삶을 살기로 결단을 한다면 하나님의 실재적인 공급이 매일 매일 흘러오는 것을 보게 될 것입니다. 그러므로 하나님이 당신에게 명하신 일을 행하기 원한다면 믿음을 한 단계 도약시키십시오. 그리고 기도로 구체적인 인도하심을 요청하시고, 당신만을 위한 안락한 장소에서 빠져 나오기 바랍니다.

하나님께서 당신에게 믿음의 행진을 명하셨다면 여정을 즐기기 바랍니다. 그 여정은 놀라움으로 가득 차게 될 것입니다. 아무 염려도 하지 마십시오. 당신은 해낼 수 있습니다.

하나님의 공급을 기대하십시오.

하나님께서는 당신이 하나님의 뜻, 당신의 뜻이 아닌 하나님의 뜻을 행하는 데 필요한 모든 것을 공급해 주실 것입니다. 우주의 주인이신 하나님은 주님의 뜻이 이루어지는 곳에 하나님의 나라가 임하는 것을 보기 원하시며 또 기다리고 계십니다. 당신은 이 일을 위하여 매우 중요한 역할을 가지고 있습니다. 하나님께서 당신의 도움을 기다리십니다! 그리고 당신이 그 일을 위하여 무엇인가를 필요로 할 때, 하나님은 그 모든 필요를 공급해 주실 것입니다.

루이스 캐슬스가 이렇게 말했습니다.

> 만일 하나님께서 당신을 사용하셔서 무엇인가를 이루기 원하신다면 하나님께서는 당신이 그 일을 할 수 있도록 해 주실 것입니다. 그러나 하나님의 은혜는 필요할 때 필요한 만큼 주어지지, 쌓아놓고 쓸 수 있도록 미리 주어지지는 않습니다. 그렇기 때문에 우리는 매시간 그분을 의지해야 합니다. 이 사실을 더 확실히 깨달아야만 위기를 만날 때 쓰러지거나 실족하지 않게 됩니다.[1]

당신의 운명을 장악하라

제8원리

하나님께서는 하나님의 뜻을 이루기 위하여
필요한 모든 것을
당신에게 공급해 주실 것입니다.

액션 스텝_Action Steps

스텝 1: 하나님의 뜻을 구하십시오.

하나님의 뜻에 순종할 준비가 되셨다면 하나님께서 당신에게 그 뜻을 분명하게 알려주실 것입니다. 그러므로 당신이 가장 먼저 해야 할 일은 '하나님께서 요구하신 일이라면 무엇이든지 행하겠다고 결심' 하는 일입니다. 이 일만 결정되면 나머지는 쉽습니다.

예를 하나 들어보겠습니다. 저는 최근에 대략 서른 분 정도의 교회지도자들이 모인 목회자 수련회에서 말씀을 전한 적이 있습니다. 휴식 시간 동안 저는 제 아내와 함께 작은 연못 주변을 거닐고 있었는데 우연히 두 분의 목사님을 만나 그분들과 깊은 대화의 시간을 가지게 되었습니다. 그 중 한 분은 이란어를 말하는 침례교 목사님으로서 자신이 내려야 할 중대한 결정을 위하여 기도해 달라고 부탁하셨습니다. 그분은 당시 세 군데의 이란어권 교회로부터 청빙을 받은 상태였습니다. 하나는 캘리포니아에 있는 교회였고 다른 두 곳은 워싱턴 DC와 독일에 있는 교회였습니다. 그 분은 행여나 하나님의 뜻을 벗어난 결정을 할까하여 당혹스러워 했으며 염려하고 있었습니다.

저는 그 목사님께 어떤 교회를 선택하여야 하는 것은 목사님이 결정해야 할 문제가 아니라고 말씀을 드렸습니다. 그러자 의외의 말이라는 듯이 깜짝 놀랐습니다. 저와 대화를 하던 그 시점에서 그분에게 필요했던 것은 '하나님께서 뜻을 명백히 해 주실 때까지 기도하면서 기다리는 것' 입니다. 이것을 깨닫자 그 목사님은 엄청난 무게의 짐이 벗겨지는 느낌을 받았으며 기쁨의 눈물을 흘렸습니다. 하나님께서는 저를 사용하셔서 그분의 짐을 벗겨주셨으며 그분의 삶의 초점을 다시 조정하게 해주셨습니다.

하나님의 뜻을 명확하게 보여달라고 기도할 때마다 주님께서는 응답해 주십니다. 그러므로 하나님이 뜻을 드러내주실 때까지는 행동으로 옮기지 말고 기다리기 바랍니다. 너무도 많은 그리스도인들이 하나님의 뜻 바깥에 있으면서 왜 일이 제대로 되지 않느냐고 의아해 하고 있습니다.

하나님은 당신의 미래를 위한 뚜렷한 비전을 보여 주실 것입니다. 그러나 하나님이 길을 인도해 주실 때까지는 인내심을 가지고 기다려야만 합니다.

스텝 2: 하나님께 즉각 순종하십시오.

일단 하나님께서 뜻과 타이밍을 정확하게 해주셨다면 믿음으로 걸어 나가기 바랍니다. 순종하십시오. 그 일이 아무리 어리석어 보이거나 불편히게 느껴져도 즉시 기쁨으로 순종하기 바랍니다. 최근에 제 친구로부터 한 간증을 들었습니다. 그는 어느 날 하나님으로부터 우유 1 갤런(약 3.8 리터-역자 주) 을 가지고 평판이 좋지 않은 한 지역에 있는 어떤 주소로 가라는 명령을 들었습니다. 하나님께서 그에게 주소를 말씀하셨다고 합니다. 그는 인터넷 사이트를 통하여 그 주소로 가는 지도를 프린트 한 후 가게에 들려 우유를 샀습니다. 그 지도를 따라 한 집에 도착한 그는 차를 멈추고 내려서 그 집의 문으로 걸어갔습니다. 문을 두드리자 스페인어를 말하는 한 여자 분이 문을 열더니 우유를 받아 들고 부엌으로 달려갔습니다. 제 친구가 몸을 돌려 막 떠나려고 할 때 십대 초반의 아이가 문에서 나오더니 제 친구를 집안으로 초대했습니다. 잠시 후 아이의 어머니가 울면서 거실로 왔습니다. 아이의 엄마는 막내 아이에게 먹일 우유를 위하여 하나님께 기도했었다는 것입니다. 그녀는 당시 돈이 하나도 없었으며 급여를 받으려면 며칠이나 더 기다려야 했었습니다.

저는 이런 비슷한 간증을 많이 들어왔습니다.

하나님은 이 궁핍한 나라에 하나님의 나라를 임하게 하며, 사랑과 용서를 베풀며, 그들을 영접하는 일에 당신의 도움을 필요로 하십니다. 당신은 하나님의 명령을 따를 준비가 되어 있습니까?

스텝 3: 하나님의 공급을 기대하십시오.

마지막으로, 하나님은 주님의 뜻을 이루는 데 필요한 모든 것을 당신에게 공급하실 것입니다. 하나님은 자신의 자녀들을 사랑하십니다. 제 개인적인 경험을 예로 들어 말씀드리겠습니다.

우리 딸은 제가 신학대학원에 다니고 있을 때 태어났습니다. 그때 저는 350달러 공제 조건 의료비용 중 350달러는 환자가 지불하고 나머지 금액을 보험회사가 부담하는 조건의 보험의 의료보험을 가지고 있었습니다. 당시 우리는 적은 월급만 가지고 근근이 살아가던 처지였기에 그 금액은 큰 빚이 아닐 수 없었습니다.

이것뿐만이 아니었습니다. 하나님께서는 우리를 한 번 더 시험하셨습니다. 딸이 병원에서 집으로 온 후 상태가 나빠져서 며칠간 더 입원해야 할 상황이 되었으며 그에 따라 350달러의 공제가 추가되어 버렸습니다. 이제 우리는 700달러를 갚아야 했습니다. 기도하고 또 기도했습니다. 그러나 아무에게도 말하지 않고 오직 하나님께만 우리의 필요를 말씀드렸습니다. 두 주 후 우리는 필요로 하는 정확한 금액인 700달러 수표를 받았습니다. 제가 아는 분이 몇 년간 팔려고 애쓴 땅을 마침내 팔게 되었는데 하나님께서 그분께 말씀하시기를 땅을 팔아 얻은 이익금 7,000달러의 10%를 저에게 보내라고 하셨다는 것입니다.

하나님을 신실하게 따르는 자들에게 하나님도 신실하게 행하십니다!

저는 하나님께서 공급하신 일에 대한 더 많은 간증을 가지고 있습니다. 하나님의 뜻을 이루기 위하여 필요한 모든 것을 공급하시는 하나님을 기대하라고 여러분에게 강하게 권하고 싶습니다. 항상 기대하십시오.

결론

당신에게 부여된 목적, 곧 당신의 운명을 향하여 발걸음을 내딛으며, 하나님께서 당신을 인도하시는 곳 어디라도 따라가게 되기를 바랍니다. 하나님은 절대적으로 신실하십니다. 공급에 대하여는 걱정하실 필요가 없습니다. 다만 코스를 벗어나거나 조급하게 행함으로써 하나님의 축복을 놓쳐버리는 일이 없도록 매우 신중해야만 합니다. 당신의 시선을 하나님께로만 고정하십시오. 하나님께서 그분의 뜻을 행하는 데 필요한 모든 것을 당신에게 공급하실 것입니다.

다음 장에서 우리는 '미래에 일어날 일을 염려함으로써 하나님과 함께 하는 귀한 시간을 놓쳐버리는 대신 현재 주어진 기쁨들을 감사하라'고 말씀하신 이유에 대하여 배우게 될 것입니다.

각주

1. Draper's Quick Quotes, 5,226.

9

하나님이 주시는 기쁨의 선물을 소중히 여기라

예수를 너희가 보지 못하였으나 사랑하는도다 이제도 보지 못하나

믿고 말할 수 없는 영광스러운 즐거움으로 기뻐하니

- 베드로(벧전 1:8)

"악한 세상이다. 참으로 악한 세상이다. 그러나 나는 이러한 악한 세상
속에서도 위대한 비밀을 깨달았기 때문에 평안하며 거룩한 사람들을
발견했다. 그들은 죄악된 세상이 주는 그 어떤 즐거움보다
수천 배 큰 기쁨을 발견한 사람들이다.
그들은 경멸을 받았고 박해를 받았지만 상관하지 않았다.
그들은 자신들의 영혼의 주인들이며 세상을 정복한 사람들이다.
이 사람들의 이름은 바로 그리스도인들이다.
나 역시 그들 중의 하나이다."
- 3세기 무렵 순교를 기다리고 있는 무명의 그리스도인의 기도

'최상의 기쁨'은 지친 영혼들에게 새 힘을 줍니다. 그 기쁨은 하늘의 지휘에 따라 어둠의 시간들을 침공하며, 침몰해 가는 심령들을 파도치는 고통과 슬픔의 위쪽으로 들어 올립니다. 기쁨을 나누어 주는 사람은 영원한 빛 가운데 사는 사람입니다. 하나님 아버지의 심장은 어둠과 절망 속에서 소망을 바라며 하나님을 바라는 자들을 찾고 계십니다. 하나님은 사랑이 가득한 마음으로 홀을 들어 천국과 천사들에게 의기소침한 사람들의 심령 속에 기쁨을 부으라고 명령하십니다.

제 아버지는 1981년에 돌아가셨습니다. 우리가 아테네 항구에 정박하고 있던 날의 늦은 밤 당시 제가 근무하던 함정의 함장이 그 소식을 제게 알려 주었습니다. 고대 도시를 간단하게 구경하고 돌아온 후 함장실로 호출되어 갔습니다. 그는 응접실의 소파로 저를 안내한 후 한 작은 테이블로 가서 접혀져 있는 종이 한 장을 집어 들었습니다.

제 어머니로부터 온 성조기 무늬의 편지지를 훑어보더니 그가 말했습니다. "군목님, 귀관의 아버지가 소천하셨다는 소식을 전해드리게 되어 매우 가슴이 아픕니다."

누군가 제 복부를 가격한 느낌이었습니다. 제 아버지는 루게릭병을 앓고 계시기는 했지만 여전히 왕성하게 일하고 계셨기에 그렇게 갑작스레 돌아가시리라고는 생각지도 못했었습니다.

눈물이 볼을 타고 흘러내리기 시작했으며 주체할 수 없이 흐느끼기 시작했습니다. 함장님은 눈물을 닦으라고 제게 티슈를 건네주었습니다. 그는 내 등을 어루만져 주기도 했으며 물 한 잔을 건네기도 했습니다. 이윽고 마음을 추스린 저는 함장님께 깊이 신경 써주셔서 감사하다는 인사를 드린 후 제 사무실로 돌아왔습니다. 저는 세상이 무너지는 느낌을 받으며 제 침상에 홀로 앉았습니다. 아버지가 돌아가신 것입니다.

얼마 후 제 기도의 동역자가 잠시 들렸습니다. 해군 함정 안에서는 나쁜 소식이 매우 빨리 퍼집니다. 그는 저를 위하여 기도해 주었으며 저는 더 많이 울었습니다. 그때 하나님께서 나타나셨습니다. 제 주변에 임하셨던 하나님의 임재는 베어허그(레슬링의 기술 중 하나로 힘찬 포옹을 의미-역자 주) 같았습니다.

그렇습니다. 명백한 하나님의 임재하심이 제 방과 영혼을 채워주셨습니다. 눈물의 강은 여전히 흘러넘치고 있었지만 이제는 슬픔의 눈물이 아닌 기쁨의 눈물로 바뀌었습니다. 진정한 기쁨이었습니다. 제 아버지께서 예수님 안에서 돌아가셨다는 사실 때문에 제 마음에는 기쁨이 가득했습니다. 아버지는 천국에서 기쁨을 느끼며 계실 것입니다. 아버지는 이제, 아무 생각 없는 동료들이 아버지의 불명확한 발음을 놀려대던 일을 더 이상 참지 않으셔도 되었습니다. 더 이상 호흡 곤란증이나 길게 발음해야 하는 장애에 대하여 걱정하실 필요가 없으셨습니다. 아버지는 54세에 본향으로 돌아가셨습니다. 아버지는 이 땅을 졸업하고 천국으로 가신 것이며 영원한 보상을 받으셨습니다.

최상의 기쁨!

창자를 끊어버릴 듯한 슬픔 속에서의 솟아난 기쁨! 은혜로우신 하나님으로부터 온 값진 선물이 아닐 수 없습니다.

다윗 왕은 캄캄한 절망 속에서 경험한 하나님의 기쁨에 대하여 기록했습니다. "저녁에는 울음이 기숙할지라도 아침에는 기쁨이 오리로다" (시 30:5b). "주께서 나의 슬픔을 변하여 춤이 되게 하시며 나의 베옷을 벗기고 기쁨으로 띠 띠우셨나이다"(시 30:11).

하나님의 기쁨은 기대하지 않은 때에 뜻하지 않은 방법으로 온다는 것을 발견했습니다. 우리에게 부어지는 기쁨의 근원은 하나님의 '사랑의 심장'입니다. 하나님의 기쁨은 일이 잘 될 때나 그릇될 때나, 혹은 우리가 기쁨으로 축제를 할 때나 슬퍼할 때나 우리를 방문합니다. 기쁨은 하나님을 사랑하는 자들에게 주시는 하나님의 선물입니다. 그것은 하나님께 삶을 드린 그리스도인들에게 주시는 '자랑할 만한 일들' 중의 하나입니다.

세상은 더 많은 기쁨을 필요로 하고 있습니다

하나님은 행복을 얻기 위하여 무척이나 애쓰고 있는 당신이 이제 그 엄청난 분투를 포기하기를 원하십니다. 기쁨은 파괴되지 않지만, 행복은 마치 손 안에 담긴 물처럼 순식간에 다 빠져나가 버립니다. 행복이란 있는 동안에는 좋지만 그렇게 오래 가지 않습니다.

행복한(happy)이라는 단어는 신약성경에서 21번 발견이 되며, 행복(happiness)은 겨우 6번 발견됩니다. 반면 기쁨(joy)이라는 단어는 242번 그리고 기쁜(joyful)이라는 단어는 27번, 기쁘게(joyfully)는 11번 발견됩니다. 하나님께서는 행복 대신 기쁨에 훨씬 더 큰 관심을 가지고 계십니다.

거의 대부분의 사람들은 일이 뜻대로 풀리면 행복해 합니다. 하지만 일이 뜻대로 풀려가지 않을 때 어떠한지 생각해 보십시오. 저는 행복을 추구하며 살고 싶지 않습니다. 기쁨이 비교할 수 없을 정도로 훨씬 실재적이기 때문입니다. 기쁨은 영원하지만 행복은 그렇지 않습니다. 기쁨은 캄캄한 상황 속에서 우리를 붙잡아 주지만, 행복은 단지 만족한 상황 속에서의 가슴 설렘일 뿐입니다.

그리스도인의 기쁨은 초자연적인 것입니다. 그것은 성령의 은사요 또 열매이며 우리 안에 부어지고 우리 안에서 자라갑니다. 기쁨은 익어감에 따라 획기적으로 더 커집니다.

얼마나 획기적으로 변하는지 히브리서 기자는 1세기 성도님들에게 이렇게 인사할 정도였습니다. "너희가 갇힌 자를 동정하고 너희 산업을 빼앗기는 것도 기쁘게 당한 것은 더 낫고 영구한 산업이 있는 줄 앎이라"(히 10:34). 신앙으로 인하여 핍박받았기 때문에 기쁨이 충만해졌다는 것을 믿을 수 있겠습니까? 오직 하나님께서만이 이러한 일을 행하실 수 있습니다.

하나님이 주신 기쁨은 맑은 날에도 축복이 되지만 가끔씩 찾아올 수도 있는 인생의 폭풍 속에서도 축복이 됩니다. 행복은 이런 일을 해내지 못합니다. 이것이 바로 기쁨이 영원하며, 사라지지 않고, 변화시키는 능력이라고 말하는 이유입니다. 반면 행복은 순식간에 사라지고 맙니다. 드와이트 L 무디 선생님이 이렇게 말했습니다.

> 행복은 우리 주변에서 일어나는 일 때문에 생겨나지만 환경이 그것을 망쳐버리곤 합니다. 하지만 기쁨은 고통을 통하여 우리에게 쏟아지게 됩니다. 기쁨은 캄캄함을 통하여 가득 부어지기도 하며 밝은 낮뿐 아니라 어두운 밤에도 우리에게 흘러넘치게 됩니다. 기쁨은 모든 핍박과 반대를 통해서도 우리에게 가득 부어집니다. 그것은 우리의 심장 안에서 멈추지 않고 끓어오르는 샘입니다. 세상이 전혀 알지도 못하고 볼 수도 없는 비밀스러운 샘입니다. 주님은 순종하며 주님께 나아가는 자들에게 영원한 기쁨을 주십니다.[1]

염려는 당신에게서 기쁨을 도둑질해 갑니다

염려보다 더 빨리 당신에게서 기쁨을 도둑질해 가는 것은 거의 없습니다. 제 일생에서 가장 큰 싸움은 걱정과의 싸움이었습니다. 저는 불과 6년 전 데일 카네기가 쓴 『어떻게 염려를 멈추고 삶을 살아가기 시작할 것인가』라는 책을 읽은 후 염려가 나를 위협하고 있다는 것을 깨달았으며 그 일에 대하여 심각하게 생각하게 되었습니다. 깨닫자마자 저는 기도와 고백과 포기가 이어지는 정결의 시간을 가졌습니다. 물론 염려에서 완전히 해방되지는 않았지만 고통스러운 마음은 비교할 수 없을 정도로 줄어들었으며 제 삶은 이전보다 훨씬 더 기쁨으로 가득 차게 되었습니다.

염려란 무엇일까요?

염려한다는 것은 불확실한 일이나 위협이 되는 일에 대하여 불편해하거나, 괴로워하거나, 두려워하며, 또는 정신적·정서적으로 스트레스를 받거나 불안해하는 것입니다.

염려는 당신 마음과 정서와 몸에 스트레스를 줍니다. 걱정은 병을 가져다주기도 하며 더 나아가 심장마비, 궤양, 발작 등 스트레스와 관련된 질병들을 유발하여 죽음을 가져오기도 합니다.

염려는 당신의 기쁨과 건강과 생명을 빼앗아갑니다!

최근의 한 조사기관이 다양한 미국인들을 대상으로 가장 염려하는 일이 무엇이냐는 설문조사를 했습니다. 그 결과를 간략하게 요약해 보았습니다.

- 70% 이상의 사람들은 시간의 낭비, 특히 TV를 보면서 낭비하는 시간에 대하여 염려한다고 응답했습니다.

- 약 70%의 사람들은 충분히 독서하지 못하고, 교회에 정기적으로 출석하지 못하며, 또 지역사회의 일에 적극적으로 참여하지 못하는 것에 대하여 염려했습니다.
- 20% 정도의 사람이 빚 때문에 걱정을 했으며, 또 같은 수의 사람들이 술을 너무 많이 마신다는 것을 염려했습니다.

대부분의 '기쁨 도둑'들은 자기 통제를 통해서 없어질 수 있는 것들입니다. 그러므로 머리를 들고 당신의 염려를 직면하십시오. 왜냐하면 염려는 실제로 당신을 탈진시켜버리기 때문입니다. 존 루벅 경이 이렇게 말했습니다. "하루의 염려는 하루의 노동보다 나를 더 탈진하게 만듭니다."[2] 염려는 혈액순환과 심장 그리고 호르몬 분비선 및 모든 신경계에 영향을 미칩니다.

예수님은 염려가 사람의 몸과 마음, 정서 그리고 영적인 삶에 얼마나 부정적인 영향을 미치는지 아시기 때문에 염려에 대한 많은 말씀을 하셨습니다. 주님은 하나님께서 우리의 아버지가 되시며, 하나님의 자녀인 우리의 모든 필요를 채워주시겠다고 약속하셨으므로, 아무것도 염려하지 말라고 우리에게 명령하셨습니다.

> 그러므로 내가 너희에게 이르노니 목숨을 위하여 무엇을 먹을까 무엇을 마실까 몸을 위하여 무엇을 입을까 염려하지 말라 목숨이 음식보다 중하지 아니하며 몸이 의복보다 중하지 아니하냐 공중의 새를 보라 심지도 않고 거두지도 않고 창고에 모아 들이지도 아니하되 너희 천부께서 기르시나니 너희는 이것들보다 귀하지 아니하냐 너희 중에 누가 염려함으로 그 키를 한

자나 더할 수 있느냐

또 너희가 어찌 의복을 위하여 염려하느냐 들의 백합화가 어떻게 자라는가 생각하여 보라 수고도 아니하고 길쌈도 아니하느니라 그러나 내가 너희에게 말하노니 솔로몬의 모든 영광으로도 입은 것이 이 꽃 하나만 같지 못하였느니라 오늘 있다가 내일 아궁이에 던지우는 들풀도 하나님이 이렇게 입히시거든 하물며 너희일까보냐 믿음이 적은 자들아 그러므로 염려하여 이르기를 무엇을 먹을까 무엇을 마실까 무엇을 입을까 하지 말라 이는 다 이방인들이 구하는 것이라 너희 천부께서 이 모든 것이 너희에게 있어야 할 줄을 아시느니라 너희는 먼저 그의 나라와 그의 의를 구하라 그리하면 이 모든 것을 너희에게 더하시리라 그러므로 내일 일을 위하여 염려하지 말라 내일 일은 내일 염려할 것이요 한 날 괴로움은 그 날에 족하니라(마 6:25-34)

하나님 아버지께서 우주에 대한 절대적인 권세를 가지고 계시기 때문에 하나님의 자녀인 우리가 염려하는 것은 시간 낭비라고 예수님이 가르치십니다. 염려는 당신의 삶과 당신이 사랑하는 사람들의 삶의 질을 형편없이 깎아 내리는 일입니다.

그러므로 당신이 할 수 없는 일들에 대한 염려를 중단하고, 당신이 할 수 있는 일들에 먼저 초점을 맞추십시오. 걱정의 유혹에 넘어감으로써 마귀로 하여금 당신의 기쁨을 도둑질 하지 못하게 하십시오. 당신이 걱정을 하는 이유는 하나님의 능력과 사랑의 문을 두드리지 않기 때문이며, 절제하지 못하고 자신의 힘으로 삶을 살려고 했기 때문입니다.

바울이 디모데에게 이렇게 말했습니다.

> 하나님이 우리에게 주신 것은 두려워하는 마음이 아니요 오직 능력과 사랑과 근신하는 마음이니(딤후 1:7)

이 구절은 제 삶에 강력한 긍정적 영향을 주었기 때문에 이 구절을 주제로 한 두 번에 걸친 주말 수련회를 개최했으며, 그 수련회를 통하여 150명이 넘는 사람들을 무장시킬 수 있었습니다. 수련회에 참여한 사람들이 받은 긍정적 영향은 정말로 놀라웠습니다.

염려를 중단하고 기쁨의 삶을 살기 시작하십시오

여전히 염려가 당신 삶의 질을 바꾸는 데 영향을 미치고 있습니까? 혼자 염려하는 것은 아닙니다. 많은 그리스도인들도 여전히 염려하고 있습니다. 당신과 마찬가지로 그들 모두 고개를 들고 하나님의 도우심을 구하면서 염려를 직면해야 합니다.

어떻게 하면 당신이 염려의 삶을 벗어나서 염려가 전혀 없는 기쁨의 삶을 경험할 수 있을까요? 염려라는 질병에서 회복되기 위한 첫 걸음은, 당신의 삶을 예수님께 드리는 것입니다. 이는 당신이 모든 것, 모든 소유, 모든 소망까지 드리라는 것을 의미합니다. 모든 것이 드려져야 합니다. 십자가 아래 모든 것을 내려놓기 바랍니다.

그러고 나서 염려를 이길 수 있는 능력으로 채워달라고 하나님께 기도하기 바랍니다. 누가복음 11장 13절을 붙들면서 하나님의 능력으로 당신을 채워달라고 매일 기도하십시오. 예수님께서 말씀하셨습니다. "너희가 악할지라도 좋은 것을 자식에게 줄 줄 알거든 하물며 너희 천부께서

구하는 자에게 성령을 주시지 않겠느냐 하시니라." 성령께서 당신에게 힘을 주사 염려를 덜어버린 그리스도인의 삶을 살게 해 주실 것입니다.

다음으로 성경에 기록된 약속을 읽고 붙드심으로 당신의 생각과 행동의 패턴을 다시 설정하십시오. 제가 지난 2장에서 한 말을 기억하기 바랍니다. 생각이 감정을 지배하고, 감정이 행동을 지배합니다. 성경적인 원리에 따라 생각하십시오(신실하신 하나님 아버지를 신뢰하십시오). 그러면 당신의 감정이 바뀔 것이며(염려라는 감정이 한 번 당신을 떠나가 버리면 당신은 다시 그 감정을 그리워하지 않을 것입니다), 행동이 바뀔 것입니다(당신의 결정과 행동에 영향을 줄 염려를 다시는 하지 않게 될 것입니다).

당신이 뭔가에 대하여 염려한다고 하여도, 당신의 잘못은 아니라고 말할 수도 있습니다. 왜냐하면 그 염려는 당신의 과거에 일어났었던 일 때문일 경우가 많기 때문입니다. 그러나 염려를 중지하기 위하여 뭔가 조치를 하지 않으면, 당신은 염려 때문에 삶의 많은 기쁨을 놓치게 될 것이며, 당신의 운명을 이루기에는 너무나 나약한 삶을 살 수밖에 없게 될 것입니다.

저는 아래의 액션 스텝에 염려를 이기는 전략을 요약해 놓았습니다. 그러나 액션 스텝을 실행에 옮겼음에도 불구하고 염려가 지속된다면 염려의 뿌리에 부모나 조상으로부터 받은 나쁜 영향이나, 하나님의 존재를 확신하지 못하는 잘못된 신앙, 혹은 영혼의 상처, 또는 악한 영의 압제 등이 있을 수도 있습니다.

이 경우 깊은 신앙 상담이 당신에게 유익을 줄 것입니다. 신앙 상담을 통하여 염려, 수치, 끈질기게 괴롭히는 고통 등 당신으로 하여금 걱정을 일으키는 뿌리로부터 당신이 해방되는 데 큰 도움을 받게 될 것입니다. 만일 당신에게 반드시 해결이 돼야 할 중대한 문제가 있다면 교회나 웹사이트 등의 도움을 받아 전문적인 훈련을 받은 상담가를 만나기 바랍니다.

하나님은 당신이 삶을 즐기는 것을 원하십니다

주님께서 말씀하셨습니다.

너는 미래를 향하여 질주하여 나갈 필요가 없다. 미래는 충분히 빨리 올 것이다. 안식을 얻으며 너희 주변에 있는 삶의 아름다움을 보아라. 하늘과 나무들, 전경과 산들, 태양과 구름 그리고 새들을 보아라. 태양빛 아래서 은은하게 변하는 색들을 관찰하라. 웅덩이에 떨어지는 빗물이 만들어내는 리듬을 들으며 아기들의 울음소리와 개들이 짖는 소리를 들어보라. 소음이 없는 한밤중에 너의 심장소리를 들어 보라. 기적이 펼쳐지는 이 놀라운 광경들을 바라보아라. 좋은 음악을 감상하며 아이들과 함께 놀며 즐기라. 때로는 어리석어 보일지라도 속박에서 벗어나며 근심을 벗고 마음껏 자유하라!

고요히 흐르는 시냇물 곁에 앉아 송어들의 움직임을 바라보라. 떠다니는 나뭇잎이 소용돌이에 걸려 움직이지 못하면서 뒤틀리고 맴돌다가 마침내 소용돌이를 벗어나서 하류로 향하여 여행을 시작하는 것을 지켜보라.

나의 사랑은 완전하며, 자유를 주고, 공평하며, 기쁨이 가득하고, 기대할 만하며, 속박하지 않고 용기를 주는 것이다. 그리고 내 사랑은 강렬하다. 나는 웅장하며, 얼마든지 뻗어갈 수 있고, 도발적이며, 확실하고, 보람 있으며, 신나고, 엄청나며 그리고 활기찬 목적들을 가지고 있다.

내 사랑에서 쉬라. 미래에 대하여 초조해 하지 말라. 내 사랑 안에서 쉼을 얻으며 매일 매일을 귀한 선물로 여기고 즐기라. 너의 밝은 미래에 대한 확신 속에서 마음의 쉼을 얻으라. 내 음성을 들을 귀한 시간을 가지라. 안식을 얻고 쉼을 누리며 평화를 얻으라. 미래에 일어날지도 모를 일 때문에 현재의 기쁨을 빼앗기지 말라. 내 안에서 쉬라. 내가 너의 삶에 많은 기쁨을 주겠노라.

하나님의 요점은 확실합니다. 미래에 대한 염려를 중지할 수 있는 최고의 방법은, 현재의 삶을 기뻐하는 데 의도적으로 시간을 투자하는 것입니다. 제 아내와 저는 지금 50대 중반입니다. 이제 우리 부부는 예전처럼 기운찬 나이가 아닙니다. 긴 시간 등산을 하거나 산악자전거를 타는 것은 이제 우리에게 무리입니다. 그러나 우리가 비록 나이가 들고 목회 때문에 바쁘더라도 우리 부부는 여전히 우리 주변에 있는 '기쁨을 주는 일'들을 의도적으로 보고 즐길 수는 있습니다.

우리는 우리의 영성을 적절하게 유지하는 것만큼이나 정원과 새 그리고 카약(에스키모 인들이 타는 가죽을 입힌 작은 사냥용 배-역자 주)을 타는 것과 여행, 수영과 걷는 것도 사랑합니다. 우리 부부는 순간들을 감상하며 귀한 추억을 만들 시간을 일부러 냅니다. 우리는 미래에 대하여 더 이상 염려하지 않습니다. 우리 부부는 '미래에 있을 일 거의 대부분'을 우리가 조정할 수 없다는 것을 깨달았습니다. 그래서 우리는 염려를 하나님의 손으로 넘겨드렸습니다.

당신 역시 염려의 권세를 깨뜨리고 작은 일 속에서도 매일 매일 기쁨을 누릴 수 있습니다. 미래에 힘든 일이 다가올 지도 모릅니다. 그러나 경탄할 만한 일들도 찾아오게 될 것입니다. 하나님의 도움 안에서 당신의 삶이 놀랍게 바뀌는 것을 체험하게 될 것입니다.

당신의 운명을 장악하라

제9원리

미래에 대하여 너무 **염려함**으로써
현재의 기쁨을
잃어버리지 마십시오.

액션 스텝_Action Steps

스텝 1: 염려하는 것도 죄임을 고백하십시오.

솔로몬이 우리에게 권합니다. "너는 마음을 다하여 여호와를 의뢰하고 네 명철을 의지하지 말라 너는 범사에 그를 인정하라 그리하면 네 길을 지도하시리라"(잠 3:5-6). 예수님은 이렇게 말씀하십니다. "그러므로 내일 일을 위하여 염려하지 말라 내일 일은 내일 염려할 것이요 한 날 괴로움은 그 날에 족하니라"(마 6:34).

염려는 하나님의 약속에 대한 믿음이 부족할 때 생겨납니다. 그러므로 염려는 '마음을 다하여 하나님을 신뢰하지 못하며' '어려울 때 하나님께서 함께 하시지 않을 것'이라고 생각하는 죄입니다.

80년대 초 제 아내와 저는 한 크리스천 컨퍼런스에 참여했습니다. 당시 주 강사는 염려 때문에 고통을 받고 있는 분들이 있다면 따로 모여 달라고 부탁을 했습니다. 그러자 저를 포함한 수백 명이 일어났습니다. 그러자 그가 말했습니다. "지금 염려하는 죄를 고백하시고 하나님께 용서를 구하시기 바랍니다." 저는 염려도 죄라는 사실을 알고는 충격을 받았습니다(염려는 실제로 종양, 고혈압, 편두통, 불면증, 대장염, 심장마비, 뇌졸중 등과 같은 생리학적인 반응을 일으키는 사악한 생각의 패턴입니다). 저는 용서를 구했고 염려의 죄를 고백했으며 저의 신앙을 더 자라게 하여 달라고 간구했습니다. 그때의 일이 염려에 대한 전투에서 점점 더 승리해 나가는 시작점이었습니다.

믿음이 염려를 몰아냅니다.

당신의 믿음이 계속적으로 자랄수록 염려는 당신에 대한 힘을 점점 더 잃어 갑니다.

만일 여전히 염려하고 있다면, 지금 당장 시간을 내어 하나님께 용서를 구하고 믿음의 성장을 위하여 간구하기 바랍니다. 그리고 하나님께서 주신 권세를 가지고 기도하면서 염려를 향하여 떠나라고 명령하기 바랍니다.

선언적인 기도의 예문을 보여드리겠습니다.

"예수님의 이름으로 _____(당신의 염려를 적으십시오)에 대한 염려를 거절합니다. 저는 하나님께서 그 영광의 부요하심에 따라 저의 모든 필요를 공급하실 것을 믿습니다. 염려야, 지금 나에게서 떠나가라! 가장 높으신 하나님의 자녀로서 빌립보서 4장 6-7절의 말씀이 저에게 이루어질 것을 선언합니다. 저는 어떤 것도 염려하지 않을 것이며 모든 일에 기도와 간구로 그리고 감사함으로 저의 모든 구할 것을 감사함으로 하나님께 아뢰겠습니다. 그렇게 할 때 모든 지각에 뛰어나신 하나님의 평강이 예수 그리스도 안에서 저의 마음과 생각을 지키실 것입니다. 아멘."

스텝 2: 오늘 해야 할 하루의 일에 집중하십시오.

카레이서, 프로경기 선수 그리고 스트레스를 많이 받거나 위험한 환경에서 일하는 직업인들이 그렇게 하는 것처럼, 파일럿들 역시 당장 해야 할 일과 나중에 해야 할 일 등 종류별로 구분하는데 탁월한 능력을 가지고 있습니다. 그들은 일을 할 때 한 번에 오직 한 가지 일에만 집중을 합니다. 지극히 작은 방심 하나가 자신들 뿐 아니라 다른 사람들을 죽일 수도 있기 때문입니다. 그렇기에 그들은 당장 해야 할 일과 나중에 해야 할 일을 구분합니다. 당신도 같은 것을 배움으로써 많은 유익을 얻을 수 있습니다. 오늘 하루의 일에 집중하는 것을 배우십시오. 그리고 내일에 대한 염려를 벗어버리기 바랍니다.

염려를 붙들어 매는 실재적인 방법은 무엇일까요? 많이 있지만 몇 가지 실천할 수 있는 예를 말씀드리겠습니다.

중요한 일에 짓눌린 분들은 먼저 끝마쳐야 할 일의 목록을 작성하신 후 마감일별로 우선순위를 정하십시오. 그리고 가장 시급한 일에 먼저 집중하십시오. 오늘 끝마쳐야 할 일만 하십시오. 내일 해야 할 일에 대한 걱정과 쓸데없는 걱정 때문에 오늘의 즐거움을 빼앗기지 말기 바랍니다.

신학대학원의 석사과정을 밟고 있을 때 저에게는 한 학기 동안에 해야 될 엄청난 양의 공부와 과제가 있었습니다. 저는 그 일들을 매일 해야 할 하루씩의 일과로 나누었습니다. 한 학기 동안 해야 할 일들을 각 요일별로 할당한 5×8 크기(약 12.5cm×20cm-역자 주)의 '요일별 임무 카드'들을 만들었습니다. 각 과목별로 읽어야 할 교재의 양, 시험공부에 소비할 시간, 과제 준비 및 과제 작성에 사용할 시간 등이 임무카드에 적혀 있었습니다. 매일 해야 할 공부의 양을 정해 놓고 그 양을 마치면 더 이상 하지 않고 멈추는 것을 원칙으로 했습니다. 어떤 날은 12시간씩 공부를 해야 했고 어떤 날은 6시간 만에 끝내기도 했습니다. 제 아내도 이러한 저의 원칙 때문에 제가 언제 시간을 낼 수 있는지 알 수 있어서 좋아했습니다. 저는 아무리 큰 과제라도 매일 조금씩 준비해 나갔기 때문에 벼락치기 시험공부를 할 염려도 없었고 과제 제출 마감시간에 쫓겨 허둥댈 염려도 없었습니다.

제 상관인 상원 원목실장 베리 블랙 목사님은 "인생행로를 큰 보폭으로 전진하려면 어렵지만 잔걸음으로 나아가면 편하다"라는 말을 즐겨하셨습니다. 제 박사 논문을 쓸 때뿐 아니라 지금 이 책을 쓰면서도 이 말이 진리임을 다시 한 번 실감합니다.

마지막으로, 만일 당신이 이미 해 버린 실수와 그때문에 다가올지도 모를 결과에 대하여 걱정하고 있다면, 스스로에게 꼭 이렇게 물어보십시오. "나에게 일어날 수 있는 최악의 일이 무엇인가?" 이러한 질문은 종종 일들을 바로 볼 수 있게 해 줍니다. '염려와의 전쟁에서 승리하기 위한 작전'에 대하여 더 자세히 알기 원한다면 데일 카네기가 쓴 『어떻게 염려를 멈추고 삶을 살아가기 시작할 것인가』라는 책을 읽어보십시오.

결론

기쁨은 하나님의 선물입니다. 하나님은 당신이 인생의 봉우리나 또는 골짜기 어디에 있든지 주님이 주시는 기쁨을 누리기 원하십니다. 모든 일이 아무리 어려워져도 하나님이 당신을 버리셨다고 믿고 싶어지려는 유혹을 버리십시오. 하나님은 결코 당신을 포기하지 않으십니다. 당신이 하나님을 가장 필요로 할 때 하나님은 당신에게 나타나실 것입니다. 그것을 기대하십시오. 하나님은 당신을 사랑하시며, 당신이 매일 무엇을 필요로 하고 있는지 정확하게 아십니다.

다음 장에서 당신은, 하나님을 매일 추구하는 일이 왜 당신을 운명을 이루는 길로 인도하는지에 대하여 배우게 될 것입니다. 하나님을 배제한 '타성에 젖은 종교인'으로 전락해 버리는 것은 대단히 쉽습니다. 만일 당신이 이런 종류의 종교인이 되어 버린다면, 하나님의 은혜, 사랑, 능력 그리고 지혜로부터 당신 자신을 잘라내게 될 것입니다. 당신의 운명은 하나님의 뜻 한 가운데서 발견이 됩니다. 하나님을 매일 추구하는 일은 당신과 하나님의 관계를 매우 생동감 있게 만들어 줄 것이며, 하나님 나라에 초점이 맞추어진 삶을 살게 해 줄 것이고, 당신의 미래를 신나는 모험과 승리로 채워 줄 것입니다.

각주

1. Draper's Quick Quotes, 6,529.
2. Ibid., 12,056.

10

하나님을 끊임없이 찾으라

그 성호를 자랑하라 무릇 여호와를 구하는 자는 마음이 즐거울지로다
여호와와 그 능력을 구할지어다 그 얼굴을 항상 구할지어다
- 다윗(대상 16:10-11)

"하나님을 발견한 후에도 끊임없이 주님을 찾는 일은
많은 사람들에게 모순된 논리처럼 들리기도 하며,
쉽게 만족해 버리는 종교인들에게는 비웃음을 살 일일지도 모릅니다.
그러나 하나님을 끊임없이 추구하는 일의 놀라운 진가는
불타는 심령을 가진 자녀들이 경험하는 축복을 통하여 증명이 됩니다."[1]
- A. W. 토저 박사

하나님은 언제든지 도움을 주실 준비가 되어 계십니다. 캘리포니아 발 하와이행 비행기 안에서 출장을 마치고 집으로 돌아가는 한 보험회사 직원이 제 옆 좌석에 앉았습니다. 저는 그분께 저를 군목이라고 소개했습

니다. "군목이요? 군목이면 목사님이신가요?"

"예, 저는 목사입니다."

"한 가지 질문을 드려도 될까요?"

"말씀하십시오."

"어떻게 하면 하나님을 만날 수 있습니까?"

6시간의 비행을 시작하는 순간에 받은 그 질문은 마치 하늘에서 온 크리스마스 선물과도 같았습니다. 하나님이 일부러 좌석 배치를 이렇게 하신 것임을 안 저는 이 젊은 여성분과의 영적인 대화를 위하여 조용히 하나님의 인도하심을 구했습니다. 저는 바로 다음의 성경구절을 나누었습니다.

> 나 여호와가 말하노라 너희를 향한 나의 생각은 내가 아나니 재앙이 아니라 곧 평안이요 너희 장래에 소망을 주려 하는 생각이라 너희는 내게 부르짖으며 와서 내게 기도하면 내가 너희를 들을 것이요 너희가 전심으로 나를 찾고 찾으면 나를 만나리라 나 여호와가 말하노라 내가 너희에게 만나지겠고 여호와의 말이니라 하셨느니라(렘 29:11-14a)

우리는 거의 한 시간이 넘게 이야기를 했습니다. 기내 영화가 상영되기 직전 저는 이렇게 말했습니다. "하나님은 약속하신 말씀을 반드시 지키십니다. 그러니 하나님을 만나게 해 달라고 기도하십시오. 그러면 만나게 될 겁니다."

영화가 끝났을 때 그 여성분은 화장실을 가기 위하여 일어섰습니다. 그 여성분은 돌아오면서 미소와 함께 이렇게 말했습니다. "그렇게 했습니다."

앞뒤 설명 없는 갑작스러운 말에 무슨 뜻인지 몰라서 어리둥절했습니다. 하지만 용기를 내어 조심스럽게 물었습니다. "무엇을 하셨다고요?"

"하나님을 만나게 해 달라고 그분께 기도했습니다."

"아, 신나는 모험을 시작하셨군요. 진정 당신이 자랑스럽고 또 그렇게 인도하신 예수님이 자랑스럽습니다."

저의 새로운 친구는 하나님을 찾기로 작정을 하였고, 하나님 역시 그녀를 찾기로 작정을 하셨습니다. 공항을 떠나 서로 헤어지는 순간 '새로운 하나님 추구자'는 그리스도를 발견하고 영원한 생명을 얻는 길로 힘찬 새 걸음을 내딛기 시작했습니다.

구원받은 후에 해야 할 일은 무엇입니까?

누군가가 예수님을 주인과 구주로 영접하고 교회에 출석한 후에는 어떠한 일이 일어납니까? 이 장의 나머지 부분에서 이 질문에 대한 답을 드리려고 합니다. "이제 무엇을 해야 합니까?"라는 질문이 목사인 저에게 중요한 이유는 간단합니다. 하나님이 저에게 하나님 나라의 복음에 대한 열정을 주시기 전까지, 저는 "이제 무엇을 해야 합니까?"라는 질문의 답을 잘 알고 있다고 착각하고 있었습니다.

영적인 순례는 우리가 평생토록 해야 할 신앙의 여행입니다. 모든 그리스도인들은 신앙을 가진 순간부터 신앙의 훈련을 받아야 합니다. 최소한 다른 사람들을 훈련시킬 수 있을 정도로 성장할 때까지는 성숙한 그리스도인들에게 훈련을 받아야 합니다. 우리는 복음적인 교회에서 다른 사람들과 신앙을 나누는 일과 다른 사람들을 그리스도께 인도하는 일에 대하여 훈련을 받았습니다. 또한 예수님을 따르는 우리의 삶이 세상과 육신 그리고 악한 영으로부터 방해를 받지 않도록, 성장을 위한 훈련을 끊임없이 받으라는 권고도 듣습니다. 우리는 정기적으로 예배를 드렸으며 매주 십일조를 하였고 주일 학교와 성경 공부에 참여했습니다. 그리고 하나님의 일을 위하여 시간과 재능을 드렸을 뿐 아니라 새 신자가 합류하였을 때마다 함께 기뻐했습니다. 우리의 신앙생활은 거의 교회당 건물 안이나 성도님들의 가정에서 이루어졌으며, 가끔씩은 세상을 향하여 예수님을 전하기도 했습니다. 우리는 교회 생활에 만족하고 있습니다.

이것이 전부일까요? 아니면 무언가가 더 있습니까?

지난 수십 년간 제가 깨달은 것은, 하나님은 교회를 단지 '예수님을 고백하는 사람들로 이루어진 이 땅의 조직'으로 남게 하시기 위하여 세우신 것만이 아니라는 것입니다. 하나님의 교회는 주일날 성도들이 모인 안전한 피난처라는 의미보다 훨씬 더 큰 의미를 가지고 있습니다. 하나님의 교회는 단지 교파나 흠 없는 교리, 따라야 할 법규, 혹은 완전한 계약의 장소만이 아닙니다. 교회는, 우리는, 예수 그리스도의 살아있는 몸입니다.

하나님은 세상을 위하여 그분의 교회를 지으셨습니다. 하나님은 주님의 이름으로 사람들을 섬기라고 우리를 창조하셨습니다. 우리는 하나님의 복음을 맡은 자들입니다.

예수님께서 말씀하십니다. "이에 예수께서 제자들에게 이르시되 아무든지 나를 따라오려거든 자기를 부인하고 자기 십자가를 지고 나를 좇을 것이니라 누구든지 제 목숨을 구원코자 하면 잃을 것이요 누구든지 나를 위하여 제 목숨을 잃으면 찾으리라"(마 16:24-25).

우리는 매순간 한 생명씩 변화를 시킴으로써, 이 세상을 더 나은 장소로 만드는 일에 헌신하라고 지음을 받았습니다. 이 일은 개인이나 단체, 젊은이와 노인 그리고 성직자나 평신도 모두에게 해당되는 일입니다.

잃어버린 자들을 찾아 구원하며, 병든 자를 치료하고, 눌린 자를 자유케 하는 "하나님 나라의 일"에 헌신하여야 합니다. 교회의 사명은 예수님이 하신 일, 아니 그 이상의 일을(요 14:2) 따라 하는 것입니다.

그리스도의 몸은 예배와 훈련을 행할 수 있는 영적 권한을 부여받은 최상의 공동체입니다. 하나님은 이 공동체를 통하여 깊은 상처를 치료하실 것이며, 빈곤한 세상에 하나님의 나라를 전해줄 힘을 저와 여러분에게 부어주실 것입니다.

제리 쿡이 우리에게 말했듯이, 우리가 하나님 나라의 일을 행할 현장인 세상을 버리고 대신 교회 안에서만 모여 있을 수는 없습니다. 교회는 "섬기기 위하여 무장된 사람들이며 그리고 어디에서든지 예수님의 이름으로 그 필요를 채워주는 사람들"입니다.[2] 이는 '교회란 기념비나 건물이 아니라 행동하는 존재' 라는 뜻입니다. 교회는 위로 향하며 또 바깥으로 향하여 움직이는 존재이지 안으로, 우리끼리만 모이는 존재가 아닙니다. 교회는 천국을 향하여 그 심령을 고정하며, 빈곤한 세상에 희망을 가져다 주면서 하나님을 찾는 사람들의 공동체입니다. 우리는 불완전한 사람들을 완전하신 예수님의 이름으로 섬기는 불완전한 사람들입니다.

교회는 예수님에 대한 목적을 위하여 존재하지, 우리를 위하여 존재하는 것이 아닙니다. 우리는 그분의 몸이며 그분이 우리의 머리이십니다. 그분이 창조하신 세상이 손짓하며 도와달라고 우리를 부릅니다.

무엇보다 우리는 침례교나, 천주교, 오순절, 혹은 감리교도들이 아닙니다. 우리는 가장 높으신 하나님의 아들들이며 딸들입니다. 우리는 그리스도 안에서 여러 형태를 가졌지만 하나의 몸을 이루는 지체들입니다. 우리 중에 누구도 모든 것을 다 가지지는 못하며, 어떤 그룹도 자신들만이 하나님께 이르는 유일하거나 최고의 길이라고 말할 수 없습니다.

우리는 모두 넘어지기 쉬운 사람들이며, 죄에서 구속을 받은 존재들로서 하늘 보좌에 앉으신 분에게 모든 충성을 다하는 사람들입니다. 이는 왕이신 예수님과 그분의 나라만을 목적으로 삼는다는 것을 의미합니다.

그렇습니다. 하나님은 모든 제도와 단체를 사용하셔서 더 좋은 일을 이루십니다. 현재 이 세상의 각 지역에는 선교단체나 교회가 모든 것을 지원해주는, 수만 명의 헌신된 그리스도인 선교사들이 있습니다. 하나님의 은혜가 아닐 수 없습니다. 그러나 100년 후의 일에 대하여는 아무 관심도 없이 오직 당장의 견해 차이 때문에 많은 사람들이 나누어지고 있습니다. 우리를 분리시키는 일 뒤에 무엇이 있는지 보아야 합니다. 우리는 지금 그리스도의 사랑 안에서 서로의 마음을 묶어야 하며, 주님의 인도하심을 구하여야 하고, 세상 끝까지 하나님 나라의 복음을 전할 모든 힘을 모으기 위하여 어떤 희생도 감수하여야 합니다.

하나님의 영광을 위하여 하나님 나라를 이 땅에 임하게 하려면 서로의 도움이 필요합니다.

그리스도의 몸은 이 세상에 오직 하나밖에 없으며 우리는 각각 그 지체를 이룹니다. 우리가 이 세상에서 만든 그 어떤 것도 영원하지 못하지만, 하나님을 향한 우리의 사랑과 서로를 향한 사랑은 영원할 것입니다. 우리는 예수님의 신부입니다. 하나님은 우리를 위대한 혼인잔치와 영원한 삶을 누릴 수 있는 존재로 준비시키고 계십니다! 천국에 합당한 존재로 준비되는 방법은 하나님의 사랑으로 서로를 사랑하는 것입니다. 비록 서로가 다른 교리와 예배 형식을 가지고 있으며, 성령의 은사에 대한 큰 견해 차이를 가지고 있을지라도 우리는 서로 사랑하여야 합니다. 왜냐하면 우리는 함께 천국으로 갈 것이기 때문입니다.

1993년 5월, 제 아내는 로드아일랜드에서 매년 3회 열리는 '예수님을 위한 행진'의 첫 번째 행사를 준비하고 있었습니다. 그 일은 대단한 경험이었습니다.

한 번 상상해 보십시오. 천주교, 오순절 교회 등 40개가 넘는 다른 종파의 교회로부터 나이와 모양, 피부색이 다른 1,000명 이상의 그리스도인들이 한 경기장으로 모여서 약 200명씩 다섯 그룹을 만들었습니다. 이어서 모든 사람들은 깃발을 흔들며, 수천 개의 풍선과 함께, 화려한 색상의 티셔츠를 입고서, 트럭 위에 고정시킨 대형 스피커를 통하여 연주되는 찬양을 따라 부르면서 뉴포트 시가지로 향하여 정해진 2마일의 행진을 시작했습니다.

그것은 교회의 벽을 허물고 하나님 나라에만 초점을 맞춘 행사였습니다. 우리 모두는 그날 그 거리를 거닐며 예수님을 예배하였다는 것에 동의할 수 있었습니다.

다음 날 아침 조간신문의 일면에는 이러한 머릿기사가 실렸습니다. "흑인과 백인, 젊은이와 노인, 천주교와 개신교…. 그들은 모두 한 가지 목적을 위하여 함께 모였다. 예수님을 찬양하기 위하여!" 아멘!

당신은 간절하게, 열정적으로 그리고 진지하게 예수님을 추구하라는 주님의 명령을 받았습니다. 사랑에 빠진 사람이 연인을 찾아 헤매듯이, 혹은 밭에 감추인 보배를 발견한 사람이 그것을 사기 위하여 어떤 대가라도 치르듯이 예수님을 추구하십시오. 추구하는 것은 신성한 자기포기입니다.

당신은 하나님을 찾는 삶으로 그리고 하나님의 명령을 따르는 삶으로 부르심을 받았습니다. 하나님은 당신의 애정 어린 건의에 끊임없는 관심을 가지고 기꺼이 응답하십니다. 항상 기도하십시오. 그분은 당신의 기도를 듣고 계십니다. 그러나 잊지 마십시오, 당신은 매일 매일 전심으로 그분을 찾아야 합니다. 그렇게만 한다면, 당신은 평생에 한두 번이나 혹은 일주일에 한두 번이 아니라, 전심으로 하나님을 찾을 때마다 그분을 만날 수 있게 될 것입니다. 하나님은 당신을 기다리고 계십니다.

놀랍지 않습니까? 토저 박사님이 말했습니다. "하나님이 우리 마음에 강한 소원을 불어 넣어 주셨으며, 이 소원이 우리로 하여금 하나님을 추구하도록 재촉하기 때문에 우리는 하나님을 추구하게 됩니다."[3] 강한 소원 우리 마음에 심겨져 있는, 부정할 수 없고, 피할 수 없는 소원, 바램, 열망, 열정 그리고 집념들이 그분을 끊임없이 찾게 만듭니다. 그분은 당신의 마음을 타오르게 하는 그 열망을 가지고 당신을 축복하십니다. 그 어떤 것도 당신이 하나님을 추구하는 것을 멈추지 못하게 하십시오! 당신은 '당신이 원하고 노력하는 만큼 하나님을 깊이 알 수 있는 존재'로 지음을 받았습니다.

왜 어떤 그리스도인들은 낙오됩니까?

열성적인 그리스도인들이 그리스도로부터 떨어져 나가는 것을 보는 일은 보통 고통스러운 일이 아닙니다. 어떤 사람들은 예수님을 따르는 일이 너무 과도한 일이라고 결정을 합니다. 어떤 이들은 세속적 쾌락에 짓눌려 버립니다. 또한 거짓을 품고 있으면서 겉은 선하게 포장된 친구들과 친척들에게 쉽게 설득을 당해서 '하나님을 찾는 일'을 쉽게 단념하는 사람들도 있습니다.

경험에 입각한 회심-하나님에 대한 좋은 생각으로 인하여 확신을 얻은-모라비안(경건주의자들-역자 주) 기도회를 통하여 감격적인 경험을 한 존 웨슬리 같은 삶의 변화 없이 또는 하나님과의 초자연적인 만남 없는 회심은 그리스도를 향한 확고한 헌신을 거의 가지고 오지 못합니다. 존 웨슬리는 성령과의 전인격적인 만남이 있기 전에, 선교활동이나 설교에 있어서 그다지 빛을 내지 못했습니다. 그러나 1738년 5월 24일 성령님과 강권적인 만남 이후에, 그가 어떻게 강력한 하나님의 사람이 되었는지 아래 글에서 말하고 있습니다.

어느 날 저녁 알데스게이트 거리에 있는 한 모임에 본의 아니게 방문하게 되었는데, 나는 그곳에서 로마서에 대한 루터의 서문을 읽고 있는 한 사람을 만나게 되었다. 저녁 8시 45분경, 그 모임의 리더는 하나님께서 예수 그리스도 안에 있는 믿음을 통하여 우리의 마음에 어떻게 행하시는가에 대하여 설교하고 있었다. 나는 이상하게도 내 마음이 타오르는 것을 느끼게 되었다. 그 순간 나는 내가 그리스도 안에서만 구원을 향한 확신을 가지고 있음을 깨닫게 되었고, 그 예수 그리스도가 나의 죄를 깨끗케 하시며, 죄와 사망의 법으로부터 나의 영혼을 구원하셨다는 믿음을 가지게 되었다.

존 웨슬리가 위와 같은 성령님과의 만남을 가진 이후부터 생을 마감하기까지, 그는 수천의 영혼들을 설교와 가르침을 통해서 그리스도께로 인도했습니다. 존이 성령으로 온전하게 인도함을 받기로 결정한 이후로, 그는 하나님께서 부르신 운명을 깨닫게 되었던 것입니다. 당신도 동일한 하나님의 영이 필요합니다. 하나님의 영은 하나님 아버지의 사랑의 임재를 가지신 분으로 당신의 마음을 따뜻하게 인도해줄 성령님이시며, 당신에게 능력을 부어주시며, 당신이 평생 동안 믿음의 삶의 여정 위에 살아가도록 용기를 주는 분입니다.

한편으로 사단도 당신을 대적하기 위하여 영적인 힘을 사용하고 있습니다. 당신이 매일 성령의 능력으로 충만함을 받지 않으면, 당신은 언젠가 지쳐서 고갈될 것이며, 아마도 포기하게 될 수도 있습니다. 하나님의 전적인 도움이 없이 거룩한 삶을 살아간다는 것은 불가능한 일입니다. 당신이 역동적인 믿음을 가지는 데 방해가 되는 여러 가지 쓴 뿌리들이나, 고아의 영, 비판적인 본성, 오만한 마음가짐들을 극복하는 것은 아마도 더욱 힘든 난제일 수 있습니다. 당신에게 성령님의 도움이 없다면, 바로 요동치는 믿음과 함께 잃어버린 영혼들을 찾고 구하는 일도 전심으로 할 수 없게 될 것입니다.

예수님은 마태복음 13장 1-23절에 있는 씨 뿌리는 비유를 통하여 열매 없는 믿음에 대하여 경고하셨습니다. 씨가 떨어진 밭은 모두 네 종류였습니다. 길가, 돌밭, 가시떨기 위 그리고 좋은 땅입니다. 씨는 사람의 마음에 뿌려진 하나님의 말씀을 상징합니다. 하나님 나라의 메시지는 마귀가 낚아 채어가지 못하도록 하면 풍성한 영혼의 수확을 거두게 되어 있습니다. 예수님께서 씨 뿌리는 비유를 이렇게 설명하셨습니다.

그런즉 씨 뿌리는 비유를 들으라 아무나 천국 말씀을 듣고 깨닫지 못할 때는 악한 자가 와서 그 마음에 뿌리운 것을 빼앗나니 이는 곧 길가에 뿌리운 자요 돌밭에 뿌리웠다는 것은 말씀을 듣고 즉시 기쁨으로 받되 그 속에 뿌리가 없어 잠시 견디다가 말씀을 인하여 환난이나 핍박이 일어나는 때에는 곧 넘어지는 자요 가시떨기에 뿌리웠다는 것은 말씀을 들으나 세상의 염려와 재리의 유혹에 말씀이 막혀 결실치 못하는 자요 좋은 땅에 뿌리웠다는 것은 말씀을 듣고 깨닫는 자니 결실하여 혹 백 배 혹 육십 배 혹 삼십 배가 되느니라 하시더라(마 13:18-23)

수동적 행위, 문제, 박해, 생활에 대한 염려, 또는 부정직한 부(富) 등이 당신의 믿음을 질식사시키지 못하도록 해야만 합니다. 하나님의 영광을 위하여 사는 데 성공하기를 원한다면, 반드시 당신의 심령을 뜨겁게 할 성령의 임재하심을 받아야 하며 또 매일 매일 끊임없이 계속 받아야만 합니다. 그렇게 할 때, 당신은 성령님께서 당신 삶 속에 뿌리신 것들을 열매 맺어 30배, 60배, 100배로 거둘 수 있게 됩니다.

도움이 오고 있습니다!

세상은 지금 문제 속에 있습니다. 그러나 도움이 오고 있습니다. 전 세계에 걸쳐 있는 하나님의 군사들은 지금 또 다른 큰 영적 전쟁을 위하여 준비하고 있습니다. 우리나라 주변과 온 세계에 있는 수많은 사람들이 그들의 시간과 재능과 보물들을 영혼을 구하는 일과 광대한 양의 추수 그리고 전 세계적인 선교 봉사활동을 위하여 아낌없이 드리고 있습니다. 어떻게 알 수 있습니까? 국제적 정세가 움직이는 추이를 보십시오. 하나님의 바람이 점점 더 세게 그리고 집중적으로 불어오고 있습니다. 천국과 우리의 심령 사이의 거리는 점점 가까워지고 있습니다. 다섯 종류의 사역자들이 다시 일어나고 있습니다(엡 4:11). 많은 사역 위에 하늘의 문이 열리고 있으며, 천사들이 더 자주 보여지고, 이적과 기사들이 점점 더 많이 나타나고 있습니다. 영혼의 거대한 추수가 이미 여러 나라로 퍼지고 있으며 얼마 있지 않아 온 세계로 퍼지게 될 것입니다.

주님은 성령을 부으시면서 매우 빠르게 역사하고 계십니다. 한 예를 들어 보겠습니다. 그렇게 오래된 이야기는 아닙니다. 상원 원목실장께서 저에게 말씀하시기를 "빌리 그래함의 사역을 통하여 2005년 한 해 동안 주님께 돌아올 사람의 숫자는 그 사역을 통하여 지금까지 돌아온 숫자보다 많을 것이다"라고 하였습니다. 실제로 인도에서만 100만 명이 넘는 영혼이 주님께로 돌아왔습니다.[4]

롤랜드와 하이디 베이커는 모잠비크에서 지난 18년간 100만 명이 넘는 영혼이 구원을 받았으며, 6,500개의 교회가 설립되었다고 증언을 했습니다. 레이프 헤트랜드는 파키스탄에서 50만 명 이상의 사람이 주님께로 돌아오는 것을 보았습니다. 한국의 서울에 있는 여의도 순복음 교회에서는 100만 명에 가까운 성도들이 희생적 나눔, 매일 이어지는 수 시간의 중보기도, 철저하고 광범위한 성경공부, 혹은 지역사회 및 해외 선교 등에 헌신적으로 참여하고 있습니다.

중국, 브라질, 우간다, 케냐 그리고 많은 나라에서 수백만 명의 사람들이 자신의 마음을 예수님께 드리고 있습니다. 예수님은 이슬람교도들에게 꿈과 환상을 통하여 나타나셨으며 그로 인하여 사람들이 급격히 회심하게 되었습니다. 많은 비서구 국가에서 서구의 국가들에게 선교사를 보내고 있습니다.

저는 부흥의 불길이 서구의 나라들로 빠르게 번져가기를 기도하고 있습니다. 그러나 제가 지난 장에서 말씀드렸던 것처럼, 자부심 강한 나라들의 주의를 끌어 그들을 예수님께 돌아가게 하려면 힘든 고통의 시간을 통과해야만 합니다. 당신의 교회는 수백 명의 회심자들을 받아들일 준비가 되어 있습니까? 아니라면 지금 준비하십시오.

세상을 이기기 원한다면 하나님을 따라가야만 합니다

우리가 천국을 마음에 새기고 있을 때에만 서구 교회의 부정적 경향을 뒤바꿀 수 있으며 사랑하는 그들을 도와서 하나님을 추구하게 만들 수 있습니다. 하나님의 얼굴을 매일 구하며 진격 명령을 받아 고속도로로, 지하철로 가서 잃어버린 영혼들을 하나님 나라로 초대함으로써, 잃어버린 영혼을 찾아 구원하는 일은 우리의 책임입니다.

제가 영어권 목회를 하고 있는 인터내셔널 갈보리 교회가 위치한 버지니아 주 스프링필드에서는 우리 교회의 건물을 중심으로 1마일 내에 약 5,000명의 스페인어권 사람들이 살고 있습니다. 우리는 주님을 위하여 그들에게 접근할 수 있는 방법을 놓고 수개월 간 기도했습니다. 하나님은 재능 있고 성령으로 충만한 스페인어 사역자와 그의 가족을 보내주심으로 우리의 기도에 응답하셨습니다. 뿐만 아니라 스페인어를 말하는 신실한 다른 두 가족도 보내주셨습니다. 하나님 나라로 가득 찬 심령을 가진 이들은 최근에 전도지를 나누어 주면서 1,000명의 스페인어권 사람들을 만나서 스페인어 예배의 시작을 알렸습니다. 그들이 이웃들을 위하여 발로 걸으며 기도하고, 또 복음을 전해 주었을 때 사람들에게 따듯한 환영을 받았습니다.

저는 당신에게 기도하며 진지하게 당신의 교회를 향한 하나님의 뜻을 구하라고 권유하기를 원합니다.

하나님은 주님을 신실하게 찾는 자들에게 상을 주십니다(히 11:6). 하나님의 도우심 없이도 주님의 뜻을 알 만큼 똑똑한 사람은 이 세상에 없습니다. 그러므로 이 땅에 하나님의 나라를 효과적으로 임하게 하겠다는 소망 안에서 하나님의 인도하심을 간구하기 바랍니다.

하나님은 정말로 당신의 편입니다

우리가 매일 하나님을 추구하는 삶을 살기로 결심한다면, 우리는 매우 밝은 미래를 가지게 될 것입니다. 하나님은 당신이 하나님 나라의 일을 점점 더 효과적으로 행할 수 있도록 당신을 준비시키실 것입니다. 그러므로 당신 홀로 전쟁 중에 있는 것이 아님을 명심하기 바랍니다. 당신의 눈을 예수님께로 고정시키며 매일 매일 당신을 인도하실 주님을 신뢰하기 바랍니다. 성령님께서 다음의 메시지를 제 심장에 새기셨으며 저는 서구 교회들 안에 있는 예수님의 지체들을 향한 하나님의 뜻을 위하여 기도하였습니다.

주님께서 말씀하십니다.

나는 내 자녀들이 나에 대하여 아는 대신 나 자신을 알기 원하노라. 나는 그들의 산만함을 시기하고 있노라. 나는 내 교회에게 거룩한 삶을

살라고 명한다. 너희가 성령으로 충만한 승리의 삶을 사는 것을 더 원하며, 나와 점점 더 확실한 관계를 맺는 것과 나와 더 깊은 친밀함을 가지기를 더 많이 원함을 기억하라.

내 백성들에게 태양은 떠오르고 있다고 말해 주어라. 어두움은 뿌리채 뽑혀지고 있다. 내 교회의 더러운 찌꺼기를 제거하여 깨끗하게 하기 위하여 내가 올 것이다. 더 이상의 흐리멍텅한 헌신은 없을 것이다. 나는 선한 목적을 위하여 군대를 모집할 것이다.

일어나라, 빛을 발하여 내 영광이 네 위에 임하였다. 자는 자들아 깨어서 전쟁을 위하여 너희 삶을 예비하라. 너의 귀한 건물에서 나와 길거리로 나가라고 명하노라. 안락한 예배당에서 나와서 네 이웃에 있는 선교 현장, 곧 사업체, 캠퍼스, 군부대, 사무실 그리고 일터로 가라.

일어나라, 빛을 발하라. 나에게 영광을 돌리라. 내 이름을 불러 외치는 사람과 내 목적을 위하여 나에게 삶을 드린 사람들에게 기름을 붓기 위하여 내가 올 것이다.

내 사랑과 능력과 평화의 강으로 들어올 기회를 놓치지 말라. 나는 강한 바람으로 와서 나의 택함을 받은 사람들을 불러낼 것이다. 쉽게 믿으려는 것을 그만 두어라. 수동적인 믿음의 생활을 버리라. 버리라! 나는 민첩한 삶과 기름부음 받은 삶을 원하며 압도적인 기쁨, 평화, 사랑으로 충만하여 천국에 초점을 맞춘 삶을 원하노라.

사람들을 모을 것이다. 부흥을 준비하라. 너의 마음을 열고 나에게 던지라. 나의 얼굴을 구하라. 앞으로 다가올 매일 매일 너를 인도할 것이다.

나는 바람처럼 올 것이다. 내 백성들을 위하여 올 것이다. 추수를 준비하라. 내가 올 것이다.

당신의 운명을 장악하라

제10원리

하나님을 찾으십시오.
그러면 만날 것입니다.
하나님은 당신을 기다리고 계십니다.

액션 스텝_Action Steps

스텝 1: 하나님을 매일 찾으십시오.

바울은 "너희 몸은 너희가 하나님께로부터 받은 바 너희 가운데 계신 성령의 전인 줄을 알지 못하느냐 너희는 너희의 것이 아니라 값으로 산 것이 되었으니 그런즉 너희 몸으로 하나님께 영광을 돌리라"(고전 6:19-20)라고 말하였습니다.

당신은 더 이상 당신의 것이 아닙니다. 예수님이 보혈을 흘리심으로써 당신을 죄로부터 다시 사셨을 때 당신은 그분의 제자, 아니 그 이상의 존재가 되었습니다. 주님은 당신을 공동 상속자로 삼으셨으며 그에 합당한 대우를 해주십니다. 주님은 당신의 감사, 충성 그리고 정성을 받으실 만한 자격을 가지고 계십니다. 그리고 그분은 당신과 영원히 함께 계시겠다고 약속하십니다. 그러므로 하나님을 찾으십시오. 그러면 만날 것입니다. 하루 종일 그분을 찾으십시오. 그러면 그분의 임재 안에 거하게 될 것입니다. 하나님이 원하시는 것은 당신이 당신을 위한 주님의 계획을 따름으로써 운명을 이루는 것입니다.

하나님의 말씀이 당신 안에 풍성히 거하게 하십시오. 그리고 의의 열매를 거두십시오. 시시때때로 그리고 자주 기도하시며, 당신의 삶 속에 있을지도 모를 불필요한 생각들을 제거하십시오. 그리고 하나님이 당신을 위하여 가지고 계신 생각은 재앙이 아닌 평안의 생각이며 또 장래에 소망을 주시려는 생각임을(렘 29:11) 믿기 바랍니다.

스텝 2: 당신의 운명을 보호하십시오.

에서는 팥죽 한 그릇에 자신의 장자권을 팔았습니다. 몇몇 그리스도인들 역시 안락함과 편안함 그리고 즐거움을 위하여 그들의 운명을 팔아 버리고 있습니다. 그들의 일에 동참하지 마십시오. 대신 찬양과 감사로 당신의 구원을 이루십시오. 당신이 당신의 미래를 주님께 맡기면, 또 당신의 운명을 이루면 당신은 모든 것을 가지게 될 것입니다!

몇 가지 생각해 보아야 할 것들이 있습니다. 매 주일 우리 성도님들은 다음의 선언문을 외칩니다. 이것은 하나님의 약속들을 현대식 표현으로 바꾼 선언입니다. 최근 한 성도님이 큰 유혹에 **빠질 뻔**했는데 이 선언문을 기억해 내어 암송하기 시작하자 유혹이 물러가게 되었다고 저에게 말했습니다. 하나님을 추구하는 일을 포기하고 싶은 유혹에 **빠질** 때, 이 말들이 주는 확신 속에서 힘을 얻으실 수 있을 것입니다. 이 선언이 당신의 선언이 되기를 바랍니다.

나는 가장 높으신 하나님의 자녀입니다.
나는 마귀와 아무 상관이 없어졌습니다.
예수님께서 나를 구속하셨습니다.
성령님께서 나에게 힘을 주십니다.
하나님의 말씀이 나를 인도하십니다.
천국이 나를 기다리고 있습니다.
나는 가장 높으신 하나님의 자녀입니다.

지극히 높으신 하나님의 자녀답게 사십시오. 당신의 운명을 잃지 않게 될 것입니다.

스텝 3: 절제의 훈련을 하십시오.

잠언 25장 28절은 "자기의 마음을 제어하지 아니하는 자는 성읍이 무너지고 성벽이 없는 것 같으니라"라고 하였습니다. 절제는 성령의 열매입니다. 그것은 시간이 지나갈수록 더욱 익어갑니다. 하지만 매우 조심스럽게 재배하여야 합니다. 사도 바울이 이기주의자들("self-seeking"로 마서 2장 8절에는 "당을 짓는 자"라고 번역이 되어 있다-역자 주)에 대하여 이렇게 경고했습니다.

> 참고 선을 행하여 영광과 존귀와 썩지 아니함을 구하는 자에게는 영생으로 하시고 오직 당을 지어 진리를 좇지 아니하고 불의를 좇는 자에게는 노와 분으로 하시리라(롬 2:7-8)

당신의 삶을 순수하게 유지하는 일, 천국에 초점을 맞추게 하는 일 그리고 주님을 위하여 준비되게 하는 일이라면 무엇이든지 하십시오. 당신의 온전함을 보호하여 줄 경계선을 만듦으로써 당신의 순수함을 지키십시오. 생각을 예수님께로 고정하십시오(히 3:1). 당신의 삶을 매일 주님께 드리며 하나님께서 주님의 일을 이루는 데 당신이 사용될 것을 기대하기 바랍니다.

결론

하나님은 당신에게 하나님을 추구하는 삶을 살라고 명하십니다. 하나님은 당신을 하루 24시간 그리고 매일 기다리고 계십니다. 그러므로 하나님을 찾는 것이 당신 삶의 초점이 되게 함으로써, 다른 이들은 꿈에서나 경험할 수 있는 그분의 임재와 축복을 실재로 경험하게 되기를 바랍니다. 당신의 심령이 사랑과 기쁨으로 채워지며 당신의 가족의 삶이 활기찬 새 힘을 얻을 뿐 아니라 천국에 초점을 맞춘 가족들로 바뀌는 것을 보게 될 것입니다. 또한 성령의 인도하심에 따라 '구주이신 예수 그리스도를 추구하는 사람들'을 만나게 될 것입니다. 그때 당신은 이 땅의 다른 많은 사람들도 당신처럼 하나님의 나라를 향하여 가고 있다는 것을 알게 될 것입니다.

다음 장에서 당신은 '겸손함'과 '타인의 도움을 받아들이는 것'이 왜 당신의 운명을 이루는 데 중요한 지에 대하여 배우게 될 것입니다. 기독교는 팀 스포츠입니다. 교만함으로 홀로 고립된 채로는 잘 살아갈 수가 없습니다.

각주

1. A. W. 토저, 하나님을 추구하는 삶, (Camp Hill, Christian Publications, Inc.1982.), 15.
2. 제리 쿡, 사랑, 영접과 용서: 교회를 비기독교 세상에서 진정한 그리스도인으로 무장시키, (Ventura, Regal Books, 1979.), 45.
3. Draper's Quotes, 9,218.
4. 베리 블랙 박사와 프랭클린 그레이엄 목사의 토론, 2006년 넬스북스(Nelson Books)에서 주최한 작가 모임에서.

11

겸손하라

너의 중심의 교만이 너를 속였도다… 네가 독수리처럼 높이 오르며
별 사이에 깃들일지라도 내가 거기서 너를 끌어내리리라
나 여호와가 말하였느니라… 네가 어찌 그리 망하였는고
- 오바댜의 예언, BC 586년, 예루살렘의 함락 직전(옵 1:3-5)

"본질적인 악함, 최대의 사악, 바로 교만입니다.
부정, 분노, 욕심, 술취함 등은 모두 교만에 비교하면
사소한 일에 지나지 않습니다. 천사장이었던 마귀가 마귀된 것은
바로 교만을 통해서였습니다.
교만은 사람들을 모든 악으로 인도합니다.
교만은 완전하게 '하나님을 대적'하는 마음의 상태입니다."
- C. S. 루이스

교만은 너무도 위험한 동료입니다. 그는 하나님의 대적입니다. 교만

은 우리를 어두움의 장소로 이끕니다.

다윗 왕이 말합니다. "너희 모든 성도들아 여호와를 사랑하라 여호와께서 성실한 자를 보호하시고 교만히 행하는 자에게 엄중히 갚으시느니라"(시 31:23). 또 이렇게 말합니다. "사특한 마음이 내게서 떠날 것이니 악한 일을 내가 알지 아니하리로다 그 이웃을 그윽히 허는 자를 내가 멸할 것이요 눈이 높고 마음이 교만한 자를 내가 용납지 아니하리로다"(시 101:4-5). 여기에 솔로몬 왕은 이렇게 더하여 말합니다. "교만이 오면 욕도 오거니와 겸손한 자에게는 지혜가 있느니라"(잠 11:2).

하나님은 교만을 미워하십니다. 교만은 다른 사람들을 희생시키면서 자신을 높이는 일을 하기 때문입니다.

1990년대 초반, 제 가족과 저는 노스캐롤라이나의 잭슨빌이라고 하는 지역에 주둔하고 있었습니다. 군목 목회지가 배정되지 않아서 집 근처에 있는 한 침례교회에 출석하게 되었습니다. 400명이 넘게 출석하는 교회로서 우리는 그 지역의 사람들을 만날 수 있었습니다. 몇 달 후 저는 담임 목사님과 만날 약속을 하게 되었습니다. 그분은 저와 비슷한 연배였고 당시 목회를 시작한 지 약 1년 정도 되었습니다. 저는 주일 학교에서 가르치거나 혹은 목사님이 생각하시는 그 어떤 것이라도 돕겠다고 제의했습니다. 이렇게 봉사하겠다는 제의를 하고 있을 때 그 목사님은 무의식적으로 고개를 흔들고 있었으며 그 행동을 통해서 그분의 마음을 알 수 있었습니다. '죄송하지만 필요없습니다' 라고 그의 얼굴에 쓰여 있었습니다. 그는 무뚝뚝하게 대화를 끝낸 후 저를 문으로 안내하였습니다. 우리는 다른 교회를 출석하게 되었으며 1년 후 그분이 교회를 사임했다는 소식을 듣게 되었습니다.

그 목사님을 그렇게 만든 원인은 남들이 자신을 돕는 것을 허용하지 않는 마음에 그 뿌리를 두고 있는 것 같습니다. 하나님은 이러한 것을 교만이라고 부르십니다. 모든 목사님들은 회중의 필요를 채워주는 일에 함께 힘쓸 신뢰할만한 협력자들의 손길을 필요로 합니다. 독불장군식의 스타일의 지도자들은 목회에서 오래가지 못합니다. 그들은 스스로를 교제로부터 고립시켰으며 홀로 모든 책임을 지려고 하기 때문에 지쳐 탈진하고 고갈되어 버립니다. 남에게 맡기면 일을 망칠지도 모른다는 실패에 대한 두려움 때문이든지, 모든 것을 장악하고자 하는 마음 때문이든지, 남의 도움을 거절하는 사람들은 한 장소에서 오래가지 못합니다. 교만은 결국 교만한 지도자 자신을 떠나가게 만들 뿐 아니라 회중들에게도 고통을 주어 정서적으로, 영적으로 적지 않은 혼동을 일으킵니다. 영적인 지도자가 갑자기 교회를 버릴 때 교회가 받은 상처를 회복하기 위해서는 몇 개월의 시간이 필요하게 됩니다.

겸손함이 목회를 협동적이며 진취적인 현장으로 이끌며 하나님 나라로 가는 빠른 전진을 일으키는 반면, 교만은 하나님 나라로 가는 전진을 서서히 무너뜨립니다.

2005년에 워싱턴 DC 지역의 400개가 넘는 교회들이 힘을 모아 내셔널 몰(National Mall)에서 열린 '루이스 팔라우 축제'를 지원한 적이 있는데 그때 수천 명의 사람들이 예수님을 구주로 영접하였습니다. 축제가 가까움에 따라 495 순환고속도로(워싱턴 DC 외곽을 둘러싸고 있는 순환고속도로-역자 주) 바깥 지역에 있는 다수의 교회들이 연합하여 워싱턴 DC 지역 안에 있는 12개의 공립학교 시설을 보수해 주기로 결정을 했습니다. 협동적이며 진취적인 모습에 감동을 받은 사람들이 이 축제에 참여하였으며 자신들의 마음을 예수님께 드리게 되었습니다.

축제가 끝난 후 위에서 언급한 교회에 소속된 수백 명의 사람들이 모여 한 협력 단체를 조직하였습니다. 사회사업과 교육을 위한 기본시설을 새롭게 보수하며 지원하는 일에 초점을 두는 '파워 투 체인지 DC'(Power to Change, DC)가 바로 그것입니다. 마귀가 하나님으로부터 훔쳐간 것을 되찾으려는 이와 같은 노력으로 인하여 수백만 달러가 기부되어 연방 국회로 보내졌습니다.

이러한 노력이 성공적인 결과를 낳게 한 원동력은 지도자들의 명석함이 아니라 지도자들의 겸손함입니다. 아무도 개인의 영광을 추구하지 말아야 합니다. 그 누구도 자신의 명성에 관심을 가지지 않을 때 모든 것은 가능하게 됩니다.

교만이 가지고 있는 파괴적인 힘

리차드 박스터가 말했습니다.

천국으로 가는 겸손한 길로 사람들을 이끄는 자들에게 교만은 너무도 어울리지 않는 '악' 입니다. 주의해야 할 것이 있습니다. 만일 우리가 지금까지 한 사람도 이끌지 못했다면 그 길로 가는 문이 너무 좁아서 우리 중 아무도 갈 수 없었다고 증명을 해야만 합니다. 교만한 천사를 쫓아내신 하나님은 교만한 설교자도 묵인하지 않으실 것입니다. 교만은 모든 악의 뿌리이기 때문입니다. 질투, 다툼, 불만 그리고 우리를 새롭게 하는 것을 방해하는 모든 것들…. 교만이 있는 곳에서는 모두 다 지도자만 되고 싶어 하지, 아무도 따르는 사람이 되거나 찬성하는 일을 하려고 하지 않습니다.[1]

교만은 사단이 몰락한 원인이었습니다. 그는 창조주의 보좌를 탐했습니다. 하나님께서는 그를 심판하셨으며 지구라고 하는 한정적 영역에 그를 가두셨습니다. 마귀가 어떻게 은혜로부터 떨어지게 되었는지 이사야가 한 말을 들어 보기 원합니다.

> 너 아침의 아들 계명성이여 어찌 그리 하늘에서 떨어졌으며 너 열국을 엎은 자여 어찌 그리 땅에 찍혔는고 네가 네 마음에 이르기를 내가 하늘에 올라 하나님의 뭇 별 위에 나의 보좌를 높이리라 내가 북극 집회의 산 위에 좌정하리라 가장 높은 구름에 올라 지극히 높은 자와 비기리라 하도다(사 14:12-14)

대적의 종말은 확실합니다. 교만은 타락 전에 먼저 옵니다. 마귀의 경우 그는 높고 높은 하나님의 보좌의 장소에서 한 없이 떨어져서 불구덩이에 들어가기까지 추락할 것입니다. 리차드 뉴턴이 말한 대로입니다. "교만의 역사를 세 단계로 설명하면, 교만은 천국에서 시작되어, 지구 위에서 지속되다가, 지옥에서 끝마칩니다. 이 역사는 교만이 얼마나 무가치한 일인지를 보여줍니다."[2]

교만은 수많은 죄로 우리를 이끕니다.

약 10년 전 저는 남의 도움을 받는 것을 매우 거북해 한 나머지 건강이 급속도록 악화되어 심각한 지경에 이른 한 여성분을 신앙적으로 도와주게 되었습니다. 제가 초청 설교자로 예배를 인도한 후 저에게 찾아와 기도를 부탁한 그 여성분이 얼마나 고통을 받고 있었는지 저는 알 길이 없었습니다. 눈을 감고 손을 얹자 저에게 '60년대 스타일의 거실'이 환상으로 보였습니다. 큰 업라이트 형 피아노(일반적인 가정용 피아노-역자 주) 앞에는 아홉 살 내지 열 살쯤 되어 보이는 소녀가 앉아 피아노를 연주하고 있었습니다. 그리고 피아노의 한쪽 끝에는 여섯 살 내지 일곱 살쯤 된 소녀가 피아노 연주를 보고 있었습니다. 그 여자아이는 주름진 하얀 드레스를 입고 있었으며 반짝 반짝 빛나는 검정색 구두를 신고 열린 창 옆에 서 있었습니다.

나는 그 여성분께 제가 본 것을 말했습니다. 그 여성분은 제가 그녀 가족의 거실을 묘사하고 있다고 말해 주었습니다. 저는 그분께 피아노를 연주하는 아이가 본인인지 아니면 바라보고 있는 여자아이가 본인인지 물었습니다. 그녀는 구경하던 아이가 자신이라고 말했습니다. 그때 성령님께서는 제가 환상으로 보던 바로 그 순간 그 아이의 마음에 분노의 영이 들어갔다고 저에게 말씀해 주셨습니다. 그래서 저는 그녀에게, 그녀의 어머니가 언니의 피아노 연주에 보낸 갈채와 칭찬 때문에 언니에 대하여 분노하는 마음을 가지지 않았냐고 물어 보았습니다. 그러자 그녀는 그렇다고 대답을 하면서 언니를 미워했고 어린 시절부터 내심 고통스러워해 왔다는 것을 고백했습니다. 저는 그녀에게 분노의 죄와 자기혐오의 죄 그리고 언니와 어머니를 미워한 죄를 회개할 수 있도록 도와주었습니다. 발 디딜 자리가 없어지면 압제하는 영은 있을 곳이 없기 때문에 싸움을 할 필요도 없이 떠나가고 맙니다. 그녀가 어떻게 분노에서 놓임을 받았을까요?

감당할 수 없는 절망은 그녀로 하여금 자존심을 버리고 하나님 앞으로 나오게 하여 주님의 도움을 청하게 만들었습니다. 그리고 하나님은 해내셨습니다. 하나님께서는 저에게 그녀가 가지고 있는 고통의 시작점을 보여주셨습니다. 그녀의 마음의 통로가 열려 분노의 영이 돌진해 들어온 바로 그 정확한 순간을 보여주셨습니다. 그리고 나서 성령님께서는 평생을 괴롭혀온 내적 혼란과 자책감에서 그녀를 해방시켜 주셨습니다.

잠깐의 대화 후 그녀는 새로 찾은 자유로 인하여 감사의 기도를 드리며 울었습니다. 겸손한 포기가 그녀로 하여금 저에게 오게 하였고, 성령께서는 그녀가 가지고 있는 문제의 근원을 보여주셨으며, 하나님의 능력은 조용하게 악한 영을 축출해 주셨습니다. 그녀는 앞으로 나아올 때만 해도 죽고 싶었다고 했습니다. 그러나 잠시 후 그녀의 죄는 용서되었고 하나님의 사랑이 그녀의 심장을 채웠으며 그녀는 자신의 운명을 이룰 수 있는 자유를 얻게 되었습니다. 이 모든 일은 그녀가 겸손히 낮추었으며 고통 받는 마음에서 자유케 되기를 간구하였기 때문에 일어난 일입니다.

겸손에는 하나님의 보상이 따릅니다.

교만이 당신의 삶을 파괴하지 못하도록 하십시오. 당신과 주변의 사람에게 해를 끼칠 교만의 힘은 당신 혼자의 힘으로 극복하기에는 너무 강합니다. 예수님은 당신에게 주님의 사랑으로 이웃을 사랑하라고 명하십니다. 그러나 교만은 그것을 못하게 막을 것입니다. 그러므로 만일 당신이 교만과 씨름하고 있다면, 하나님께 기도하여 교만이 내 속에 들어오게 된 근본적인 원인을 보여 달라고 간구하기 바랍니다.

하나님께서 말씀하신 교만의 저변에 대하여 당신이 모를 수도 있기 때문에, 여기에 교만의 부정적인 영향력의 간략한 목록을 적어 놓습니다.

- 교만은 하나님을 찾는 것을 중단하게 합니다(시 10:4).
- 교만은 무례함으로 이끕니다(시 31:18).
- 교만은 중상모략으로 이끕니다(시 56:2).

- 교만은 거짓으로 이끕니다(시 59:12).
- 교만은 불명예를 가지고 옵니다(잠 11:2).
- 교만은 언쟁으로 이끕니다(잠 13:10).
- 교만은 집을 허물 수 있습니다(잠 15:25).
- 교만은 파괴로 이끕니다(잠 16:18).
- 교만은 하나님의 심판을 불러옵니다(사 10:23).
- 교만은 나라의 멸망을 가지고 옵니다(겔 32:12).

하나님께서 교회 안에 있는 교만에 대해 하신 말씀

제가 이 장의 초점에 대하여 기도하고 있을 때 주님께서는 매우 놀라운 방법으로 저에게 성령을 부어주셨습니다. 그것은 마치 산 정상에 실재로 서 있는 듯한 경험이었습니다. 제가 교만의 저변에 대하여 기록하고 있을 때 주님께서 제 눈을 열어주셔서 파괴적인 능력의 실체를 생생하게 보게 해주셨습니다.

주님께서 제게 말씀하셨습니다.

교만이 왜 그렇게 파괴적인지 아느냐? 교만은 신뢰의 벽을 부수며 상처 받은 자에게 고통을 준다. 교만은 수십 억의 심령들에게 황폐의 악취를 풍기는 영적인 세력이다. 그것은 심판을 못 보게 하며, 가족들에게 엄청난 고통을 가지고 오고, 상한 심령들을 무리에서 떠나게 하며, 결혼을 파괴한다.

나는 내 교회 안에 있는 교만이 가지고 있는 힘을 보면서 비탄에 빠지노라. 나의 자녀들을 서로 분리시키는 것은 저주임을 알라. 그것은 상처

받은 많은 자들에게 너무도 깊은 아픔을 주어 도저히 회복할 수 없게 만든다. 용서하지 않음, 불손함, 영적 교만, 큰 부족함을 인정하지 않음, 죄를 고백하지 않음 등을 통하여 많은 자들에게 돌이킬 수 없는 상처를 주고 있다. 내 백성들이 내 앞에서 겸손하지 않으려고 할 때 나와 그들 사이에는 깊은 골이 생긴다. 그 일은 그들 스스로를 나의 은혜로부터 잘라내어 버리는 일임을 기억하라. 그 일은 또한 사단에게 내 백성을 착취할 틈을 주는 일이다. 교만은 협조가 있어야 할 곳에 경쟁의 분위기를 일으킨다. 교만은 셀 수 없을 정도로 너무도 긴 상처의 발자국을 남긴다.

겸손은 절대적인 자유로 이끄는 길이다. 만일 내 백성이 겸비하여 모든 죄를 고백하면 나는 그들을 용서할 것이며 그들의 운명을 이룰 수 있는 바른 길로 이끌 것이다. 성도라고 여기는 너무도 많은 사람들이 교만의 성을 가지고 있다. 그들은 나에 대한 자신들의 지식이 영원한 삶으로 인도할 것이라고 생각한다. 그러나 그렇지 않다. 오직 나의 용서만이 영원한 생명으로 가는 문을 열 수 있다.

나의 교훈을 따르라. 너 스스로를 통제하려는 마음을 버리고 나로 하여금 너의 인생을 이끌게 하라. 내가 너의 상처를 치료할 것이며, 내가 나의 사랑과 기쁨과 평화로 너를 채우리라.

만일 내 백성이 겸비함으로 내게 오면, 나는 그들의 미래를 위한 분명하고 확실한 계획을 가지고 그들을 축복할 것이다.

겸손이 가지고 있는 놀라운 능력

겸손은 절대 자유로 가는 열쇠입니다. 겸손의 달콤한 향기는 사람들의 심장을 예수님께로 이끕니다. 겸손은 또한 영적 온유와 함께 서로를 섬기고자 하는 열정을 낳습니다. 겸손은 억압하는 대신 새롭게 회복시키며, 사랑 안에서 서로의 마음을 묶어 줍니다. 그것은 교만의 정반대이며 **아가페** 사랑의 본질적 속성입니다. 고린도전서 13장 4절이 말합니다. "사랑은 오래 참고 사랑은 온유하며 투기하는 자가 되지 아니하며 사랑은 자랑하지 아니하며 교만하지 아니하며."

사도 바울이 겸손에 대하여 말한 것을 들어봅시다.

> 그러므로 주 안에서 갇힌 내가 너희를 권하노니 너희가 부르심을 입은 부름에 합당하게 행하여 모든 겸손과 온유로 하고 오래 참음으로 사랑 가운데서 서로 용납하고 평안의 매는 줄로 성령의 하나 되게 하신 것을 힘써 지키라 몸이 하나이요 성령이 하나이니 이와 같이 너희가 부르심의 한 소망 안에서 부르심을 입었느니라 주도 하나이요 믿음도 하나이요 세례도 하나이요 하나님도 하나이시니 곧 만유의 아버지시라 만유 위에 계시고 만유를 통일하시고 만유 가운데 계시도다(엡 4:1-6)

바울이 열거한 그리스도인의 속성과 태도의 목록에 주목하기 바랍니다. 그리스도를 닮은 특성들이 예수님의 몸을 세우며 더 나아가 하나님의 나라를 세웁니다. 하나님께서 당신을 부르신 그 부르심에 합당한 삶을 사는 것은 곧 예수님처럼 살며 예수님을 위하여 산다는 것을 의미합니다. 그것은 예수님께서 보시는 것처럼, 사랑과 자비와 기대의 눈을 통하여 세상과 예수님의 몸을 보는 것입니다.

주님의 모든 영광 속에서 이 땅에 하나님의 나라가 임할 그 날을 주님은 알고 계십니다. 이 영광의 나라가 이 땅에 임하게 하는 데 있어서 당신이 맡은 역할은 당신의 삶을 주님께 완전히 맡기는 것입니다. 그럴 때 가장 최고의 능력을 발휘하게 될 것입니다. 왜냐하면 당신의 삶을 주님께 맡기면 당신이 예수님께 완전히 헌신하는 것을 방해하는 그 어떤 것이라도 주님께서 직접 제거해 주실 것이기 때문입니다.

교만이 죽을수록 겸손이 자랍니다.

세례 요한이 예수님에 대하여 이렇게 말했습니다. "그는 흥하여야 하겠고 나는 쇠하여야 하리라 하니라"(요 3:30). 바울은 자기 자신에 대하여 이렇게 말했습니다. "내가 그리스도와 함께 십자가에 못 박혔나니 그런즉 이제는 내가 산 것이 아니요 오직 내 안에 그리스도께서 사신 것이라 이제 내가 육체 가운데 사는 것은 나를 사랑하사 나를 위하여 자기 몸을 버리신 하나님의 아들을 믿는 믿음 안에서 사는 것이라"(갈 2:20).

그들의 겸손한 자세를 이렇게 간단히 요약하여 기도할 수 있습니다. "주님, 저는 점점 더 작아지게 하시고 주님은 더 크게 나타나소서!" 이것이 겸손이며 이것이 천국을 세우는 능력입니다. 요한은 메시아의 사자였습니다. 또한 바울은 신약성경을 가장 많이 기록한 사람이며 이방인 세계에 복음을 전하였고, 수십 년의 사역기간 동안에 놀라운 기적을 많이 체험하였으며, 마지막에는 주님을 위하여 순교를 한 사람이었습니다. 바울은 하나님의 나라를 이 땅에 오게 하기 위하여 마음을 다하여 자기 자신을 겸손함으로 무장을 시켰습니다.

제 아무리 변명을 할지라도 교만은 항상 죄입니다.

그러나 겸손은 사람의 마음속에 있는 죄를 정결케 함으로써 하나님의 나라를 세우는 놀라운 성령의 열매입니다. 교만은 마음을 찢지만, 겸손은 치료합니다. 겸손은 교만한 세상 속에서 의지할만한 강력한 힘입니다. 세상을 바꿀 겸손의 능력에는 한계가 없습니다.

여기에 겸손이 주는 놀라운 영향력의 간략한 목록을 적어 놓습니다.

- 겸손은 지혜를 가지고 옵니다(잠 11:2).
- 겸손은 영예를 가지고 옵니다(잠 15:33).
- 겸손은 부를 가지고 옵니다(잠 22:4).
- 겸손은 하나님의 인도하심을 가지고 옵니다(시 25:9).
- 겸손은 하나님께서 주시는 구원의 면류관을 가지고 옵니다(시 149:4).
- 겸손은 하나님의 은혜를 가지고 옵니다(잠 3:34).
- 겸손은 하나님의 권고하심을 가지고 옵니다(사 66:2).
- 겸손은 하나님의 진노를 피할 피난처를 가지고 옵니다(습 2:3).
- 겸손은 궁핍할 때 하나님의 공급을 가지고 옵니다(시 147:6).
- 겸손은 하나님의 인정하심과 칭찬을 가지고 옵니다(눅 18:14).

하나님 나라의 삶에 대한 사도 바울의 통찰을 다시 한 번 보기 원합니다. 그는 하나님의 나라를 이 땅에 임하게 함으로써, 하나님의 영광을 드러내는 삶을 살기 위해서는 자신을 죽여야만 한다는 것을 잘 이해하고 있었습니다.

> 그러므로 너희가 그리스도와 함께 다시 살리심을 받았으면 위엣 것을 찾으라 거기는 그리스도께서 하나님 우편에 앉아 계시느니라 위엣 것을 생각하고 땅엣 것을 생각지 말라 이는 너희가 죽었고 너희 생명이 그리스도와 함

께 하나님 안에 감추었음이니라 우리 생명이신 그리스도께서 나타나실 그 때에 너희도 그와 함께 영광 중에 나타나리라 그러므로 땅에 있는 지체를 죽이라(골 3:1-5a)

당신은 당신의 생각과 마음을 이 땅에 있는 것이 아닌, 위에 있는 것들에게 두어야 합니다(골 3:1-2). 왜냐하면 천국은 예수님께서 다스리시는 곳이며, 세상을 바꾸는 그분의 능력이 흘러나오는 근원지이기 때문입니다. 바울의 이 생각 속에서 우리는 베드로의 권고도 들을 수 있습니다.

> 마지막으로 말하노니 너희가 다 마음을 같이하여 체휼하며 형제를 사랑하며 불쌍히 여기며 겸손하며 악을 악으로 욕을 욕으로 갚지 말고 도리어 복을 빌라 이를 위하여 너희가 부르심을 입었으니 이는 복을 유업으로 받게 하려 하심이라(벧전 3:8-9)

베드로는 미래의 지도자들에게 이렇게 권면했습니다.

> 젊은 자들아 이와 같이 장로들에게 순복하고 다 서로 겸손으로 허리를 동이라 하나님이 교만한 자를 대적하시되 겸손한 자들에게는 은혜를 주시느니라 그러므로 하나님의 능하신 손 아래서 겸손하라 때가 되면 너희를 높이시리라 너희 염려를 다 주께 맡겨 버리라 이는 저가 너희를 권고하심이니라 근신하라 깨어라 너희 대적 마귀가 우는 사자같이 두루 다니며 삼킬 자를 찾나니(벧전 5:5-8)

예수님께서 이 땅에 오셨을 그때의 지도자들에게는 겸손이 부족했었습니다. 어느 안식일 날 예수님께서는 영향력을 가지고 있는 한 바리새인의 집으로 초대되셨습니다. 예수님을 고소할 틈을 찾던 자들이 몰래 엿보고 있었습니다. 안식일에 병자를 고치는 것이 율법적인가 아닌가에 대한 짧은 대화를 마친 후, 예수님은 저녁식사에 초대된 손님들을 쳐다보기 시작하셨습니다. 예수님은 이스라엘 지도자들에 대한 낙심스러운 사실을 발견했습니다. 누가가 이에 대하여 기록했습니다.

> 청함을 받은 사람들의 상좌 택함을 보시고 저희에게 비유로 말씀하여 가라사대 네가 누구에게나 혼인 잔치에 청함을 받았을 때에 **상좌에 앉지 말라** 그렇지 않으면 너보다 더 높은 사람이 청함을 받은 경우에 너와 저를 청한 자가 와서 너더러 이 사람에게 자리를 내어 주라 하리니 그때에 네가 부끄러워 말석으로 가게 되리라 청함을 받았을 때에 차라리 가서 말석에 앉으라 그러면 너를 청한 자가 와서 너더러 벗이여 올라 앉으라 하리니 그때에야 함께 앉은 모든 사람 앞에 영광이 있으리라 무릇 자기를 높이는 자는 낮아지고 자기를 낮추는 자는 높아지리라 (눅 14:7-11)

성공적인 성도의 삶을 살기 위하여 우리는 서로의 도움을 필요로 합니다. 우리 각자의 힘만으로는 모든 것을 해낼 수도 없으며, 하나님의 나라를 오게 할 수도 없습니다. 우리는 서로 협력해야 하며, 서로를 격려해야 하고, 서로의 힘을 합한 노력 위에 성령의 풍성한 기름부으심을 더하시는 축복을 달라고 주님께 간구해야 합니다.

당신의 운명을 장악하라

제11원리

홀로 모든 것을 다 하려고 하지 마십시오.
다른 사람들의 도움을 받으십시오.

액션 스텝_Action Steps

스텝 1: 겸손히 용서를 구하십시오.

진실된 하나님의 종은 겸손한 마음을 가지고 있습니다. 반면 교만은 진실을 보는 당신의 관점을 오염시키며 당신의 영적 능력을 빼앗아 가버리고 맙니다. 만일 당신의 마음속에 교만이 자리 잡고 있다고 느낀다면 그것을 극복할 수 있도록 도와달라고 당장 주님께 기도해야만 합니다. 솔로몬의 경고를 들어봅시다. "사람이 교만하면 낮아지게 되겠고 마음이 겸손하면 영예를 얻으리라"(잠 29:23).

사도 요한은 만일 당신이 당신의 죄를 자백하면 하나님은 미쁘시고 의로우사 당신의 죄를 사하시며 모든 불의에서 당신을 깨끗케 하실 것이라고 말했습니다(요일 1:9). 하나님께 당신의 죄를 겸손히 고백하십시오. 그러면 하나님께서 당신을 교만의 손아귀에서 자유케 하실 것이며, 운명을 이룰 수 있도록 당신을 인도해 주실 것입니다.

이 액션 스텝 1의 두 번째 부분은, 당신 때문에 상처를 받은 분들에게 용서를 구하는 것입니다. 이 일을 하는 데는 제법 시간이 걸릴 수도 있습니다. 그러나 당신의 영적인 성장을 위해서는 필수불가결한 일입니다. 만일 용서를 구할 대상이 돌아가셨다면 돌아가신 그분께 당신의 잘못에 대하여 고백하는 편지를 쓰기 바랍니다. 그리고 나서 그 편지를 놓고 기도한 후 태워버리십시오.

주의할 점이 하나 있습니다. 당신이 잘못을 고하고 용서를 구할 때, 어떠한 비밀스러운 이야기를 털어 놓을 수밖에 없는데, 그 일이 알려질 경우 다른 사람에게 해가 된다면, 하나님께 용서를 철저히 구하신 후 넘어가기 바랍니다. 만일 당신의 언행을 더 나은 방향으로 바꿈으로써 무너진 관계가 회복될 수 있다면, 지금 그렇게 하십시오.

스텝 2: 겸손히 용서를 베푸십시오.

만일 누군가가 당신에게 돈을 빌려서는 갚지 않거나 약속을 지키지 않음으로써 당신을 속였는데, 그 일이 해결될 가능성이 전혀 없어 보인다면, 그냥 잊어버리기 바랍니다. 저 역시 30년 전에 한 '친구'가 저에게 책을 구입해 놓고는 책값을 지불하지 않은 경우가 있었습니다. 기다리던 저는 마침내 그 친구에게 빚을 탕감해 준다는 편지를 써서 부쳤습니다. 이 일이 제 마음속에 자리 잡으려고 했던 마귀의 발판을 없앴으며 '분노'와 '자기의(自己義)'라고 하는 죄악으로부터 저를 즉시 자유케 해주었습니다. 그날 밤 저는 전에 없는 평안한 잠을 잘 수 있었습니다.

쉽게 해결되지 않는 일도 있습니다. 만일 당신이 누군가에게 상처를 받았는데도 그것을 해결하기 위한 아무런 조치도 취하지 않았다면, 상처를 받은 후 수년이 지난 지금까지도 여전히 나쁜 영향을 받고 있을 수 있습니다. 이렇게 오랫동안 당신을 괴롭혀 온 상처들 곧, 학대, 버림받음, 혹은 당신을 정서적으로 쇠약하게 만드는 기억들을 극복하기 위해서는 대개 깊은 내적 치유를 받아야 합니다. 만일 당신이 이러한 경우에 속한다면 목회자나 전문 상담원들에게 깊은 상담을 받기를 권합니다.

스텝 3: 다른 사람들의 도움을 청하십시오.

군에서는 팀워크를 가르칩니다. 해병대의 타격팀은 팀 전체의 전투능력을 최대로 이끌어 낼 수 있도록 각 대원들의 능력을 최대한 활용하여 분야별로 최적화시킵니다. 그렇기 때문에 그들은 함께 팀으로 움직일 때 최강의 전투력을 가지게 됩니다. 그리스도인들의 사역도 마찬가지입니다. 그렇기 때문에 예수님께서는 제자들을 보내실 때 둘씩 팀으로 보내셨습니다. 그들은 서로를 위하여 기도하며 서로를 격려했습니다. 팀을 이루어 행동하면, 개인별로 행동하는 사람이나 많은 개인들이 단순히 모인 집단보다 훨씬 효과적으로 임무를 수행해냅니다.

교만을 버리고 당신의 삶과 사역을 방해하는 것을 해결하기 위한 도움을 청하십시오. 결코 후회하지 않을 겁니다!

결론

교만한 독불장군이 효과적인 리더가 되는 경우는 거의 없습니다. 그들은 고립 속에 살며, 책임을 거의 지지 않으려 하며, 종종 가까운 사람들에게 매우 고압적인 사람이 되기도 합니다. 하나님의 나라를 이 땅에 임하게 하려면 반드시 팀워크로 일해야 합니다. 팀워크로 일하면 재능과 은사가 한 군데 모여 더 큰 능력을 발휘하게 할 뿐 아니라, 모든 사람들을 더 높은 삶과 섬김으로 이끄는 시너지 효과를 만들어 냅니다. 당신이 스스로 겸비하여 당신의 삶을 향한 하나님의 계획을 따른다면, 당신은 한 번에 한 심령씩 변화시킴으로써 하나님의 나라를 이 땅에 임하게 하는 사람이 될 것입니다.

살아가노라면 때때로 무거운 짐을 짊어지고 가야만 할 때가 있습니다. 하나님의 도우심이 없으면 우리는 그 짐의 무게에 짓눌릴 것이며 우리의 증거들도 다 무력화 될 것입니다. 다음 장에서 저는 예수님을 배워 나가는 것과 예수님께 짐을 내어 맡기는 것의 중요성에 대하여 논의할 것입니다.

각주

1. 변화된 목사. 크리스천 투데이, Vol. 40, no. 9.

12

짐을 내려놓으라

나의 영혼이 잠잠히 하나님만 바람이여
나의 구원이 그에게서 나는도다 오직 저만 나의 반석이시요
나의 구원이시요 나의 산성이시니 내가 크게 요동치 아니하리로다
나의 영혼아 잠잠히 하나님만 바라라
대저 나의 소망이 저로 좇아나는도다
- 다윗(시 62:1-2, 5)

수고하고 무거운 짐진 모든 사람들에게 예수님께서 말씀하십니다.
"다 내게로 오라, 내가 너희를 쉬게 하리라."
그러나 여전히 수고하고 무거운 짐을 진 신자들이 많이 있습니다.
그러한 사람들을 위하여 똑같은 초청의 말씀이 주어집니다.
만일 당신이 봉사나 섬김 때문에 '수고하고 무거운 짐'을 지고 있다면,
예수님께서 하신 말씀을 잘 적어보십시오. 그리고 그 뜻을 오해하지 마십시오. 이 말씀은 '부지런히 일하라'는 뜻이 아닙니다.

'중지하고 내게로 와서 쉬라' 는 뜻입니다.
그리스도께서는 사역의 장소로 사람을 보내실 때
결코 무거운 짐을 지워서 보내지 않으시며, 결코 주린 채로 보내지도
않으시고, 걱정을 안고 있는 채로도 보내지 않으십니다.
또한 아픈 채로, 슬픔에 젖어 있는 채로 사람을 보내지 않으십니다.
성경은 오직 이렇게 말씀합니다.
"오라, 오라, 오라."
- 허드슨 테일러(중국 내지 선교회 창립자)

예수님은 당신의 짐을 대신 지고 가실 분이십니다. 예수님은 하나님의 모든 진노를 당신 대신 받으시고는 당신의 죄를 갈보리로 가지고 가셨습니다. 그분의 십자가, 흘리신 보혈, 죽으심, 부활이 모든 것을 바꾸었습니다! 예수님을 구주로 받아들인 모든 사람들에게 천국의 문은 열렸습니다. 더 이상 죽음이나 심판에 대한 두려움은 없습니다. 당신은 새 생명을 소유하게 되었습니다. 영원한 생명입니다. 새 생명은 지친 모든 영혼들에게 영광스럽고 과분하며, 크고 놀라운 기쁨의 안식을 가져다줍니다.

당신의 짐을 다루는 방법

지금 죄책감과 상실, 약함과 실패, 거절이라고 하는 짐을 지고 계십니까? 아니면 예전에 범한 실수나 지금의 말다툼 때문에 마음이 짓눌려 있습니까? 삶을 어렵고 고통스럽게 만드는 신체적 장애를 가지고 계십니까? 그렇다면 당신의 짐을 하나님께 내려놓고 그분과 나누기 바랍니다.

당신은 그 짐들을 홀로 지고 가도록 되어 있지 않습니다. 그렇습니다. 하나님은 당신의 삶을 위하여 최고의 것들을 준비해 놓으셨습니다. 그럼에도 불구하고 홀로 짐을 지고 가는 것은 최선의 방법을 따르는 것이 결코 아닙니다. 그러므로 이제 예수님께 짐을 내려놓은 후 당신의 영혼을 위하여 준비된 주님 안에서의 안식을 누려보지 않겠습니까?

제가 버지니아 비치에 주둔하고 있을 때, 한 젊은 수병이 저에게 상담을 받고자 찾아왔습니다. 그는 상담이 시작되자마자 자신의 부모에 대한 불평과 해군에 대한 불평 그리고 다른 것들에 대한 불평을 늘어놓기 시작했습니다. 그는 자신의 필요에 둔감한 모든 사람들에 대하여 장황하게 말하였습니다. 제가 듣고 있을 때 성령님께서 제 마음속에 뜻밖의 두 단어를 떠올려 주셨습니다―**끔찍한 악몽**.

'이상한 일이네.' 저는 생각했습니다. '하나님이 주신 단어가 틀림없겠군. 나로서는 결코 이러한 단어들을 생각해내지 못했을 터이니.'

그래서 저는 말했습니다. "언제 자네의 끔찍한 악몽에 대해 말하려나?"

"그걸 어떻게 아셨습니까?"

"하나님께서 방금 말씀하셨다네. 지금 자네의 끔찍한 악몽에 대하여 말해보지 않겠나?"

"좋습니다, 군목님. 16살 때 저는 제 여자 친구로부터 버림을 받은 후 숲속으로 가서 제 여자 친구를 돌려달라고 악마에게 기도했습니다. 바로 그때 뭔가 보이지 않는 존재가 저에게 달려들어서는 저를 바닥으로 던져버린 후 제 목을 조르기 시작했습니다. 저는 하나님께 도와달라고 울부짖었고 그러자 그것이 떠나갔습니다. 하지만 그 후로부터 저는 무시무시한 악몽에 시달려 오고 있습니다."

"저는 절망적입니다."

그는 절망적일 뿐만 아니라 어리석었습니다.

저는 그에게 기도해 주어도 좋겠냐고 물어보았습니다. 20분 후, 그의 끔찍한 악몽의 근원이 떠났고 그의 삶은 예수님께 드려졌습니다. 그는 마귀에게 기도한 결과 6년 동안 지옥의 끔찍한 고통을 받았습니다. 그는 저에게로 인도되어 왔으며 성령의 능력과 하나님의 말씀의 권세를 통하여 자유를 얻게 되었습니다. 그는 처음에 잘 알지도 못한 채 주술에 잠깐 손을 대었지만 그로부터 시작하여 많은 것들을 접하게 되었습니다. 그 청년은 이와 관련된 많은 죄들을 고백하였습니다. 하나님께서는 이 고백을 통하여 그를 용서하시고 자유케 하셨습니다.

하나님은 그들 마귀의 지배에서 놓여나 자유케 하셨습니다. 그가 신실하게 주님의 도우심을 간구하였기 때문입니다.

우리가 섬기는 하나님은 얼마나 은혜로우신지요. 주님은 마귀를 섬겼던 자들도 구원해 주십니다.

이것이 바로 살아 역사하는 **아가페** 사랑입니다

그리 오래되지 않은 과거에 제 아내와 저는 노스캐롤라이나에서 열린 두 주 간의 수련회에 참여했었습니다. 그곳에서 저는 이 책을 집필하고 있었고 아내는 'Restoring the Foundations Ministry'의 첫 번째 훈련 과정을 받고 있었습니다. 상담 기법을 배우던 중 제 아내 샐리는 죄의 짐과 불신앙을 내려놓을 수 있도록 참여한 다른 학생들을 돕는 일에 많은 관심을 쏟았습니다. 샐리는 이 일을 통하여 장차 자신의 피상담자들을 도와 짐을 내려놓게 하는 방법을 배우고 준비를 할 수 있었습니다. 놀랍게도 졸업 연회 때 많은 졸업생들이 비슷한 간증을 하였습니다. 그들은 성령의 능력과, 기도 그리고 하나님의 말씀을 통하여 일생동안 자신들을 괴롭혀 왔던 문제들로부터 해방을 받았다고 간증하였습니다.

십대나 노인들 모두 부끄러움도 잊은 채 눈물을 흘렸습니다.

하나님께서는 그들의 지친 영혼들로부터 큰 무거움 짐을 들어내 주셨습니다. 그들이 새롭게 발견한 자유는 '하나님은 그 어떤 장애, 곧 우리의 영적 성장을 방해하는 그 어떤 것으로부터도 우리를 자유케 하기 원하신다'는 증거입니다. 그날 29명의 해방된 졸업생들은 다른 포로들을 자유케 하라는 임무를 할당 받았습니다.

당신의 짐을 내려놓을 때, 당신은 훨씬 더 효과적으로 다른 사람들의 짐을 내려놓게 하는 일을 도울 수 있습니다. 진심으로 예수님께 짐을 내려놓기 원하십니까? 그분은 우리의 짐을 무한히 질 수 있으십니다. 그분을 신뢰하십시오. 그분이 당신에게 힘을 주어 포로들을 자유케 하며, 당신을 통하여 하나님의 나라를 이 땅에 임하게 해 주실 것입니다.

어떻게 그러한 일이 일어날 수 있습니까? 예를 들면 위에서 언급된 '악몽으로 시달렸던 젊은 수병'이 해방되었던 일이 어떻게 일어날 수 있습니까? 예수님께서 말씀하십니다. "그러나 내가 하나님의 성령을 힘입어 귀신을 쫓아내는 것이면 하나님의 나라가 이미 너희에게 임하였느니라"(마 12:28). 한 젊은이가 6년 동안 끔찍한 꿈에 시달리며 괴롭힘을 당했습니다. 그는 잠드는 것이 두려웠습니다. 그의 삶은 지옥과도 같았습니다. 그는 도움을 간구하기 시작했고 결국 성령의 능력으로 그의 짐을 벗었습니다. 그는 마침내 하나님의 사랑 안에서 안식을 누릴 수 있게 되었습니다.

짐을 내려놓는 일은 이렇게 쉽습니다.

저는 그에게 마귀를 숭배한 일과 주술에 관련된 모든 일을 회개하라고 요구했습니다. 그리고 나서 말씀을 선포했으며, 그리스도인에게 주어진 영적 권세를 가지고 그를 누르는 악한 영, 곧 침입자에게 예수님의 이름으로 떠나라고 명령을 했습니다. 그러자 악한 영은 그 청년의 마음과 정서 안에 있던 발판을 버리고 떠났습니다. 그리고 나서 그 청년은 예수님을 구주로 영접하는 기도를 했으며 성령께서 그의 심령에 충만히 임하셨습니다. 하나님께서는 그를 한 시간도 못되어 새롭게 변화시켜 주셨습니다.

당신이 어떠한 짐을 가지고 있든지 관계없이 하나님께서는 당신을 자유케 하실 수 있습니다. 그분은 당신이 당신의 영적인 삶과 관계, 또는 사역에 방해를 줄 그 어떤 짐도 지고 다니는 것을 원하지 않으십니다.

그렇습니다. 하나님은 '하나님의 도움만 있으면 벗어질 짐' 때문에 당신이 짓눌려 있는 것을 원하지 않으십니다. 그분은 많은 종류의 짐들을 벗겨주실 것이며, 사랑하는 이들의 죽음, 받아야만 할 고난, 또는 지난 실수 등 '당신이 지고가야만 할 짐'은 잘 지고 갈 수 있도록 당신을 도우실 것입니다.

모든 상황마다 하나님께서 하시는 일은 끔찍한 비극, 거절, 또는 충격적인 상해 뒤에 찾아오는 평화와 안식을 발견할 수 있도록 당신을 점진적으로 도우시는 일입니다. 심지어 수년간의 절망과 실패 이후에도 새 날이 올 수 있으며, 새로운 기회가 주어질 것이며, 기대하지 않았던, 그러나 놀랄만한 승리가 다가올 수 있습니다.

이것이 바로 예수님은 당신의 짐을 지고 가는 분이라는 뜻입니다.

그분은 당신을 창조하셨으며, 당신을 구속하셨고, 조건 없이 당신을 사랑하십니다. 그분이 당신을 도우시면 당신이 어떤 사람으로 변화될 것인지도 주님은 잘 알고 계십니다. 그분은 당신의 짐을 벗겨 주셔서 당신도 다른 사람들을 도와 그들의 짐을 벗겨주는 사람이 되기를 원하십니다. 그리고 주님은 당신이 행할 이 일을 통하여, 한 번에 한 심령의 마음속에 천국이 임함으로써 결국 이 땅에 주님의 나라가 임하게 되기를 원하십니다.

이제, 짐을 내려놓고 영혼의 안식을 얻는 일에 대하여 성경이 무어라고 말씀하는지 봅시다.

하나님의 안식에 대한 구약성경의 가르침

구약성경이 가르치는 안식에 대한 주된 핵심은 '안식일을 지키는 것'입니다. 안식은 당신의 몸과 마음 그리고 영을 최대한 오래 건강하게 유지할 수 있도록 하나님께서 마련해 주신 장치입니다. 하나님은 당신이 쉬지 않고 일만 함으로써 지쳐 탈진되지 말고 안식을 취하라고 말씀하십니다.

하나님은 안식일을 지키라는 계명을 십계명 중의 하나로 삼으실 정도로 그분의 백성들이 가져야 할 안식의 필요성을 심각하게 생각하고 계십니다. 제 사 계명은 이렇습니다.

> 엿새 동안은 힘써 네 모든 일을 행할 것이나 제 칠 일은 너의 하나님 여호와의 안식일인즉 너나 네 아들이나 네 딸이나 네 남종이나 네 여종이나 네 육축이나 네 문 안에 유하는 객이라도 아무 일도 하지 말라 이는 엿새 동안에 나 여호와가 하늘과 땅과 바다와 그 가운데 모든 것을 만들고 제 칠 일에 쉬었음이라 그러므로 나 여호와가 안식일을 복되게 하여 그 날을 거룩하게 하였느니라(출 20:9-11)

헨리 워드 비처 목사님이 이렇게 말했습니다. "안식일이 없는 세상은 웃음 없는 사람 같으며, 꽃 없는 여름이나 정원 없는 전원주택 같을 것입니다. 안식일은 일주일 중에 가장 기쁜 날입니다."[1] 그는 왜 이렇게 말했을까요?

당신은 쉬지 않고 일주일 내내 일하도록 만들어지지 않았으며, 하나님의 도우심 없이 인생의 짐을 홀로 지고 가는 존재로 지음 받지도 않았습니다. 이것이 바로 하나님께서 안식일을 만드신 목적 중의 하나입니다. 안식일은 당신의 마음과 육신 그리고 영을 새롭게 하는 날이며, 이 세상에서 가장 중요한 일은 당신과 하나님 사이의 관계라는 사실에 다시 한 번 초점을 맞추는 날입니다. 안식일은 안식과 회복 그리고 당신의 우선순위를 재정비하는 날입니다. 하나님은 당신이 일주일에 하루 쉬는 것을 대단히 심각하고 중요하게 생각하십니다.

그러나 만일 당신이 안식일에 일을 해야만 한다면 어떻게 할까요? 그렇다면 당신의 마음과 의지와 정서에 쉼을 주며 영적 배터리를 재충전할 다른 날을 찾기 바랍니다. 쉴 수 있는 시간을 가지게 될 때 당신의 삶은 훨씬 더 의미 있는 삶이 될 것입니다.

일주일 내내 매일 쉬지 않고 일하면 얼마가지 않아 우리의 영적 체력은 고갈되고 말 것입니다.

최소한 일주일에 하루는 당신의 몸과 마음을 쉴 수 있도록 해야 합니다. 그렇게 하면 장기적으로 볼 때 당신의 인생은 훨씬 더 많은 열매를 맺게 될 것입니다. 당신의 운명이 이루어지고 하나님의 나라가 임하는 것을 보기 원한다면 안식일을 지킴으로써 안식을 누려야 합니다. 또 다른 이유가 있습니다.

하나님은 당신에게 단지 일주일에 하루를 쉴 수 있는 허가만 주신 것이 아닙니다. 하나님의 임재 안에 들어와서 당신의 영혼을 위한 안식을 발견하라는 명령도 하셨습니다. 쉼 없는 일은 가장 열렬히 타오르는 영혼마저도 지치게 만들어 버립니다. 하나님의 군대는 육신적으로, 정신적으로, 정서적으로 그리고 영적으로 최고의 컨디션을 유지해야 합니다.

아직까지 그렇게 하지 못했다면 지금부터 일주일에 하루씩 하나님을 예배하고 안식을 누림으로써 초자연적인 영적 충전을 얻게 되기를 바랍니다.

사람의 율법을 따르다가
예수님 안에서 누려야 할 안식을 빼앗기지 마십시오

안식일의 파수꾼이신 예수님은 하나님 아버지의 손길 속에 거하는 것이 얼마나 중요한지를 잘 알고 계셨습니다. 그분은 율법주의가 주는 무거운 짐을 알고 계셨기에, 이스라엘의 지도자들에게 불필요한 법규와 규정으로 하나님의 백성에게 짐 지우지 말라고 촉구하셨습니다.

이스라엘 지도자들이 지워준 멍에(혹은 종교적인 가르침)는 백성들을 영적 가난으로 인도했으며, 하나님 아버지와의 개인적인 관계가 끊어지도록 만들어버렸습니다. 예수님은 그들이 백성들에게 무거운 짐을 잔뜩 쌓아 올려놓을 뿐 아니라, 하나님 나라로 들어가지도 못하게 하는 것을 비난하셨습니다. "화 있을진저 외식하는 서기관들과 바리새인들이여 너희는 천국 문을 사람들 앞에서 닫고 너희도 들어가지 않고 들어가려 하는 자도 들어가지 못하게 하는도다"(마 23:13).

이것은 매우 심각하면서도 매우 현실적인 문제입니다.

바리새인들과 사두개인들 그리고 제사장들과 율법 교사들은 다가올 하나님의 나라의 실체를 보는 것은 물론, 들어가지도 못했고 가르치지도 못했습니다. 그들은 예수님이 자신들이 추측하고 기대한 메시아와는 다르다는 이유로 하나님의 아들을 제거할 음모를 꾸몄습니다. 그러나 예수님은 백성들을 다시 불러 모으셨으며 지도자들에 의하여 지워진 무거운 짐을 지고 가는 그들을 측은히 여기셨습니다. 그들에게 지워진 짐은 성전세, 엄청나게 치솟은 희생 제물의 가격, 일상통화를 성전용 돈으로 바꾸는 엄청난 환전비용이 있었습니다. 당시 성전에서는 정해진 사람이 판 제물만 받았기 때문에 백성들은 지정된 사람에게서만 제물을 구입할 수밖에 없었으며, 성전에서는 성전세 및 예물로 일반인들이 사용하는 통화인 로마화폐는 받지 않고, 이미 시중에서는 사용되지 않는 이스라엘의 화폐만을 받았기 때문에 성전의 환전소에서 환전을 해야만 했습니다(이때 성전에서는 인가 내지는 운영하는 희생제물 판매소와 환전소에서 적정 이윤을 훨씬 넘는 폭리를 취하였다-역자 주). 그리고 1세기 무렵에는 한때 살아 있었던 유대교의 신앙을 점점 굳어지게 만들어 버린 싸늘한 율법주의 등이었습니다.

예수님은 모든 사람의 눈 안에서 사람들의 탈진을 보셨으며, 그들의 목소리를 통하여 무자비한 로마의 지배, 힘겨운 종교적 요구사항들 그리고 수세기 동안 침묵하시는 하나님으로 인하여 지쳐버린 사람들의 외침을 들으셨습니다.

그 당시 당신이 예루살렘에 살고 있었다고 가정해 봅시다. 예수님께서 당신에게 다음과 같이 말씀하셨다면 당신은 무엇을 느꼈을 것 같습니까?

수고하고 무거운 짐진 자들아 다 내게로 오라 내가 너희를 쉬게 하리라 나는 마음이 온유하고 겸손하니 나의 멍에를 메고 내게 배우라 그러면 너희 마음이 쉼을 얻으리니 이는 내 멍에는 쉽고 내 짐은 가벼움이라 하시니라
(마 11:28-30)

당신은 마음이 편해졌을 것이며, 해방감을 느꼈을 것이고, 희망으로 채워진 느낌을 받았을 것입니다.

당신의 짐은 사라졌을 것이며, 안식이 당신의 영혼 안으로 몰려 왔을 것입니다.

예수님은 지금도 지친 그리스도의 전사들에게 안식을 주십니다.

당신의 영혼을 위하여 예비된 '주님의 생명으로 풍성한 안식'을 누리기 원한다면, 지금 조용한 장소를 찾아 그분으로 하여금 당신의 짐들을 하나씩 하나씩 내리실 수 있도록 하십시오.

찰스 스펄전 목사님이 쓰신 대로, 오직 예수님께서만이 당신의 짐을 제거하실 수 있으며, 예수님만이 당신의 영혼에게 영원한 안식을 가져다 주실 수 있습니다.

"자화된 바늘은 극지방을 향하여 방향을 바꾸기 전까지는 쉬지 않고 떨며 요동할 것입니다." 마찬가지로 예수님의 사랑에 한 번 터치된 우리의 사모함은 우리의 삶이 예수님을 향하여 방향이 바꾸어지기 전까지는 쉼을 얻을 수 없습니다. 마치 손가락이 나침반 바늘의 방향을 동서로 자유로이 바꾸듯이, 매일 계속되는 염려와 일도 우리의 생각을 여기 저기 다른 데로 가게 할 수 있습니다. 그러나 내버려 두면 바늘이 곧 제 자리를 찾듯이, 우리를 압박하는 것

들이 사라지면 우리의 생각도 원래의 장소로 즉시 날아갈 것입니다. 다른 곳에는 안식이 없습니다. 오직 예수님 안에서만 안식을 얻을 수 있습니다.[2]

당신의 짐을 제거하는데 있어서 당신의 역할은 무엇입니까? 사도 베드로가 명확하게 말했습니다. 예수님께 맡겨 버리라는 것입니다. "너희 염려를 다 주께 맡겨 버리라 이는 저가 너희를 권고하심이니라"(벧전 5:7).

정말 놀라운 약속이 아닐 수 없습니다. 예수님의 마음은 당신을 향한 연민으로 흘러넘치고 있으며, 당신의 짐을 벗겨주기를 진실로 원하고 계십니다. 그분은 당신의 염려와 불안, 걱정 등 당신이 매일 지고 갈 모든 짐들을 맡아서 대신 지기를 원하십니다. 예수님께 짐을 맡겨 버리십시오. 주님께서 불안해하는 당신의 영혼을 평화롭게 해주실 것입니다.

서로 짐을 지십시오

하나님은 우리에게 다른 사람의 짐도 지라고 말씀하십니다.

최근에 제가 아는 한 분이 우리 집을 방문한 적이 있습니다. 그 여자 분은 마음속에 있는 이야기를 우리 부부에게 털어놓기 시작했습니다. 자신이 지고 있는 무거운 짐을 공개한 후, 그녀는 우리에게 자신의 지친 영혼을 둘러싸고 있는 어두운 골짜기를 함께 걸어가 줄 수 있겠냐고 물었습니다. 우리 부부는 그녀와 그녀의 가족을 위하여 기도하겠다고 약속을 했습니다. 우리는 그녀가 처한 환경을 바꾸어 줄 수는 없었지만 그녀의 영적 전투에 함께 동참해 줄 수는 있었습니다. 우리의 기도와 친절, 상담과 사랑은 그녀가 겪고 있는 비통한 현실에 위로를 가져다 줄 수 있었습니다. 그녀는 우리가 그녀의 짐을 함께 지는 것을 감사히 생각했습니다. 사도 바울 역시 짐을 나누어지는 것이 얼마나 위력적인가를 알고 있었습니다. 그렇기 때문에 그는 빌립보 교회에게 이렇게 말했습니다. "그러나 너희가 내 괴로움에 함께 참여하였으니 잘하였도다"(빌 4:14).

무엇이 우리로 서로 짐을 지게 해줄까요? **아가페** 사랑입니다. 삶을 바꾸는 사랑, 희생적인 사랑입니다.

예수님으로 하여금 당신의 죄를 십자가로 가지고 가게 하신 것은 **아가페** 사랑입니다. 성령께서 당신 안에 거하기 시작하시면서 당신 속에 채워진 것도 **아가페** 사랑입니다. 예수님께서 당신을 사랑하심 같이 당신도 남을 사랑함으로써 그들의 짐을 나누어 질 수 있게 됩니다. 이 사랑은 과연 어떠한 사랑이라고 생각하십니까? 사도 요한이 말합니다.

> 그가 우리를 위하여 목숨을 버리셨으니 우리가 이로써 사랑을 알고 우리도 형제들을 위하여 목숨을 버리는 것이 마땅하니라 누가 이 세상 재물을 가지고 형제의 궁핍함을 보고도 도와 줄 마음을 막으면 하나님의 사랑이 어찌 그 속에 거할까 보냐 자녀들아 우리가 말과 혀로만 사랑하지 말고 오직 행함과 진실함으로 하자 이로써 우리가 진리에 속한 줄을 알고 또 우리 마음을 주 앞에서 굳세게 하리로다 우리 마음이 혹 우리를 책망할 일이 있거든 하물며 우리 마음보다 크시고 모든 것을 아시는 하나님일까 보냐(요일 3:16-20)

사도 바울 역시 서로의 짐을 지는 것의 중요성에 대하여 비슷한 말을 했습니다. "너희가 짐을 서로 지라 그리하여 그리스도의 법을 성취하라"(갈 6:2).

사랑은 예수님의 계명입니다. 당신이 남들을 도와 그들 스스로 짐을 지고 갈 수 있도록 사랑으로 돕는다면, 이 사랑이 그들의 짐을 가볍게 해 줄 것이며 그들의 영혼에 쉼을 줄 것입니다.

최근에 주님께서 무거운 짐에 대한 이 메시지를 저에게 주셨습니다.

세상의 무거운 짐들은 사람들의 마음속에서 생겨난 내적 갈등이 만들어낸 결과이다. 불만족은 낙심한 사람들의 세상적 욕망을 자극한다. 무거운 짐은 나의 주권에 대한 반역으로부터 오는 결과임을 알라. 나는 짐을 지고 가는 존재이다. 세상의 고통, 아픔과 슬픔들을 내가 떠맡노라.

너희가 지금 낙심하고 있는 이유는 너희 심령 깊은 곳에 불안의 씨앗이 있기 때문이다. 그것은 아담이 타락할 때 사람들의 심령에 뿌려진 것이다. 이것이 인생의 어두운 면을 만들어 낸다. 사람의 마음속에서 내 사랑의 샘 대신 자리를 차지하고 있는 쓴 뿌리가 그것이다. 짐은 불만족과 얕은 믿음 그리고 세상적인 사고방식에서 온다.

많은 사람들이 지고 있는 짐은 그들이 생각하고 있는 것보다 가볍다. 짐의 무게는 많은 사람들이 가지고 있는 나의 선함에 대한 의심으로부터 온다. 나를 완전한 선한 존재로 본다면 나의 말 역시 선한 말씀으로 보여질 것이다. 이것은 믿음의 눈으로 인식되는 것이다.

이것을 기록하라. 나는 항상 선하고 완전하며, 흠 없는 선함이다. 아무 흠도, 아무 결점도 없는 완전한 선함이다. 그러므로 완전히 선한 하나님으로서 나는 의지할만한 대상이며, 나의 말은 확실하고, 나의 약속은 반드시 지켜질 것이다. 또한 나와 나의 선함을 의심 없이 받아들일 때 나를 따르는 자들은 축복을 받을 것이다.

실천할 한 가지 일이 있다. 단정치 못한 아버지를 둔 한 젊은 소년의 예를 들어보자. 그의 아버지는 아들에게 순종을 요구했지만 아들에게 구체적인 지침이나 설명을 해주지 않았다. 아들은 어떻게 해야 아버지를 기쁘게 해드릴 수 있는지에 대하여 추측할 수밖에 없었으며, 기준이 자주 바뀌기 때문에 아버지를 기쁘게 해드리는 일에 계속 실패하곤 했다. 나의 지침은 분명하며 나의 기준은 결코 변하지 않는다.

짐은 계속 늘어난다. 너는 병약함, 상처, 반항적인 자녀, 갚지 못할 청구서 등으로부터 온 짐에만 초점을 맞추고 있다. 물론 이것들도 짐이다. 그러나 가장 깊고 가장 음흉한 짐은 삶의 초점마저도 틀어버리는 짐들이다. 이러한 짐들은 젊은 시절에 마음속으로 들어와서는 그들을 평생 동안 짓누르게 된다. 학대, 거절, 지나친 요구를 가진 부모를 만족시켜 드리지 못함, 사랑하는 사람의 죽음 이러한 것들은 모두 일생동안 지고 가야 할 큰 짐들이다.

나는 사람들을 짐에서 해방시켜 기쁨과 소망을 얻게 할 것이다. 내 모든 백성들이 이 사실을 알기 원하노라.

당신의 운명을 장악하라

제12원리

하나님께 당신의 짐을 맡기십시오.

액션 스텝_Action Steps

스텝 1: 하나님께 당신의 짐을 내려놓으십시오.

영적 갈등은 종종 짐을 가지고 옵니다. 영적 갈등은 우리의 주의를 흩어 버림으로써 자신의 사악한 계획을 감추려고 할 때 마귀가 사용하는 방법입니다. 우리 인터내셔널 교회의 급작스러운 부흥은 심각한 주차난, 극심한 혼잡으로 인하여 확충이 시급한 교실, 매주일 연속되는 여러 번의 예배 그리고 더 많은 직원을 고용해야 하는 일 등의 짐들을 가지고 왔습니다. 물론 새로운 공간을 빌리기 위한 자금이라고 하는 짐은 말할 것도 없습니다. 급속한 성장과 함께 우리 회중들은 갑작스럽게 여러 가지 사고, 병 그리고 수술들도 경험하게 되었습니다. 마귀는 하나님께서 우리에게 행하시는 일과 우리를 통하여 이루시는 일을 기뻐하지 않기 때문입니다. 그렇다면 우리가 직면하는 이러한 어려움들을 어떻게 이겨낼 수 있을까요?

기도, 금식, 하나님의 약속을 선포함, 생동감 있는 예배. 이러한 것들이 바로 우리가 가지고 있는 가장 강력한 무기들입니다. 그러므로 적의 공격에 맞서서 싸우십시오. 지속적으로 영적 훈련에 참여하십시오. 그럴 때 대적은 궁지로 몰릴 수밖에 없습니다.

모든 그리스도인들은 마귀의 공격을 받습니다. 이것이 기도와 성경 공부로 하루를 시작하며 하루를 마치라고 가르치는 이유이며, 가족끼리 볼 수 있는 건전한 TV 프로그램 외에는 보지 말며, 가정예배와 친교에 우선순위를 두라고 격려하는 이유입니다. 하지만 이렇게 사전준비를 잘 해도, 원수의 불화살은 여전히 날아오고 있습니다.

최근에 저는 마음과 생각을 누르는 무거운 짐 때문에 밤중에 잠에서 깬 적이 있습니다. 저는 주님께서 저를 그 짐으로부터 곧 해방시켜 주시리라고 생각했습니다. 하지만 제가 기도하면서 깨달은 것은 제 마음과 정서가 신앙으로부터 멀어진 채 균형을 잃고 있었다는 것입니다. 제 영혼을 위한 안식을 다시 찾기 위하여 저는 기도와 말씀선포에 한 시간이라는 시간을 보냈습니다. 저는 제 모든 짐을 담은 박스를 제 곁에 서 계신 예수님께 드리는 모습을 믿음으로 머릿속에 그렸습니다. 예수님께서는 저의 짐을 들어서 옮겨 버리셨습니다. 무거운 짐이 제 몸을 떠나고 대신 평화가 제 영혼을 채우는 것을 실재로 느꼈습니다. 그분은 놀라운 구주이십니다.

우리를 괴롭히는 많은 짐들은 진실된 기도와 예배가 드려질 때 사라지게 됩니다. 며칠 내지는 몇 주가 지나야 당신의 삶 속에 끼쳐왔던 영향력이 없어지는 것들도 있을 수 있습니다. 만일 당신이 너무도 무거운 짐이나 일생동안 해결하지 못한 짐 때문에 눌려 있다면, 당신의 영혼이 안식을 얻기 위하여 목사님의 도움을 받아야 할 필요가 있을지도 모릅니다.

스텝 2: 서로 짐을 지십시오.

팀워크는 모든 일들의 성공적인 시작을 위하여 필수불가결한 요소입니다. 하나님 나라의 일을 하는 것은 어려운 일이 아닙니다. 당신의 영적인 은사나 일반적인 재능을 따라 가정과 집 그리고 지역사회에서 '그리스도를 위하여 가장 긍정적인 영향력을 미칠 수 있는 일'을 하면 됩니다.

고난과 싸우는 분들을 돕기 위하여 당신이 할 수 있는 일을 하십시오. 전화 한 통화, 꽃다발, 방문, 이메일, 음식 한 그릇으로도 짐을 가볍게 만들어 줄 수 있고, 상대의 말을 들어주기만 하거나 혹은 새 친구를 소개시켜주는 것만으로도 그들의 짐을 덜어줄 수 있습니다.

당신이 아는 누군가가 도움을 필요로 하고 있다는 소식을 들었다면, "제가 무엇을 하기 원하십니까?"라고 하나님께 물으십시오. 그리고는 하나님의 영광을 위하여 그 일을 하기 바랍니다. 당신의 도움이 짐을 지고 있는 모든 사람에게 다 유익하지는 않을 것입니다. 그러나 당신의 사랑과 친절 때문에 도움을 얻을 수 있는 사람들은 분명히 있습니다. 당신은 그 사람들을 도울 수 있습니다.

결론

이번 장에서 저는 대적이 어떻게 당신을 짐으로 내리 누르며, 또 하나님의 나라를 위하여 일하지 못하도록 방해하는 지에 대하여 말씀드렸습니다. 당신의 짐을 대신 지시는 예수님은 능히 당신을 도와 짐을 벗고 주님의 안식으로 들어오게 해주실 수 있을 뿐 아니라, 그렇게 도우시는 것을 기뻐하십니다. 또한 그분은 당신에게 다른 사람을 도와 그들의 짐을 나누어지라고 명하십니다.

다음 장에서 당신은 '감사하는 마음의 밭을 가꾸는 것'이 하나님의 축복을 당신 삶으로 가지고 오게 하는 데 얼마나 중요한 지를 배우게 될 것입니다. 하나님은 당신에게 더 깊은 믿음을 가지라고 요구하십니다. 어떠한 환경 속에서도 주님을 찬양하는 법을 배우십시오. 주님께서 충만한 기름부으심을 부어주실 것입니다.

각주

1. GIGA Quotes, Sabbath, http://www.giga-usa.com/quotes/topics/sabbath_t001.htm
2. http://elbourne.org/sermons/index.mv?illustration+3119.

13

범사에 감사하라

각양 좋은 은사와 온전한 선물이 다 위로부터 빛들의 아버지께로서
내려오나니 그는 변함도 없으시고 회전하는 그림자도 없으시니라
그가 그 조물 중에 우리로 한 첫 열매가 되게 하시려고
자기의 뜻을 좇아 진리의 말씀으로 우리를 낳으셨느니라
- 예수님의 형제 야고보(약 1:17-18)

"믿음으로 걷는 그리스도인은 하나님께서 허락하신 모든 환경을 받아들입니다. 그는 모든 일이 잘 되거나 잘못 되거나, 혹은 이도 저도 아닌 그저 우울한 상황에서도 하나님께 감사를 드립니다. 그는 좋을 때나 나쁠 때나 하나님께 감사하는 사람입니다."
- 어윈 W. 루쳐 목사

하나님의 일은 축복을 주시는 것입니다.
그렇습니다. 그분의 본성은 하나님을 사랑하는 자들을 축복하시는 것

입니다. 자녀를 사랑하는 모든 부모들처럼, 하나님도 자신의 신실한 가족들을 축복하실 때 기쁨을 느끼십니다. 그렇기 때문에 하나님의 선물인 축복을 누리지 못하는 분들을 보면 참으로 안타까울 수밖에 없습니다. 당신은 어떠합니까? 하나님이 당신에게 복주시기를 얼마만큼 원하시는지 알고 있습니까?

만일 몰랐다면, 당신 삶 속에 있는 모든 축복은 바로 하나님이 주신 선물이라는 것을 지금 이 시간 깨닫기 바랍니다.

가장 위대한 하나님의 선물

군대의 특별한 숙박시설이라고 할 수 있는 군 교도소(혹은 함내 영창 해군 혹은 해병대의 함선 안에 있는 영창-역자 주)는 심각한 범죄자들이 하루에 23시간(나머지 한 시간은 식사 배급, 점호 등으로 외부 사람들과 접촉하는 시간-역자 주)을 외부와 단절된 채 보내는 장소입니다. 한번은 교도소의 요청에 따라 한 수감자를 만나기 위하여 함 내 영창을 방문한 적이 있습니다. 함 내 영창에 들어가기 전 먼저 검문소를 지나면서 열쇠와 다른 소지품들을 맡겨야만 했습니다. 그리고 나서도 호위를 받으며 경계병이 지키고 있는 두 개의 문을 더 통과했습니다. 들어가면서 동행하는 헌병대 하사관으로부터 시멘트 바닥에 그려져 있는 노란색선 안으로는 들어가지 말라는 주의사항을 들었습니다. 그의 표정은 노란선 안으로 들어가면 제가 그 난폭한 범죄자의 손에 잡힐지도 모른다는 경고를 말하고 있었습니다.

영창 안에 있는 그 젊은 친구는 매트리스 위에 앉은 채 자신의 두 손으로 머리를 감싸 쥐고 있었습니다. 제가 "안녕하세요"라고 인사하자 그는 고개를 들었습니다. 그의 얼굴을 찬찬히 살펴보던 중 저는 그의 눈과 꽉 다문 입에서 분노를 보았습니다. 말할 수 없이 난폭한 죄수를 만나고 있다는 사실이 새삼 떠오르자 저는 순간적으로 멈칫했습니다.

그때 헌병 하사관이 가지고 온 의자에 앉은 저는 어느 정도 거리를 유지한 채 그에게 간단한 질문을 했습니다.

"제가 도울 일이 없나요?"

그는 저를 아래위로 훑어보면서 "너무 늦었습니다"라고 말했습니다.

"맞아요. 당신이 한 일을 되돌려 놓을 수는 없지만 당신의 미래를 바꿀 수 있도록 도울 수는 있습니다."

"무슨 뜻이죠?" 잠시 뜸을 들이더니 그가 말했습니다.

"당신이 매우 심각한 범죄로 유죄판결을 받았고 얼마 후 감옥으로 이송될 것이라는 것을 알고 있습니다. 그러나 당신이 여기에 머물고 있는 동안 하나님의 용서에 대하여 말씀을 나누고 싶네요."

"용서라고요?"

"맞습니다. 하나님은 완전한 용서를 약속하셨습니다."

"그분이 왜 저를 용서하십니까? 저는 한 놈을 거의 죽음 직전까지 몰아넣었고 헌병 한 녀석을 망치로 내리 쳤단 말입니다. 저는 감옥에서 평생 나가지 못 할 겁니다."

"두 종류의 감옥이 있습니다. 하나는 당신의 몸을 가두는 감옥이고, 다른 하나는 당신의 마음을 가두는 감옥입니다. 저는 법의 판결에 따라 당신의 몸이 머물러야 할 감옥에 대하여 할 수 있는 일은 없지만, 당신의 마음을 감옥에서 나오도록 도와드릴 수는 있습니다."

"정말입니까? 어떻게 하면 되죠?"

저는 한 시간이 넘게 통제불능의 청년과 함께 예수님의 삶과 죽으심 그리고 부활에 대하여 나누었고 복음을 전했습니다. 그는 자신의 어린 시절에 있었던 가정 폭력과 아버지의 끔찍한 술주정, 자신과 형제들을 버린 어머니에 대하여 털어 놓았습니다. 그는 부모의 사랑과 격려, 인정을 받아 보지 못했습니다. 그는 이야기 도중 종종 자신을 실패자라고 지칭하곤 했습니다. 그의 과거를 듣고 보니 분노를 가지고 있다는 것이 놀라운 이야기가 아니었습니다.

독초같이 고통스러웠던 집을 떠나 도망하기 위하여 선택한 방법이 군 입대였습니다. 그는 해병대 신병훈련소 교회에서 설교를 들었지만 무슨 말인지 도통 알 수 없었다고 했습니다. 빡빡한 훈련이 끝나고 시간이 생기자 그의 삶은 다시 무너지기 시작했습니다. 이러한 이야기는 지난 수년간 너무도 많이 들어왔던 이야기입니다. 몇 동료들과 함께 술집에 갔던 날이 그에게는 최악의 밤이 되고 말았습니다. 누군가 자신에게 '쓸데없이 불평하지 말라'는 잔소리를 하자 술김에 분노한 그는 그 사람을 거의 죽일 뻔 했습니다.

우리의 대화 중 그는 예수님만이 자신의 더 나은 미래를 위한 유일한 희망임을 깨달았습니다. 제가 떠나기 전 그는 일생동안 하나님의 주권에 반역한 것과 가족을 증오한 것, 자기 자신을 경멸한 것을 용서해 달라고 하나님께 회개하였습니다. 그리고 그는 자신의 마음을 예수님께 드렸습니다.

그는 하나님께서 주시는 영생이라는 선물을 기쁘게 받았습니다.

그리스도 안에서 새롭게 된 그는 비록 무거운 언도는 받았지만 마음의 자유를 얻은 그리스도인이 되어 형벌 속에서도 섬기는 사람이 되었습니다. 그는 자신의 아버지의 학대를 받았으며 그로 인하여 깊은 영혼의 상처를 가지고 있었지만 하나님이 그 상처를 치유하기 시작하셨습니다. 이제 예수님 안에 있는 그의 미래는 예전에는 기대할 수 없는 밝고 밝은 미래입니다.

각양 좋은 은사와 온전한 선물은 하나님께로서 내려옵니다(약 1:17). 그 젊은이를 감옥에 가게 하신 것이 하나님의 축복이라는 것을 이해하는 것은 쉽지 않습니다. 그러나 저는 이것을 말씀드릴 수 있습니다. 그는 감옥에 가게 되었기에 구원을 받은 것입니다. 자기혐오에 빠져있거나 학대받은 기억으로 인하여 분노에 사로잡힌 사람이, 주님께 그 마음을 드리고 영원한 삶을 얻기 위하여 지불해야 할 대가가 무엇인지는 주님이 정확하게 알고 계십니다.

그를 그리스도에게로 가게 하는 데 도움을 준 사람은 저였지만, 제가 그를 만나기 훨씬 전부터 그의 마음속에서 서서히 역사하여 오셨던 분은 예수님이십니다. 저는 단지 성령님의 인도하심을 따랐을 뿐이며 그 젊은 영혼을 구원하신 분은 하나님이셨습니다.

천국에서의 영원한 삶이야말로 하나님께서 인류에게 주시는 궁극적인 선물입니다.

전능하신 하나님은 우리를 구원하시기 위하여 독생자를 보내주셨습니다. 예수님이 십자가 위에서 돌아가셨을 때, 주님은 사망과 죄 그리고 마귀를 정복하셨습니다. 주님은 믿음을 가지고 예수님을 구주로 영접하는 모든 사람들에게 영원한 삶으로 가는 문을 열어 주셨습니다. 스스로를 겸비하게 낮추고 자신의 심장을 예수님께 드린 사람을 하나님의 놀라운 은혜의 손 안에서 빼앗아 갈 수 있는 존재는 이 세상에 없습니다.

구원받지 못할 정도의 죄인은 없습니다. 그렇기 때문에 베드로가 "누구든지 주의 이름을 부르는 자는 구원을 얻으리라 하였느니라"(행 2:21)

라고 말했던 것입니다.

　아직 당신의 마음을 예수님께 드리지 않았다면 지금 당신의 삶을 주님께 드리는 시간을 가지십시오. 주님이 당신을 위하여 준비하신 엄청난 축복, 곧 영원한 생명을 소유하게 되기를 바랍니다. 이 선물은 예수님의 도움 없이는 아무에게도 주어지지 않습니다.

왜 그리스도인들이 시련과 고난을 당할까요?

　주님께 당신의 마음을 드렸는데도 하나님이 당신에게 시련과 고난을 허락하시는 이유는 무엇일까요? 왜냐하면 당신을 무조건적으로 사랑하시기 때문입니다.

　하나님이 당신으로 하여금 시련과 역경을 겪게 하시는 이유는 예수님을 더 많이 닮아가게 하시기 위함입니다. 모든 설교자가 이것을 말하지는 않지만 이것은 절대적인 진리입니다. 당신을 사랑하시기 때문에 징계하십니다.

　하나님은 합력하여 선이 되는 경우에 한해서, 당신에게 고난을 허락하십니다. 당신은 여전히 죄를 범하며 살 수는 있겠지만 당신의 죄에 따르는 부정적인 결과를 거두어야만 할 것입니다. 죄는 별거 아닌 쾌락이나 만족을 준 후 엄청나게 큰 대가를 요구합니다. 그러나 영적인 눈으로 보면, 하나님은 궁극적으로 "재앙이 아닌 평안의 계획 당신의 장래에 소망을 주려 하는 계획"(렘 29:11)을 가지고 계심을 알 수 있습니다. 야고보가 이렇게 말했습니다.

내 형제들아 너희가 여러 가지 시험을 만나거든 온전히 기쁘게 여기라 이는 너희 믿음의 시련이 인내를 만들어 내는 줄 너희가 앎이라 인내를 온전히 이루라 이는 너희로 온전하고 구비하여 조금도 부족함이 없게 하려 함이라 시험을 참는 자는 복이 있도다 이것에 옳다 인정하심을 받은 후에 주께서 자기를 사랑하는 자들에게 약속하신 생명의 면류관을 얻을 것임이니라(약 1:2-4, 12)

사도 베드로도 비슷한 심정을 가지고 이렇게 썼습니다.

그러므로 너희가 이제 여러 가지 시험을 인하여 잠깐 근심하게 되지 않을 수 없었으나 오히려 크게 기뻐하도다 너희 믿음의 시련이 불로 연단하여도 없어질 금보다 더 귀하여 예수 그리스도의 나타나실 때에 칭찬과 영광과 존귀를 얻게 하려 함이라 예수를 너희가 보지 못하였으나 사랑하는도다 이제도 보지 못하나 믿고 말할 수 없는 영광스러운 즐거움으로 기뻐하니 믿음의 결국 곧 영혼의 구원을 받음이라(벧전 1:6-9)

마귀가 욥의 믿음을 시험하는 것을 허락하신 하나님은 지금도 때때로 당신의 믿음을 시험하도록 허락하십니다. 시험당할 때 우리가 가져야 할 사려 깊은 태도를 베드로가 말해줍니다.

근신하라 깨어라 너희 대적 마귀가 우는 사자같이 두루 다니며 삼킬 자를 찾나니 너희는 믿음을 굳게 하여 저를 대적하라 이는 세상에 있는 너희 형제들도 동일한 고난을 당하는 줄을 앎이니라 모든 은혜의 하나님 곧 그리스도 안에서 너희를 부르사 자기의 영원한 영광에 들어가게 하신 이가 잠깐 고난을 받은 너희를 친히 온전케 하시며 굳게 하시며 강하게 하시며 터를 견고케 하시리라 권력이 세세 무궁토록 그에게 있을지어다 아멘(벧전 5:8-11)

만일 당신의 마음속에 '하나님은 당신의 궁극적 선을 위하여 제한된 시련과 고난을 허락하신다' 는 사실에 대하여 조금이라도 의심을 가지고 있었다면, 시련과 고난은 하늘에 계신 사랑의 아버지로부터 오는 선물이라는 사실을 위의 구절을 통하여 확신하게 되기를 소원합니다. 주님은 당신의 한계를 확실히 알고 계시며, 하나님의 손을 먼저 거치지 않은 고난은 그 어떤 것도 당신에게 허락하지 않으십니다.

예수님은 축복에 대하여 무어라고 말씀하셨을까요?

예수님은 자신을 따르기로 결심한 모든 사람들에게 주실 진솔한 메시지를 가지고 계십니다. 몇몇 그리스도인들은 하나님을 자신들이 원하는 것과 갈망하는 것을 다 채워주시는 분으로 잘못 알고 있기 때문에 진솔한 메시지를 주십니다. 예수님은 당신의 원함이 아닌 필요를 채워주시겠다고 약속하셨습니다(마 6:33). 하나님이 정말 원하시는 것은 당신이 예수님을 닮아 가는 것입니다. 하나님은 당신에게 예수님께서 걸어가신 대로 걸어가라고 말씀하십니다. 사도 요한이 말했습니다. "저 안에 거한다 하는 자는 그의 행하시는 대로 자기도 행할지니라"(요일 2:6). 예수님은 받는 삶이 아닌 주는 삶을 사셨습니다. 자, 이제 예수님께서 말씀하신 진정한 축복, 성경적 축복이 무엇인지 살펴봅시다.

- 심령이 가난한 자는 복이 있나니 천국이 저희 것임이요
- 애통하는 자는 복이 있나니 저희가 위로를 받을 것임이요
- 온유한 자는 복이 있나니 저희가 땅을 기업으로 받을 것임이요
- 의에 주리고 목마른 자는 복이 있나니 저희가 배부를 것임이요
- 긍휼히 여기는 자는 복이 있나니 저희가 긍휼히 여김을 받을 것임이요
- 마음이 청결한 자는 복이 있나니 저희가 하나님을 볼 것임이요
- 화평케 하는 자는 복이 있나니 저희가 하나님의 아들이라 일컬음을 받을 것임이요
- 의를 위하여 핍박을 받은 자는 복이 있나니 천국이 저희 것임이라
- 나를 인하여 너희를 욕하고 핍박하고 거짓으로 너희를 거스려 모든 악한 말을 할 때에는 너희에게 복이 있나니
- 기뻐하고 즐거워하라 하늘에서 너희의 상이 큼이라 너희 전에 있던 선지자들을 이같이 핍박하였느니라(마 5:3-12)

세상이 생각하는 복과 예수님이 말씀하시는 천상의 복은 다릅니다. 세상은 축복을 명성과 부, 능력과 인기로 보는 반면, 예수님은 고난과 슬픔 그리고 궁핍과 어려움 중에서도 예수님을 신실하게 섬기는 사람들이 복 받은 사람이라고 말씀하십니다.

예수님은 심령이 가난한 자, 온유한 자, 의에 주리고 목마른 자, 긍휼히 여기는 자, 마음이 청결한 자 그리고 화평케 하는 자가 크게 복된 자라고 말씀하십니다. 그들은 천국을 소유하게 되며, 땅을 기업으로 받을 것이고, 하나님의 임재로 충만히 채워질 것이며, 긍휼히 여김을 받을 것이고, 하나님의 아들(또는 딸)이라고 일컬음을 받게 될 것입니다.

한편, 예수님은 애통하는 자들이 위로를 받는 축복을 얻게 될 것이라고 하셨습니다. 핍박을 받는 자들은 천국을 소유하게 될 것이며, 사랑의 하나님 때문에 모욕을 받는 자들이 축복된 자라 여김을 받게 될 것이라고 말씀하셨습니다. 이 땅에서 사랑의 예수님을 위하여 핍박과 모욕을 당하며, 거짓으로 속임을 당한 삶을 살거나, 심지어 순교를 당한 사람은 천국에서 상상할 수도 없는 축복을 거두게 될 것입니다.

우리는 예수님의 이 가르침을 통하여 모든 그리스도인들은 세상적 관점이 아닌, 천국의 관점에서 복의 개념을 가져야 한다는 명백한 사실을 배워야 합니다.

영원한 생명을 선물로 주신 하나님께 감사하며 사십시오

예수님을 당신의 구주로 고백한 다음에 당신이 해야 할 일은 무엇일까요? 그저 세상 사람들처럼 살겠습니까 아니면 예수님께서 당신에게 요구하시는 것을 행하며 살겠습니까? 예수님이 말씀하십니다.

> 아버지께서 나를 사랑하신 것같이 나도 너희를 사랑하였으니 나의 사랑 안에 거하라 내가 아버지의 계명을 지켜 그의 사랑 안에 거하는 것같이 너희도 내 계명을 지키면 내 사랑 안에 거하리라 내가 이것을 너희에게 이름은 내 기쁨이 너희 안에 있어 너희 기쁨을 충만하게 하려 함이니라 내 계명은 곧 내가 너희를 사랑한 것같이 너희도 서로 사랑하라 하는 이것이니라 사람이 친구를 위하여 자기 목숨을 버리면 이에서 더 큰 사랑이 없나니 너희가 나의 명하는 대로 행하면 곧 나의 친구라 (요 15:9-14)

예수님의 친구가 되기를 원합니까? **그렇다면 그분의 계명을 지키십시오.**

왜냐하면 당신을 사랑하시는 예수님은 당신으로부터 사랑의 응답이 올 것을 기다리시기 때문입니다. 그러므로 예수님의 뜻을 행하심으로써 예수님에 대한 당신의 사랑을 표현하십시오. **아가페** 사랑은 행동하는 사랑입니다. 결코 수동적인 사랑이 아닙니다.

사실 **아가페** 사랑은 당신의 의지에 의하여 결정되어지는 행동입니다. 사랑하느냐 아니냐는 당신이 결정할 수 있기 때문입니다. 사랑은 할리우드에서 만들어낸 그림 같은 이야기도 아니며 단순한 로맨틱한 느낌도 아닙니다. 사랑은 결정이며, 선택이고, 하나님의 사랑에 대한 신성한 응답입니다. 하나님을 사랑하는 것, 당신 자신을 사랑하는 것, 혹은 다른 사람을 사랑하는 모든 것은 당신의 결정에 달려 있습니다. 그렇다면 내가 사랑하기로 결정하는 것과 하나님의 축복에 감사하는 것 사이에 어떤 관계가 있을까요?

하나님을 찬양하며 그분께 감사하는 최고의 방법은 당신이 온 마음을 다하여 하나님과 당신 주변의 사람을 사랑하는 것입니다. 당신은 값으로 매길 수 없는 선물인 하나님의 풍성한 은혜를 선물로 받았습니다. 하나님이 주신 은혜에 대하여 감사하는 마음이야말로 하나님을 섬기는 진정한 원동력입니다. 사도 바울이 말합니다.

> 또 함께 일으키사 그리스도 예수 안에서 함께 하늘에 앉히시니 이는 그리스도 예수 안에서 우리에게 자비하심으로써 그 은혜의 지극히 풍성함을 오는 여러 세대에 나타내려 하심이니라 너희가 그 은혜를 인하여 믿음으로 말미암아 구원을 얻었나니 이것이 너희에게서 난 것이 아니요 하나님의 선

물이라(엡 2:6-8)

은혜의 선물을 주시는 하나님을 찬양합시다!

노예선 선장이었던 존 뉴튼보다 '하나님께서 거저 주시는 선물인 은혜'를 더 소중히 여겼던 사람은 거의 없을 것 같습니다. 그는 어린 시절 유괴를 당한 후 영국 해군에 징집을 당했습니다. 그는 탈출이 불가능해 보이는 강제 노역의 현장에서도 겁내지 않고 탈출을 시도했습니다. 하지만 곧 붙잡혔으며 예비 장교의 계급을 박탈당했으며 낮은 평선원이 되어 나중에 노예선으로 전출이 허락될 때까지 무자비한 대접을 받았습니다. 노예선으로 옮겨간 그는 운반되는 노예들을 혹사하고 학대하는 데 타의 추종을 불허하는 사람이 되었습니다.

어느 날 밤, 무시무시한 폭풍이 그의 배를 강타하여 부서뜨리자, 그는 하나님께 자비를 구하기 시작했습니다. 그의 배는 기적적으로 침몰하지 않게 되었으며 그의 마음은 예수님을 찾아 나서기 시작했습니다. 구원의 축복과 감당치 못할 하나님의 은혜를 받은 그는 말할 수 없는 감사의 마음을 시(詩)로 적어 표현했습니다. 그 시는 나중에 기독교 역사상 가장 기억될 만한 찬송시가 되었습니다. "나 같은 죄인 살리신 주 은혜 놀라와 잃었던 생명 찾았고 광명을 얻었네."

당신이 받은 구원에 대한 깊은 감사를 드리십시오.

영원한 생명이라고 하는 엄청난 소망을 가지는 일은 보험 하나 드는 것보다 쉽습니다. 그러나 보험과는 비교도 되지 않는 가치를 가지고 있습니다. 당신이 거저 받은 구원의 가치는 계산할 수 없습니다. 하나님의 독생자, 예수 그리스도의 보혈을 값으로 주고 산 것이기 때문입니다.

하나님의 축복에 감사하십시오

아름다운 해돋이, 노래하는 홍관조(미국 남동부에 많이 서식하는 참새목의 붉은 새-역자 주), 해변가의 바위들에 부딪히는 파도, 당신이 좋아하는 애완동물의 신나는 어리광, 따뜻한 마음이 가득 담긴 엽서, 특별한 친구들의 방문. 막무가내로 응석을 부리며 떼를 쓰지 않아도 하나님은 당신에게 새 힘을 주시기 위하여 늘 이러한 복들을 보내주십니다. 힘겨운 시간이나 덜 힘든 시간이든지 모두 축복을 가져다줍니다. 믿음이 더 강해지는 축복을 가지고 오기도 하며, 당신의 영을 새롭게 하고 당신에게 소망과 기쁨을 주는 축복을 가지고 오기도 합니다.

저는 사도 바울이 빌립보 성도들에게 한 권면의 말씀을 읽을 때마다 감동을 받습니다.

> 아무것도 염려하지 말고 오직 모든 일에 기도와 간구로 너희 구할 것을 감사함으로 하나님께 아뢰라 그리하면 모든 지각에 뛰어난 하나님의 평강이 그리스도 예수 안에서 너희 마음과 생각을 지키시리라(빌 4:6-7)

이따금씩 부정적 생각이 들 때 감사함으로 마음과 생각을 새롭게 할 수 있다는 사실은 엄청난 축복입니다. 목회 가운데 다가오는 고난이 제 마음을 무겁게 누를 때, 제 영혼을 새롭게 해 준 것은 사도 바울의 가르침을 따라 실천한 '감사의 기도'였습니다. 갑작스러운 시련과 힘겨운 고난을 포함한 모든 일에 대하여 하나님께 감사할 때, 하나님은 "이런 일이 생기면 어떻게 하지"라고 하는 번민과 고통으로부터 우리를 해방시켜 주십니다. 저는 이 사실을 분명히 깨달아 알고 있습니다.

하나님은 당신의 삶이 때때로 어렵다는 것을 알고 계십니다. 또한 하나님은 당신을 위하여 친히 하시겠다고 한 일들은 하나님께 맡기고 잊어버리라고 말씀하십니다. 그러므로 기쁠 때나 슬플 때나 하나님께 감사하며, 일이 잘 풀릴 뿐 아니라 시련과 역경을 만날 때도 하나님을 찬양하십시오. 당신 주변에서 펼쳐지고 있는 하나님의 축복을 보지 못하도록 당신의 주의를 산만케 하는 모든 것으로부터 당신을 지키시고 회복시키시는 성령님을 인정하고 그분께 맡기십시오.

주님께서 거룩한 선물에 대하여 말씀하십니다.

소유하지 않은 것들 때문에 안달해 하지 말라. 너희가 가지고 있는 것들로 인하여 기뻐하라. 나는 너희에게 공급하는 하나님이다. 너희에게 필요한 모든 것을 공급하노라. 다른 이들이 가지고 있는 것들 때문에도 안달해 하지 말라. 너희들은 그들의 삶에 대하여 거의 알지 못하고 있노라. 나를 따르면 더 이상 지고 갈 필요가 없는 짐들을 여전히 많은 사람들이 지고 가고 있다. 그러므로 너희들이 가지고 있는 것들로 인하여 기뻐하며 그것들로 인하여 만족하라. 물질적으로 풍부하게 되는 것이 삶의 목표라고 생각하는 사람들이 있을지도 모른다. 그러나 그렇지 않다. 너희의 삶 가운데 가질 수 있는 최고의 것들은 바로 구원, 마음의 평화, 사랑 그리고 지속적인 교제이다. 너희들이 받을 준비가 되었다고 여겨질 때 내가 너희에게 축복을 내리겠노라. 위의 것들을 향하여 눈을 고정시키라. 그러면 지금과 비교할 수 없는 큰 기쁨을 얻게 될 것이다.

당신의 운명을 장악하라

제13원리

당신이 받을 축복은
모두 하나님의 선물입니다.

액션 스텝_Action Steps

스텝 1: 일이 잘 될 때 하나님께 감사하십시오.

너무도 많은 사람들이 하나님의 축복을 당연한 것이라고 생각합니다. 박해와 핍박 없이 예배의 자유를 누리고, 성경을 마음껏 소유할 수 있는 권리를 가지며, 언제든지 기도할 수 있고, 아무 때나 다른 성도님들과 교제를 가질 수 있는 것 등도 모두 하나님이 주신 귀한 은혜인데, 적지 않은 사람들은 이 사실조차도 모르고 있습니다. 당신은 하루에도 수백 가지의 축복을 소유할 수 있습니다. 하지만 걱정, 불평, 불만, 혹은 세속적인 욕구 불만에 사로잡혀 있으면 이러한 축복을 인식하지 못할 수도 있습니다. 세상이 당신에게 주어진 하나님의 축복을 빼앗아가지 못하도록 하십시오.

크고 작은 축복에 대하여 매일 시간을 내어 하나님께 감사하십시오. 당신이 가지고 있는 것에 만족하며, 필요 이상으로 탐내고자 하는 유혹에 대항하십시오. 하나님을 찬양하십시오. 하나님은 당신의 마음속에 있는 갈망을 아시며, 그 모든 갈망이 이루어졌을 때 당신에게 주어질 부정적인 영향도 알고 계십니다. 하나님은 적당하고 만족할 만한 삶을 위하여 당신에게 넉넉하게 공급해 주실 것이지만 너무 많이 주심으로써 불필요한 혼란이 생기게 하지는 않으십니다.

사도 바울의 조언을 따르십시오. 더 큰 기쁨과 만족을 경험하게 될 것입니다.

항상 기뻐하라 쉬지 말고 기도하라 범사에 감사하라 이는 그리스도 예수 안

에서 너희를 향하신 하나님의 뜻이니라(살전 5:16-18)

스텝 2: 시련과 고난에 대하여도 하나님께 감사하십시오.

신학대학원 시절 메르린 커라더즈의 책 『Prison to Praise』을 읽은 적이 있습니다. 그 책에서 저자는 독자들에게 시련과 고난을 포함한 모든 상황에서 하나님께 감사하라고 권하고 있습니다. 이 책에서 말하는 것들에 감명을 받은 후, 저는 어떤 상황에서도 하나님을 찬양하리라고 결심을 했습니다. 제가 발견한 것은 놀라운 것이었습니다. 첫째, 찬양과 감사를 통하여 하나님의 주권을 인정할 때 주님은 종종 어려운 상황 가운데 간섭해 주신다는 사실입니다. 둘째, 찬양과 감사는 어려운 상황을 이겨나갈 더 큰 힘을 얻게 하며, 어둠의 터널을 벗어나 더 빨리 빛으로 나갈 수 있게 인도하는 영적인 식견을 가지게 한다는 사실입니다.

사도 바울은 "범사에 감사하라"고 했습니다. 범사, 곧 모든 일 가운데서 감사하라는 말입니다. 그는 수많은 회신자들을 보고 감사했을 뿐 아니라 복음을 전하다가 감옥에 갇혔을 때도 감사를 드렸습니다. 찬양은 고통스러운 마음에서 그를 자유케 하였습니다.

비극적인 상황에서 하나님께 감사를 드리는 일은 비상식적인 일처럼 보일 수도 있습니다. 하나님은 요절(夭折), 장기간의 질병, 또는 쇼킹한 일들을 만들어 내신 분이 아니십니다. 이러한 일들은 타락한 사람들의 본성과 자연이 만들어 낸 결과들입니다. 당신의 삶이 무너졌을 때, 하나님을 원망하지 마시고 대신 주님께 돌아와서 그분께 위로와 힘을 받기 바랍니다. 하나님만이 당신의 힘이시며 구원이십니다. 다윗이 이렇게 말했습니다. "하나님은 우리의 피난처시요 힘이시니 환난 중에 만날 큰 도움이

시라"(시 46:1). 어떠한 상황에서도 하나님께 감사한다는 것은 하나님의 주권과 요동치 않는 사랑을 신뢰한다는 선언입니다.

영원한 세계로 가기 전까지는 많은 일들이 아무 설명도 없이 일어납니다. 하지만 한 가지는 확실합니다. 그것은 성령으로 오셔서 세상 끝 날까지 우리를 위로하시며 우리와 함께 계시겠다는 예수님의 약속입니다(마 28:20).

'좋은 일' 뿐만 아니라 당신에게 일어나는 '그렇게 좋지 않은 일'에 대하여도 최선을 다하여 감사하기 바랍니다. 까다로운 동료, 반항적인 십대의 자녀, 외로움에 대하여도 감사하십시오. 이렇게 할 때 당신이 처한 상황 속에 하나님의 초자연적인 능력과 임재하심이 부어질 것입니다. 감사를 드릴 때 하나님은 행동하십니다. 감사를 드리는 일은 하나님 아버지가 우주를 다스리시는 주권자임을 인정하는 일입니다.

다음의 메시지를 일주일 동안 묵상하기를 바랍니다. 이 묵상을 통하여 당신의 영안이 열려 하나님께서 당신을 위하여 예비하신 많은 축복들을 보며 그 경이로움에 감탄하게 되기를 소원하며 기도합니다. 바울이 로마의 교회에 이렇게 썼습니다.

> 우리가 알거니와 하나님을 사랑하는 자 곧 그 뜻대로 부르심을 입은 자들에게는 모든 것이 합력하여 선을 이루느니라 하나님이 미리 아신 자들로 또한 그 아들의 형상을 본받게 하기 위하여 미리 정하셨으니 이는 그로 많은 형제 중에서 맏아들이 되게 하려 하심이니라… 내가 확신하노니 사망이나 생명이나 천사들이나 권세자들이나 현재 일이나 장래 일이나 능력이나 높음이나 깊음이나 다른 아무 피조물이라도 우리를 우리

주 그리스도 예수 안에 있는 하나님의 사랑에서 끊을 수 없으리라(롬 8:28-29, 38-39)

결론

이번 장에서 저는 하나님께서 주시는 많은 축복들에 대하여 감사하라고 권면을 드렸습니다. 세상은 시련과 고난이 없는 삶을 축복이라고 말하지만 그것은 착각입니다. 시련과 고난은 그리스도인의 믿음을 강하게 만들어 주는 축복이기 때문입니다. 선하고 완전한 모든 선물은 하나님께로부터 옵니다. 모든 일에 감사하는 것은 하나님의 주권을 인정하는 일이며, 아울러 해결이 불가능해 보이는 상황 속에 하나님의 임재와 능력을 임하게 하는 일이 될 것입니다.

다음 장에서 저는 주변 사람들을 위하여 기도할 때 세상이 변화될 수 있다는 사실에 초점을 맞출 것입니다. 다른 사람들을 위하여 기도할 때 하나님의 능력은 당신을 통하여 그들에게 부어지게 될 것입니다. 하나님께서 당신을 통하여 역사하심으로써, 주님 나라의 능력과 영광은 하늘로부터 당신의 영향력 안에 있는 사람뿐 아니라 그 외의 많은 사람들의 심령 안으로 흘러갈 것입니다.

14

다른 이들을 위하여 기도하라

내가 기도하노라 너희 사랑을 지식과 모든 총명으로 점점 더
풍성하게 하사 너희로 지극히 선한 것을 분별하며 또 진실하여
허물없이 그리스도의 날까지 이르고 예수 그리스도로 말미암아
의의 열매가 가득하여 하나님의 영광과 찬송이 되게 하시기를 구하노라
- 사도 바울, 빌립보 교회를 위한 기도(빌 1:9-11)

"하나님은 기도를 통하여 세상을 더 좋게 만들어 나가십니다.
이 세상 사람들이 더 많이 기도할수록 세상은 더 좋아지게 될 것이며,
악을 이기는 힘은 더 강하게 될 것입니다.
하나님의 성도들이 드리는 기도는
하나님 나라가 보유하는 주식의 총량과 같습니다. 주식이 많을 때, 하
나님은 그것들을 사용하셔서 이 땅을 위한 위대한 일을 행하십니다.
하나님은 우리가 기도한 만큼 생명과 형통을 주기로 결정하셨습니다."
- E. M. 바운즈

그리스도인들이 소유하고 있는 역사하는 믿음의 공급원은 기도입니다. 기도는 하나님과의 끊임없는 대화이며, 이를 통하여 하나님은 세상을 변화시키십니다. 기도의 능력은 부흥의 불길을 일으키며, 사회적 변화를 촉발시킵니다. 기도는 병든 육체를 치료하며, 흩어진 마음을 모으고, 나태한 정신에 새 힘을 줍니다. 하나님의 도우심이 필요한 사람이 주변에 있습니까? 그 사람의 삶 속에 주님이 역사해 달라고 계속 기도하기 바랍니다.

자주 기도하십시오. 응답을 기대하십시오. 중단하지 말기 바랍니다. **당신의 기도는 한 번에 한 사람씩 변화시킬 것이며, 결국 세상을 변화시킬 수 있기 때문입니다.**

매일 기도하는 것을 삶의 규칙으로 만드십시오

매주 화요일 아침 6시에 제 아내와 저는 소그룹과 모여 성도님들과 지역사회의 필요를 놓고 기도하고 있습니다. 먼저 찬양으로 모임을 시작한 후, 우리가 알고 있는 분들을 위하여 중보기도를 합니다. 지도자들, 약한 자들, 불신자들, 교인들, 어려움을 당하는 분들 그리고 많은 다른 분들을 위하여 기도합니다. 기도할수록 점점 하나님의 깊은 임재하심으로 더 들어가게 됩니다. 성령님께서 우리의 마음을 생수로 채우시며, 우리를 거룩하신 하나님의 성소로 인도하십니다. 때때로 예언이나 권면의 말씀을 주시기도 합니다. 이렇게 기도하다보면 시간 가는 줄도 모르곤 합니다.

교회에서의 이른 아침 기도회가 없는 날에는 각자 45분 내지 한 시간 정도 아침 묵상을 하고 나서 기도를 드린 후 하루의 일과를 시작합니다.

우리는 기도할 때 주님께 말씀을 드리거나 요청하는 시간보다 하나님의 음성을 듣는 데 더 많은 시간을 할애합니다. 매일 정해진 기도를 드리는 것은 물론, 주님이 우리에게 어떤 성경구절이나 특별한 필요를 생각나게 하실 때는 하나님께서 떠오르게 하신 분들을 위하여 중보기도를 합니다.

저는 지난 1장에서 '당신에게 부여된 궁극적인 의미를 발견하기 위해서는 하나님께 주의 깊게 귀를 기울여야 한다'고 말씀드렸습니다. 왜냐하면 하나님은 주님의 음성에 귀를 기울이는 사람에게 주님의 뜻을 알리시며 지혜를 주시기 때문입니다. 하나님의 음성을 듣는 비결은 하나님께 귀를 기울이는 시간을 갖는 것입니다. 하나님은 항상 당신이 이해할 수 있는 방법들을 통하여 말씀하십니다.

하나님의 음성을 듣고 지혜를 얻기 시작함에 따라 하나님께 약속을 드려야 할 일이 있습니다. 그것은 당신의 주변에 있는 사람들을 위하여 기도하겠다는 약속입니다. 이 장에서는 당신의 영향력 안에 있는 사람들을 위하여 드리는 중보기도의 실질적인 모습에 대하여 초점을 맞추려고 합니다.

다른 사람들을 위하여 기도할 수 있는 기회를 달라고 기도하십시오

예수님은 매순간 자신을 통하여 행하고자 하시는 하나님의 뜻을 어떻게 아셨을까요? 주님은 이른 아침 일어나셔서 기도하셨으며 하나님과 교제의 시간을 가지셨습니다. 하나님은 그 시간을 통하여 매일 예수님을 격려하셨고, 뜻을 보이셨으며, 힘을 공급해 주신 것입니다.

하나님의 뜻을 행하시기 위하여 자신의 의지를 꺾으신 예수님은 우리도 똑같이 행하기를 원하십니다. 주님의 이름으로 그리고 주님의 영광을 위하여 '주님이 주신 사명'을 행하기 원한다면, 반드시 성령님의 인도하심을 따르며 그분의 능력 안에 거하여야 합니다. 그렇기 때문에 예수님의 사역은 프로그램 중심이나 잘 계획된 일정 중심이 아니었습니다. 예수님은 단지 하나님이 매순간 행하시는 것을 보고 그에 따르셨습니다. 예수님이 말씀하셨습니다.

> 그러므로 예수께서 저희에게 이르시되 내가 진실로 진실로 너희에게 이르노니 아들이 아버지의 하시는 일을 보지 않고는 아무것도 스스로 할 수 없나니 아버지께서 행하시는 그것을 아들도 그와 같이 행하느니라 아버지께서 아들을 사랑하사 자기의 행하시는 것을 다 아들에게 보이시고 또 그보다 더 큰 일을 보이사 너희로 기이히 여기게 하시리라 (요 5:19-20)

하나님의 아들이신 예수님은 하나님 아버지의 뜻을 따라 일하셨고, 아버지의 인도하심 없이는 사역을 시작하지 않으셨습니다. 그렇다면 저와 여러분은 어떠해야 합니까? 하나님의 나라가 이 땅에 임하도록 주님의 뜻을 행하여야 하는 우리는 더더욱 주님의 뜻과 인도하심을 따라야만 합니다. 하나님은 당신의 주위에서 늘 일하고 계시지만, 항상 당신을 주님의 일에 동참하라고 초대하지는 않으실 것입니다. 하지만 당신이 주님의 일에 동참할 준비가 되어 있으며, 하나님은 '당신을 위하여 하나님이 정하신 목적에 합당한 일'을 위하여 당신을 주님의 파트너로 초대하실 것입니다. 하나님이 계획하신 일을 보고 듣고 느낄 수 있도록 당신의 눈과

귀와 마음을 여는 일 그리고 하나님이 계획하신 역할을 감당하도록 당신을 무장시키는 일은 모두 다 하나님의 소관입니다.

하나님께서 당신을 위하여 계획하신 일을 행할 준비가 되어 있습니까?

얼마 전 새신자 교육을 위하여 교회로 갔을 때 그날따라 교육을 받기로 되어 있는 새신자들 중 오직 한 분만이 오셨습니다. 한 명의 학생을 놓고 무엇을 가르쳐야 할지 생각하고 있을 때 '그날 유일하게 참여하신 그분'이 저에게 결혼생활에 대한 질문을 하기 시작했습니다. 저는 그 순간 하나님께서 일하고 계시다는 것을 느낄 수 있었으며, 그날은 새신자 교육이 아닌 다른 것을 위하여 예비된 날이라는 것을 깨닫게 되었습니다. 우리는 한 시간 이상 성경말씀을 나누었으며, 그에 따라 제기된 문제점들에 대하여 논의하는 시간을 가졌습니다. 그 시간은 하나님이 함께 하신 시간이었으며 하나님이 예비하신 시간이었습니다. 당신도 이런 비슷한 경험을 가지고 계십니까?

당신이 무엇인가를 계획했는데 하나님은 전혀 다른 방향으로 인도하셨던 적이 없었습니까? 발표를 위하여 여러 시간 준비를 했는데도 주님이 준비되지 않은 새로운 방향으로 이끄실 때, 혹은 하루 일과가 빠듯한데도 하나님이 갑작스러운 일을 주셔서 약속들을 변경해야만 할 때… 이런 경우에도 주님의 뜻을 따를 '거룩한 융통성'을 가지고 있습니까? 당신의 시간 계획표를 주님의 뜻과 우선순위에 따라 다시 정하셨습니까? 완전하신 성령님이 당신을 통해 역사하시도록 그분께 순복하고 당신의 삶을 내어 드렸습니까?

하나님의 뜻에 당신의 삶을 맞출 때, 당신은 운명을 장악할 수 있게 됩니다. 이는 당신이 세운 계획을 변경해야 할지도 모른다는 뜻입니다.

설사 불편하게 보인다 하더라도 하나님 아버지의 계획은 항상 최우선 순위가 되어야 합니다.

제자들과 함께 갈릴리로 가시던 예수님은 우물가에서 한 여인을 만나신 후 그녀의 어두운 과거에 대하여 이야기를 나누셨습니다. 예수님과 제자들은 데가볼리로 돌아가는 길(유대인들은 혈통적인 이유 등으로 사마리아인들을 매우 싫어하며 무시했기 때문에 유다 지역에서 갈릴리 지역으로 갈 때 지름길인 사마리아를 통과하는 대신 데가볼리 지역으로 돌아갔었다-역자 주) 대신 사마리아를 통과하는 지름길을 선택했습니다. 아마 계획보다 오랜 시간 머물렀기 때문에 좀 더 빨리 갈릴리로 되돌아가려고 이방인 지역인 사마리아를 통과하기로 했을 것입니다. 하나님은 무언가 다른 계획을 가지고 계셨던 것입니다. 예수님은 하나님의 뜻이 드러나면 그 뜻을 따르는 데 온 힘을 쏟으셨기 때문에 점심도 거르시기 일쑤였습니다.

> 예수께서 이르시되 나의 양식은 나를 보내신 이의 뜻을 행하며 그의 일을 온전히 이루는 이것이니라 너희가 넉 달이 지나야 추수할 때가 이르겠다 하지 아니하느냐 내가 너희에게 이르노니 눈을 들어 밭을 보라 희어져 추수하게 되었도다 거두는 자가 이미 삯도 받고 영생에 이르는 열매를 모으나니 이는 뿌리는 자와 거두는 자가 함께 즐거워하게 하려 함이라 그런즉 한 사람이 심고 다른 사람이 거둔다 하는 말이 옳도다 내가 너희로 노력지 아니한 것을 거두러 보내었노니 다른 사람들은 노력하였고 너희는 그들의 노력한 것에 참여하였느니라 여자의 말이 그가 나의 행한 모든 것을 내게 말하였다 증거하므로 그 동리 중에 많은 사마리아인이 예수를 믿는지라 사마리아인들이 예수께 와서 자기들과 함께 유하기를 청하니 거기서 이틀

을 유하시매 예수의 말씀을 인하여 믿는 자가 더욱 많아(요 4:34-41)

예수님이 하나님 아버지의 뜻에 완전히 따르지 않으셨다면 많은 영혼들을 잃어 버렸을 지도 모릅니다.

사도 바울과 그의 일행은 계획을 세워 일을 준비하던 중 성령님께서 다른 방향으로 인도하시는 경험을 했습니다. 이에 대하여 누가가 기록했습니다.

> 성령이 아시아에서 말씀을 전하지 못하게 하시거늘 브루기아와 갈라디아 땅으로 다녀가 무시아 앞에 이르러 비두니아로 가고자 애쓰되 예수의 영이 허락지 아니하시는지라 무시아를 지나 드로아로 내려갔는데 밤에 환상이 바울에게 보이니 마게도냐 사람 하나가 서서 그에게 청하여 가로되 마게도냐로 건너와서 우리를 도우라 하거늘 바울이 이 환상을 본 후에 우리가 곧 마게도냐로 떠나기를 힘쓰니 이는 하나님이 저 사람들에게 복음을 전하라고 우리를 부르신 줄로 인정함이러라(행 16:6-10)

하나님은 바울의 삶에 개입하셔서 그로 하여금 하나님의 뜻 가운데 머물 수 있도록 하셨습니다.

마음을 다하여 하나님의 뜻을 행하기로 결심을 하면, 하나님은 당신에게 주님의 뜻을 분명하게 보여주셔서 그 뜻을 놓치지 않도록 해주실 것입니다. 여기에 몇 가지의 실제적인 적용을 기록해 놓겠습니다.

매일 아침 이렇게 기도하십시오. "주님, 주님이 원하시는 일이라면, 어디에서든지, 언제라도 그리고 누구를 위하든지 기쁘게 행하겠습니다.

아멘."

그러고 나서 날마다 하나님이 어떻게 행하실지 기대하십시오. 또 주님의 일에 참여할 기회를 매일 기다리면서 성령님의 뜻에 당신의 생각을 맞추십시오.

당신 주위에서 일하시는 하나님을 인식하려면…

하나님은 당신을 위하여 '하나님의 사랑으로 다른 사람들을 감동시킬 수 있는 기회'를 만들어 주실 것입니다. 그러므로 눈과 귀를 항상 열어 놓음으로써 주변 사람들을 위하여 기도할 수 있는 기회를 놓치지 말기 바랍니다. 하나님이 기회를 만들어 주실지 아닐지를 항상 미리 알 수는 없습니다. 그렇기 때문에 하나님의 역사하심을 명확히 보여 달라고 기도해야만 합니다.

최근, 저는 국회 직원들을 위하여 기도할 기회를 얻은 적이 있습니다. 하나님은 우리에게 교류할 수 있는 귀한 시간을 허락하셨으며, 그분들은 자신들을 위하여 기도해 준 저에게 매우 고마워했습니다. 이런 종류의 일들은 연방의회 의사당에서 매일 일어납니다. 하지만 잘 모르는 생소한 사람들에게 이러한 일을 해야 한다면 그것은 쉬운 일이 아닐 것입니다.

얼마 전 지하철역으로 걸어가고 있던 중 우연히 여성 국회의원 한 분과 나란히 걸어가게 되었습니다. 저는 그녀에게 "안녕하세요"라고 인사를 했습니다. 저는 혹시 하나님이 저에게 그 여성 국회의원과 값진 대화를 할 수 있는 기회를 만들어 주시는 것은 아닌가 하고 정황을 살펴보기 시작했습니다. 하지만 그녀는 블랙베리폰을 꺼내더니 이메일을 체크하고 읽기 시작했습니다. 저와 대화를 나눌 생각을 전혀 가지고 있지 않음을 즉각 깨달을 수 있었습니다. 그래서 저는 그녀를 위하여 속으로 기도하면서 제 길을 갔습니다.

지하철에 타자 한 젊은 부인이 제 옆에 앉았습니다. 저는 "별 일 없으신가요?"라고 물으면서 상황을 살폈습니다. 그녀는 "별일 없어요"라고 대답한 후 책을 꺼내 읽기 시작했습니다. 저는 앉은 채 대화의 문을 열어달라고 기도했습니다. 하지만 아무 일도 일어나지 않았습니다. 그녀를 위하여 몇 분 정도 더 기도한 후 이 장(章)의 내용을 메모하기 시작했습니다.

만일 당신이 복음을 전하기 위하여 대화를 시도했음에도 불구하고 사람들이 당신과의 신앙적 대화를 거절했다면, 하나님을 전하지 못해서 주님을 실망시켜드렸다는 죄책감에 사로잡히지 않아도 됩니다. 하나님은 어떤 일이 일어난 것과 상관없이 당신의 자발적인 노력 자체를 귀하게 여기십니다.

선철에서 내려 위층에 있는 주차장으로 가던 중, 뇌졸증에서 회복하고 있는 한 분이 제 앞에서 천천히 그러나 한 걸음마다 최선을 다하며 계단을 올라가고 있었습니다. 저는 거의 그분과 동시에 계단의 가장 위에 도착을 했습니다. 깊은 연민이 파도같이 치밀어 올랐습니다. 저는 그의 등을 부드럽게 두드리며 말했습니다. "정말 잘 해내셨습니다." 그는 웃음을 지으며 말했습니다. "정말 고맙습니다." 그는 그의 마비되었던 다리를 다시 사용하여 계단을 올라갈 수 있었다는 사실에 흥분하며 떨고 있었습니다. 아주 짧은 만남이었지만 제가 그분의 등에 손을 댈 때 성령께서 역사하셨다는 것을 느낄 수 있었습니다. 그것은 하나님이 그분을 만져주신 사랑의 터치였습니다. 만일 그가 아직 기독교인이 아니라면, 그를 하나님의 나라로 이끄시는 사랑의 초청을 계속하실 지의 여부는 하나님이 결정하실 것입니다.

다른 사람들을 위하여 기도할 기회를 구하십시오. 지금 즉시 그리고 조용히 구하십시오. 당신의 기도는 주변의 사람들에게 긍정적인 영향력을 미칠 것입니다. 그러나 당신의 기도가 거의 영향을 미치지 못하거나 전혀 효과적이지 않다면 어떻게 합니까?

아무리 기도해도 소용없다는 생각이 들어도 포기하지 말고 계속 기도하십시오.

하나님만이 영혼을 구원하시고, 병을 고치시며, 망가진 육신을 치료하시고, 악한 영에 사로잡혀서 눌려 있는 영혼을 해방시키실 수 있는 유일한 분이십니다. 하나님은 이 일을 주권적으로 직접 할 수도 있으시며 하나님을 전적으로 의지하는 심령들을 통해서 행하시기도 합니다. 그것은 하나님의 선택입니다.

당신이 해야 할 일은 그분의 사랑 안에 거하는 것이며, 성령님의 잔잔한 인도하심에 주의를 기울이는 것입니다. 당신의 삶에 개입하실 하나님을 기대하십시오. 하나님의 나라를 위하여 당신이 해야 할 임무가 있을 때, 하나님은 당신의 삶에 개입하실 것입니다.

하나님과 보조를 맞추십시오

다른 사람들을 기독교로 개종시키거나, 그들을 위하여 기도하는 일, 혹은 그들을 교회로 인도하기 위하여 필사적으로 노력하는 일보다 훨씬 더 중요한 것은 하나님과 보조를 맞추어 나가는 일입니다. 주님이 앞서서 행하실 수 있도록 길을 내어 드리십시오. 그러면 주님이 당신에게 '주님의 사랑을 사람들과 나눌 기회'를 만들어 주실 것입니다.

저는 성도님들에게 종종 이렇게 가르칩니다. "하나님에 대하여 전혀 관심이 없는 사람에게 주님을 증거하는 데 시간을 낭비하지 마시고, 대신 주님이 직접 고르신 사람과 만나게 해 달라고 기도하십시오."

사람들이 당신과 영적인 대화를 하고 싶어 하는지 아닌지는 금세 알아낼 수 있습니다. 대화를 원하는 사람을 만나면 그 사람과 대화하는 데 시간을 투자하십시오. 성령님께서 마음을 열어 놓으신 사람과 대화하는 데 시간을 투자하는 것이 훨씬 더 지혜로운 일입니다. 만일 그들이 하나님께 마음을 열기 시작한다면 그들을 위하여 계속 기도하기 바랍니다. 예수님이 누구신지 알게 해달라고 그리고 그들을 위하여 예수님께서 하신 일이 무엇인지 알고 이해하게 해달라고 기도하기 바랍니다.

수십 년 전 몇 가지 강의를 듣기 위하여 다시 신학대학원을 찾았습니다. 그때 방문하신 교수님은 우리에게 예수님을 증거하는 일에 대하여 다음과 같은 충고를 하셨습니다.

당신을 '어둠에 익숙하고 작은 굴 속에서 편안함을 느끼는 두더지'라고 생각해 보십시오. 누군가 당신의 얼굴에 10,000와트의 밝은 등을 비추어 준다고 해서 그동안 익숙해져 있던 환경을 떠날 마음이 생기겠습니까? 결코 그렇지 않을 겁니다. 그러나 굴 밖으로 살짝 고개를 내밀었더니 작은 촛불이 보인다면, 아까와는 상황이 다를 것입니다. 궁금하기도 하고 위협적으로 느껴지지 않기 때문에 가까이 가서 무엇인지 알아보려고 할 것입니다. 사람들에게 당신의 사랑을 나누십시오. 하나님이 사람들을 터치하실 때 당신의 말뿐 아니라 삶을 통하여 만져주실 수 있도록 하기 바랍니다. 하나님이 주시고자 하는 것만 주셔야 합니다. 그렇지 않고 당신의 생각과 말로 그들을 놀라게 만들어 버리면 그들은 당신에게 마음 문을 닫고 말 것입니다. 당신이 그들을 조건 없이 사랑하면, 그들은 당신의 삶을 통해서 예수님을 보게 될 것이며, 당신의 사랑을 통하여 예수님께 이끌리게 될 것입니다. 그렇게 될 때 그들은 당신의 말에 마음을 열기 시작할 것입니다.

이 말은 여전히 적용된다고 생각합니다. 어떤 사람들은 자신들이 지니고 있는 뛰어난 학식이 성경의 진리를 초월한다는 것을 증명하기 위하여 당신을 대화로 끌어들이려고 할 것입니다. 또 죄를 즐기는 사람들은 자신들과 같은 삶을 살지 않는 사람들을 보고 위협을 느끼기 때문에 당신이 그리스도인이라는 사실을 알게 되면 피해갈 것입니다. 그런가 하면 '반-하나님 적(的)인 것들'을 너무도 오랫동안 받아들여 왔기에 하나님에 대한 생각 자체가 중지된 사람들이 있습니다. 그들은 당신의 전도를 듣는 것처럼 보여도, 실은 하나님에 대한 장님이요 귀머거리들입니다.

기도는 사람들을 붙잡고 있는 영적인 힘을 깨뜨릴 수 있습니다. 그러나 하나님을 믿지 않는 사람들과 하나님에 대하여 언쟁하는 것은 대개 소용없는 일입니다.

주님은 저에게 주로 일주일에 두 번 내지 세 번 정도의 실질적인 전도 기회를 주십니다. 바로 며칠 전 불과 10분 사이에 세 번의 짧은 영적 대화를 하게 되었습니다. 참으로 기쁘고 놀라운 경험이었습니다. 저와 대화를 나누신 분들은 모두 매주일 열리는 '국회직원 성경공부'에 참여하기로 했습니다. 그들은 성경공부에 참여하는 것이 '하나님께 한 걸음씩 나아가는 길'임을 인식하지 못할지도 모릅니다. 그러나 정확하게 그러합니다. 그들은 하나님의 말씀을 공부하기로 결정을 했으며, 그렇게 하는 동안 하나님을 추구하는 장소에 스스로 들어가게 될 것입니다. 하나님은 자기를 찾는 자들에게 상 주시는 분이십니다(히 11:6).

사람들을 위하여 기도하려고 할 때 그들에게 먼저 물어보십시오

제 아내는 가난한 사람들을 항상 자연스럽게 만납니다. 그녀는 연민을 가지고 그들의 이야기를 들은 후 기도해도 좋으냐고 물어 봅니다. 거의 대부분이 받아들입니다. 그들은 배관공일 수도 있고, 가게 점원일 수도 있으며, 이웃 또는 친구일 수도 있습니다. 제 아내 샐리는 그들의 관심사를 은혜의 보좌로 가지고 가는 것을 좋아하며, 또 예수님이 그들을 사랑하시며 고통 가운데 있는 그들을 돌보신다는 사실을 그들 스스로 깨닫게 돕는 것을 좋아합니다. 그녀는 주변의 사람들을 위하여 기도할 기회를 찾는 일에 헌신적입니다.

토요일 오후가 되면 우리 교회의 성도님들은 교회 건물 1-2마일 안에 있는 이웃들을 방문하곤 합니다. 성도님들은 그 어떤 일정이나 할당량도 부여받지 않습니다. 그들이 가지고 있는 것은 하나님께서 인도하시는 대로 그들과 나눌 사랑입니다. 사람들을 위하여 기도할 수 있는 많은 기회는 주변의 이웃 지역을 돌아다니거나, 상점을 방문하거나, 혹은 단지 주님의 뜻에 따르겠다고 결심을 하는 것을 통해서 얻어집니다.

최근에 우리 교회가 열었던 '사랑의 옷 나누기' 행사 동안, 우리 교회의 미국 워싱턴 DC 인근인 버지니아 주 스프링필드에 소재한 인터내셔널 갈보리교회, 인터내셔널 교회의 취지에 맞게 한국어 예배뿐 아니라, 저자가 인도하는 영어권 예배 그리고 스페인 목회자가 인도하는 스페인어 예배가 드려졌습니다. 스페인 목회자와 헌신된 봉사팀은 이웃들에게 옷뿐만 아니라 기도와 음식, 물 그리고 사랑도 나누었습니다. 우리 팀들은 이웃들이 우리의 교회에 등록을 하는 것보다 예수님께 마음을 드리는 것을 훨씬 더 보고 싶어 했습니다. 물론 그들 중 우리 교회에 관심을 가지는 사람이 생기면 우리는 두 팔을 벌리고 환영합니다. 그렇지 않다면 우리는 그들의 필요를 채워줄 다른 교회를 소개시켜줍니다. 우리 교회의 모든 전도 및 봉사 활동은 성령님의 인도함을 받으며, 우리 교회의 성령 충만한 기도의 용사들은 매일 오전 5시 30분과 토요일 아침 7시에 모여 그들을 위하여 중보기도하고 있습니다.

이 마지막 장을 준비하고 있을 때, 주님께서 저에게 말씀하셨습니다.

내가 주는 생명의 능력은 나를 신실하게 따르는 사람들의 기도를 통하여 공급이 된다. 세상은 너무도 자주 너희의 시간을 도적질하며 너희의 마음을 혼란케 하여 너희로 하여금 나의 목적을 잊어버리게 만든다. 나와의 거룩한 교제를 위하여 그리고 나에게 너희의 마음을 바치기 위하여 마귀와 싸우라. 내가 너희를 기도의 자리와 성령의 능력 안으로 인도할 것이다.

기도는 하나님 나라를 위한 전쟁에 있어서 매우 중대한 요소이다. 기도는 적의 강한 요새를 파하며, 나의 왕국을 이 땅에 임하게 하는 강력한 힘이다. 바쁜 세상에 마음을 빼앗기지 말며 너희 마음을 내게 바치라. 그리하면 너희의 기도를 통하여 나의 나라를 이 땅에 세우겠노라. 나는 너희 기도를 통하여 병약함과 놀림을 몰아낼 것이며, 너희의 기도를 통하여 부흥을 일으킬 것이다. 너희의 기도를 통하여 혼란이 질서로, 죽음을 생명으로 바꾸는 일을 일으킬 것이다.

기도하라! 자주 기도하며, 마음속에 천국을 그리며 기도하라. 너희의 기도가 한 사람씩 한 사람씩 변화시킴으로써 세상을 바꿀 수 있다는 믿음을 가지고 기도하라. 그렇게 될 것이다. 시시때때로 기도하며, 너희 주변에 있는 사람들을 위하여 성실히 기도하라. 나의 뜻이 이루어지는 곳에 나의 나라가 임하도록 기도하라. 기도하라!

당신의 운명을 장악하라

제14원리

당신 주위에 있는 사람들을 위하여
기도할 기회를 찾으십시오.

액션 스텝_Action Steps

스텝 1: 하나님이 당신의 섬김을 축복하신다는 사실을 믿으십시오.

하나님이 다른 사람들의 삶 속에서 역사하실 때 놀라지 마십시오. 때론 결코 예수님을 믿지 않을 것 같았던 사람이 예수님께 삶을 송두리 채 드리는 사람, 곧 예수님과 가장 가까운 사람으로 변하기도 합니다. 초대교회 성도님들은 교회를 난폭하게 핍박하던 사울(다른 이름은 바울)에 대하여 어떤 생각을 하였을까요? 그러한 바울이 변하여 그리스도인이 되리라고 믿었던 사람은 거의 없었을 것입니다. 개종한지 며칠 밖에 되지 않은 바울이 천국의 복음을 전하기 시작했을 때(행 9) 사람들이 얼마나 놀랬을 지 상상을 해보기 바랍니다.

당신은 영혼을 위한 전투의 최전방에 서 있는 하나님의 용사들 중 한 명입니다. 주님이 명하신 일들을 이루는 데 필요한 모든 것들은 하나님께서 전부 공급해 주실 것입니다. 하나님이 모든 것을 이끄시며 필요한 모든 것을 공급하신다는 뜻입니다. 그러므로 주님 나라를 섬기는 일은 반드시 성공할 수밖에 없다는 사실을 신뢰하십시오. 하나님의 계획은 당신이 하나님의 뜻을 행함으로써 그 자리에 하나님의 나라가 임하게 하는 것입니다. 하나님은 당신에게 주님의 뜻을 알려주실 것이며, 하나님의 영광을 위하여 주님의 뜻을 행할 힘을 공급해 주실 것입니다. 이것을 기대하십시오. 주님이 주신 힘으로 주님의 뜻을 행할 때, 당신은 '주님이 당신 주변의 사람들의 삶을 감동시키시며 삶을 새롭게 변화시키시는 일'을 보게 될 것입니다.

스텝 2: 다른 사람들을 위하여 기도하십시오.

"쉬지 말고 기도하라"고 바울이 말했습니다(살전 5:17). 기도의 삶은 당신을 기대 이상의 삶으로 인도할 것입니다. 하나님은 당신이 가지고 있는 것보다 훨씬 큰 '당신을 위한 계획'을 가지고 계십니다! 얼마 전 뉴잉글랜드로의 여행 중, 저는 주님이 제 아내와 저를 위하여 어떤 특별한 기회를 준비하고 계셨다는 사실을 분명히 알 수 있었습니다. 그 기회는 식당의 웨이터, 호텔 직원, 가족들 그리고 다른 분들을 위하여 기도할 기회였습니다. 여행 중 아내와 저는 주변에 계신 분들에게 그들의 필요를 위하여 기도해드리겠다고 제의했습니다. 그런데 놀랍게도 정말로 많은 분들이 기도해 달라고 대답하였습니다.

당신 주변의 사람들을 위하여 기도하려고 할 때, 하나님이 문을 열어주실 때까지 시간을 가지고 기다리기 바랍니다. 그분들에게 절실한 필요가 생기면 하나님이 그들의 마음을 만져주시고 열어주실 것입니다.

결론

여러 가지 가능성이 동시에 있는 순간에, 기도는 우리에게 가장 최고의 길을 밝히 보여줍니다. 당신이 다른 사람들을 위하여 기도하면, 성령님이 행하시는 많은 기적을 경험하게 될 것이며, 하나님의 감동적인 역사를 보게 될 것입니다. 기도하십시오. 당신의 도움이 필요한 곳에 당신을 인도해 주실 것입니다. 그리고 당신의 눈에 명확히 보이는 그들의 필요를 위하여 기도하십시오. 당신이 주위의 사람들을 위하여 기도할 때 이 세상은 점점 더 좋은 장소로 바뀔 것입니다.

독자 여러분이 이 책을 통하여, 여러분이 가지고 있는 운명의 장악에 대한 도전을 받도록 기도합니다. 하나님은 주님의 나라를 이 땅에, 한 번에 한 심령 속에, 임하게 하라고 당신에게 명령하십니다. 하나님의 영광을 위하여 살며, 하나님이 말씀하신 것은 무엇이라도 행하겠다는 당신의 순종이 다른 사람들에게 깊은 영향을 미치게 된다는 사실을 기억하기 바랍니다. 다음의 몇 페이지에는 이 책의 각 장에서 말씀드린 원리들과 액션 스텝이 요약되어 있습니다.

주님이 당신을 축복하셔서 당신이 주님의 뜻을 매일 추구하게 되며, 당신을 위한 하나님의 뜻 가운데 당신이 늘 살게 되고, 주님께서 당신을 주님의 은혜 가운데 항상 거하도록 붙잡아주시기를 축원합니다.

저자후기

이 책은 먼저 하나님께서 마음에 품고 계시다가 몇 년이 지나서야 저에게 주셨습니다. 2005년 1월 20일, 저와 제 아내는 다른 두 부부와 함께 우리의 친구인 스티브와 조이 스트랭의 저녁 초대를 받았습니다. 같이 초대받은 사람들은 모두 그리스도인들 사이에서 이름과 평판 그리고 은사가 널리 알려진 신실한 주님의 사람들이었습니다. 저녁식사 중 하나님께서 그들 중 네 분을 감동시키셨으며 성령의 감동을 받은 그들은 제 아내와 저를 위하여 한 시간을 넘게 예언하였습니다. 우리 인생에서 하나님으로부터 그렇게 자세하고 정교한 메시지를 들은 적은 처음이었습니다. 그때 받아 적은 예언을 모아보니 줄 사이에 간격을 띄지 않고 적었는데도 모두 12페이지나 되었습니다.

그때 이 책에 대한 예언이 주어졌습니다. 그 중에 한 부분을 소개할까 합니다. 네브라스카 주 오마하에 위치한 '만군의 주 교회'(Lord of Hosts Church)에서 오신 예언자인 행크 쿠나맨 목사님을 통해서 하신 예언의 말씀입니다.

주님께서 말씀하십니다. "아침에 눈을 뜨자마자 침대 곁에서 일기를 쓰라. 내가 너를 방문할 것이기 때문이다. 내가 너를 꿈으로 방문할 것이기 때문이다." 하나님께서 말씀하십니다. "내가 꿈으로 너를 방문하는 아홉 달 동안 너는 주의하고 지켜보라. 밤중에도 비전을 보겠지만 낮에도 음성을 들을 것이고, 명령을 듣게 될 것이다." 주님이 말씀하십니다. "너는 그것들을 받아 적으라. 왜냐하면 이 일들은 반드시 이루어질 일들이기 때문이다. 그러므로 너는 반드시 받아 적어야 한다."

2005년 2월 4일부터 9월 18일까지 저는 구체적인 명령과 함께 14개의 영적인 꿈을 꾸었으며 그 내용을 저의 일기에 모두 적어 놓았습니다. 각 장의 끝부분에 있는 '당신의 운명을 장악하는 원리들'과 각 장의 제목들이 하나님께서 저에게 주신 명령들입니다.

2005년 9월부터 2006년 11월까지 저는 「당신의 운명을 장악하라」를 저술하는 것을 놓고 기도했습니다. 2006년 1월 중순, 주님께서 저에게 시작하라는 녹색 신호를 보내주셨습니다. 각 장은 제가 꿈으로 받은 말의 순서대로 배열되었습니다. 하나님께서 저에게 주신 각 원리들 역시 제가 받아 기록한 그대로 옮겨 놓았습니다. 이 순서는 하나님의 아이디어지 제가 정한 것이 아닙니다. 사실 하나님께서 주신 각 장 및 원리들의 순서와, 주신 말씀 그대로 옮기는 것이 왜 중요한지를 깨닫는 데는 6개월이 걸렸습니다.

제가 이 책을 준비하는 동안에도 하나님께서는 각 장에 필요한 예언적인 깨달음을 추가적으로 주셨습니다. 그것들 역시 제 일기에 기록되어 있습니다. 주님께서는 하나님의 나라를 이 땅에 임하게 하는 일에 관계된 구체적인 깨달음이나 장애물에 초점을 맞추도록 저를 이끌어 주셨습니다. 이 묵상들을 통하여 당신이 운명을 발견하고, 주님의 뜻을 행함으로 주님의 나라를 임하게 하는 일에 도움이 되기를 기도합니다.

「당신의 운명을 장악하라」를 읽어 주셔서 감사합니다. 전에 없었던 하나님의 임재를 더 생생히 경험하며, 성령의 기름부으심이 임하고, 다가올 미래에 대한 확신을 갖게 되기를 기원합니다.

나라이 임하옵시며 뜻이 하늘에서 이룬 것같이 땅에서도 이루어지이다. 주 예수여 오시옵소서.

2008년 1월 버지니아 주 스프링필드에서

알렌 키란

| 당신의 운명을 장악하는 액션 스텝_Action Steps 요약 |

당신의 운명을 장악하는 액션 스텝_Action Steps 요약

	각 장의 제목	당신의 운명을 장악하는 원리	당신의 운명을 장악하는 액션 스텝
1	하나님께 귀를 기울이라	하나님께 주의 깊게 귀를 기울이지 아니하면 당신의 삶은 최종적인 완성을 볼 수 없습니다.	• 하나님께 귀를 기울이는 시간을 만드십시오. • 하나님께서 당신에게 행하실 놀라운 일을 기대하십시오.
2	속지 말라	눈을 예수님께로 고정십시오. 도덕적 타락을 피할 수 있을 것입니다.	• 유혹에 저항하십시오. • 주변에 있는 죄의 기회를 피하십시오.
3	하나님의 방법으로 살라	당신은 하나님의 뜻과 당신의 뜻을 동시에 가질 수 없습니다.	• 지혜와 능력을 얻기 위하여 매일 기도하십시오. • 하나님의 말씀을 읽고 공부하십시오. • 하나님의 방법에 당신의 삶을 맡기십시오.
4	당신의 권세를 사용하라	마귀에게는 그리스도의 권세를 가지고 있는 당신을 이길 힘이 전혀 없습니다.	• 당신의 영적 권세를 사용하십시오. • 승리를 얻을 때마다 하나님께 영광을 돌리십시오.
5	성급해 하지 말라	성급해 하지 마십시오. 그러면 사람들의 인생에게 부정적인 영향을 미칠 많은 함정을 피하게 될 것입니다.	• 말하거나 행동하기 전에 먼저 생각하고 기도하십시오. • 천천히 음미하면서 사십시오. • 최고의 것을 주실 하나님의 때를 기다리십시오.
6	이웃을 돌보라	주위의 사람들을 돌보십시오.	• 예의 바르게 말하고 들으십시오. • 기쁨으로 이웃을 섬기십시오. • 넘치게 주는 연습을 하십시오.
7	하나님의 파트너가 되라	결코 홀로 경주하지 마십시오. 하나님께서 당신과 늘 함께 계십니다.	• 기도를 통하여 하나님의 파트너가 되십시오. • 예배를 통하여 하나님의 파트너가 되십시오. • 하나님 나라를 전파함으로써 하나님의 파트너가 되십시오.

I 당신의 운명을 장악하는 액션 스텝_Action Steps 요약 I

	각 장의 제목	당신의 운명을 장악하는 원리	당신의 운명을 장악하는 액션 스텝
8	하나님의 공급을 기대하라	하나님께서는 하나님의 뜻을 이루기 위하여 필요한 모든 것을 당신에게 공급해 주실 것입니다.	• 하나님의 뜻을 구하십시오. • 하나님께 즉각 순종하십시오. • 하나님의 공급을 기대하십시오.
9	하나님이 주시는 기쁨의 선물을 소중히 여기라	미래에 대하여 너무 염려함으로써 현재의 기쁨을 잃어버리지 마십시오.	• 염려하는 것도 죄임을 고백하십시오. • 오늘 해야 할 하루의 일에 집중하십시오.
10	하나님을 끊임없이 찾으라	하나님을 찾으십시오. 그러면 만날 것입니다. 하나님은 당신을 기다리고 계십니다.	• 하나님을 매일 구하십시오. • 당신의 운명을 보호하십시오. • 절제의 훈련을 하십시오.
11	겸손하라	홀로 모든 것을 다 하려고 하지 마십시오, 다른 사람들의 도움을 받으십시오.	• 겸손히 용서를 구하십시오. • 겸손히 용서를 베푸십시오. • 다른 사람들의 도움을 청하십시오.
12	짐을 내려놓으라	하나님께 당신의 짐을 맡기십시오.	• 하나님께 당신의 짐을 내려놓으십시오. • 서로 짐을 지십시오.
13	범사에 감사하라	당신이 받을 하나하나의 축복은 모두 하나님의 선물입니다.	• 일이 잘 될 때 하나님께 감사하십시오. • 시련과 고난에 대하여도 하나님께 감사하십시오.
14	다른 이들을 위하여 기도하라	당신 주위에 있는 사람들을 위하여 기도할 기회를 찾으십시오.	• 하나님이 당신의 섬김을 축복하신다는 사실을 믿으십시오. • 다른 사람들을 위하여 기도하십시오.

순전한 나드 도서안내 02-574-6702

No.	도서명	저자	정가
1	강력한 능력전도의 비결	체 안	11,000
2	거의 완벽한 범죄	프랜시스 맥너트	13,000
3	광야에서의 승리〈개정판〉	존 비비어	10,000
4	교회,그 연합의 비밀	프랜시스 프랜지팬	10,000
5	교회를 뒤흔드는 악령을 대적하라	프랜시스 프랜지팬	5,000
6	교회를 어지럽히는 험담의 악령을 추방하라	프랜시스 프랜지팬	5,000
7	그리스도인의 삶의 비결	진 에드워드	8,000
8	기름부으심	스미스 위글스워스	8,000
9	꿈을 통해 말씀하시는 하나님	헤피만 리플	10,000
10	날마다 하나님께로 더 가까이	존 비비어	13,000
11	내 백성을 자유케하라	허철	10,000
12	내게 신선한 기름을 부으셨나이다	허철	9,000
13	내면 깊은 곳으로의 여행	진 에드워드	11,000
14	내어드림	페늘롱	7,000
15	다가온 예언의 혁명	짐 골	13,000
16	다가올 전환	래리 랜돌프	9,000
17	당신도 예언할 수 있다	스티브 탐슨	12,000
18	당신은 예수님의 재림에 준비가 되어 있습니까?	메릴린 히키	13,000
19	당신은 치유받기 원하는가	체 안	8,000
20	당신의 기도에 영적 권위가 있습니까?	바바라 윈트로블	9,000
21	더넓게 더깊게	메릴린 앤드레스	13,000
22	동성애 치유될 수 있는가?	프랜시스 맥너트	7,000
23	두려움을 조장하는 악령을 물리치라	드니스 프랜지팬	5,000
24	마지막 시대에 악을 정복하는 법	릭 조이너	9,000
25	마켓플레이스 크리스천〈개정판〉	로버트 프레이저	9,000
26	무시되어 온 축복의 통로	존 비비어	6,000
27	믿음으로 질병을 치유하라〈개정판〉	T.L 오스본	20,000
28	병고침	스미스 위글스워스	9,000
29	부서트리고 무너트리는 기름 부으심	바바라 J. 요더	8,000
30	부자하나님의 부자 자녀들	T.D 제이크	8,000
31	사도적 사역	릭 조이너	12,000
32	사랑하는 자가 병들었나이다	허 철	8,000
33	사사기	잔느귀용	7,000
34	사업을 위한 기름 부으심〈개정판〉	에드 실보소	10,000
35	상한 마음을 치유하는 기도	마크 버클러	15,000
36	상한영의 치유1	존&폴라 샌드포드	17,000
37	상한영의 치유2	존&폴라 샌드포드	13,000
38	성령님을 아는 놀라운 지식	허 철	10,000
39	성령의 은사	스미스 위글스워스	10,000
40	성의 치유	데이빗 카일 포스터	13,000
41	세계를 변화시키는 능력	릭 조이너	10,000
42	속사람의 변화 1	존&폴라 샌드포드	11,000
43	속사람의 변화 2	존&폴라 샌드포드	13,000
44	신부의 중보기도	게리 윈스	11,000
45	십자가의 왕도	페늘롱	8,000
46	아가서	잔느 귀용	11,000
47	악의 속박으로부터의 자유	릭 조이너	9,000
48	어머니의 소명	리사 하텔	12,000
49	여정의 시작	릭 조이너	13,000
50	영광스런 교회에 보내는 메시지 1	릭 조이너	10,000
51	영광스런 교회에 보내는 메시지 2	릭 조이너	10,000
52	영분별	프랜시스 프랜지팬	3,500
53	영으로 대화하시는 하나님	래리 랜돌프	8,000
54	영적 전투의 세 영역〈개정판〉	프랜시스 프랜지팬	10,000
55	예레미야	잔느 귀용	6,000
56	예수그리스도와의 친밀함	잔느 귀용	7,000
57	예수님 마음찾기	페늘롱	8,000

PURE NARD BOOKS

No.	도서명	저자	정가
58	예수님을 닮은 삶의 능력	프랜시스 프랜지팬	9,000
59	예수님을 향한 열정〈개정판〉	마이크 비클	12,000
60	요한계시록	잔느 귀용	11,000
61	우리 혼의 보좌들	폴킷 데이비스	10,000
62	인간의 7가지 갈망하는 마음	마이크 비클	11,000
63	저주에서 축복으로	데릭 프린스	6,000
64	적의 허를 찌르는 기도들	척 피어스	10,000
65	조지 W. 부시의 믿음	스티븐 멘스필드	11,000
66	주님! 내눈을 열어주소서	게리 오츠	8,000
67	주님, 내 마음을 열어주소서	캐티 오츠/로버트 폴 램	9,000
68	주님이 꿈꾸시는 미래교회	벤 R 피터스	9,000
69	지구상에서 가장 강력한 기도	피터 호로빈	7,500
70	지금은 싸워야 할 때	프랜시스 프랜지팬	8,000
71	찬양하는 전사들	척 피어스/존 딕슨	12,000
72	천국경제의 열쇠	샨 볼츠	8,000
73	천국방문〈개정판〉	애나 로운튜리	11,000
74	축사사역과 내적치유의 이해가이드	존&마크 샌드포드	18,000
75	출애굽기	잔느 귀용	10,000
76	하나님과 동행하는 사람들〈개정판〉	샨 볼츠	9,000
77	하나님과 사람에게 더욱 사랑스러우자	듀안 벤더 클럭	10,000
78	하나님과의 연합	잔느 귀용	7,000
79	하나님으로부터 오는 능력	찰스피니	9,000
80	하나님을 연인으로 사랑하는 즐거움	마이크 비클	13,000
81	하나님의 마음에 합한 사람	마이크 비클	13,000
82	하나님의 심정 묵상집	페늘롱	8,500
83	하나님의 아름다움을 바라보는 축복	허철	10,000
84	하나님의 요새	프랜시스 프랜지팬	8,000
85	하나님의 음성을 듣는 방법	마크&패티 버클러	17,000
86	하나님의 상군의 일기	잔 G. 레이	6,000
87	항상 배가하는 믿음	스미스 위글스워스	10,000
88	항상 부족함이 없으리로다	하이디 베이커	8,000
89	혼동으로부터의 자유	릭 조이너	5,000
90	혼의 묶임을 파쇄하라	빌&수 뱅크스	10,000
91	화 있을진저 외식하는 서기관과 바리새인들	존 비비어	8,000
92	횃불과 검	릭 조이너	8,000
93	21C 어린이 사역의 재정립	베키 피셔	13,000
94	금식이 주는 축복	마이크 비클&다나 캔들러	12,000
95	승리하는 삶	릭 조이너	12,000
96	부활	벤 R. 피터스	8,000
97	거절의 상처를 치유하시는 하나님	데릭 프린스	6,000
98	그리스도의 제사장적 신부	애나 로운튜리	13,000
99	마귀의 출입구를 차단하라	존 비비어	13,000
100	통제 불능의 상황에서도 난 즐겁기만 하다	리사 비비어	12,000
101	어린이와 십대를 위한 축사사역	빌 뱅크스	11,000
102	알려지지 않은 신약성경 교회 이야기	프랭크 바이올라	12,000
103	빛은 어둠 속에 있다	패트리샤 킹	10,000
104	가족을 위한 영적 능력	베벌리 라헤이	12,000
105	목적으로 나아가는 길	드보라 조이너 존슨	8,000
106	예언사역 매뉴얼	마크 비쎄	12,000
107	추수의 천사들	폴 키스 데이비스	13,000
108	컴 투 파파	게리 윈스	13,000
109	러쉬 아워	슈프레자 싯홀	9,000
110	그리스도 안에 거하는 삶	앤드류 머레이	10,000
111	지도자의 넘어짐과 회복	웨이드 굿데일	12,000
112	하나님의 일곱 영	키이스 밀러	13,000
113	너희 지체를 의의 병기로 하나님께 드리라	허 철	8,000
114	신부	론다 캘혼	15,000

No.	도서명	저자	정가
115	추수의 비전	릭 조이너	8,000
116	하나님이 이 땅 위를 걸으셨을 때	릭 조이너	9,000
117	하나님의 집	프랜시스 프랜지팬	11,000
118	도시를 변화시키는 전략적 중보기도	밥 하트리	8,000
119	왕의 자녀의 초자연적인 삶	빌 존슨&크리스 밸러턴	13,000
120	초자연적 능력의 회전하는 그림자	줄리아 로렌&빌 존슨&마헤쉬 차브다	13,000
121	언약기도의 능력	프랜시스 프랜지팬	8,000
122	꿈의 언어	짐 골&미쉘 앤 골	13,000
123	믿음으로 산 증인들	허 철	12,000
124	욥기	잔느 귀용	13,000
125	포로들을 해방시키라	앨리스 스미스	13,000
126	나라를 변화시킨 비전:윌리엄 테넌트의 영적인 유산	존 한센	8,000
127	세상을 다스리는 권세의 회복	레베카 그린우드	10,000
128	예언적 계약, 잇사갈의 명령	오비 팍스 해리	13,000
129	창세기 주석	잔느 귀용	12,000
130	하나님의 강	더치 쉬츠	13,000
131	당신의 운명을 장악하라	알렌 키란	13,000
132	용서를 선택하기	존 로렌 & 폴라 샌드포드 & 리 바우먼	11,000
133	자살	로렌 타운젠드	10,000
134	레위기/민수기/신명기 주석	잔느 귀용	12,000
135	그리스도인의 영적혁명	패트리샤 킹	11,000
136	초자연적 중보기도	레이첼 힉스	13,000
137	꿈과 환상들	조 이보지	12,000
138	나는 하나님의 음성을 듣는다	킴 클레멘트	11,000
139	엘리야의 임무	존 & 폴라 샌드포드	13,000
140	하나님의 초자연적인 능력	바비 코너	11,000
141	거룩과 진리와 하나님의 임재	프랜시스 프랜지팬	9,000
142	사랑하는 하나님	마이크 비클	15,000

모닝스타 코리아 저널

No.	도서명	저자	정가
1	모닝스타저널 제1호	릭 조이너 외	7,000
2	모닝스타저널 제2호	릭 조이너 외	7,000
3	모닝스타저널 제3호 승전가를 울릴지도자들	릭 조이너 외	7,000
4	모닝스타저널 제4호 하나님의 능력	릭 조이너 외	7,000
5	모닝스타저널 제5호 믿음과 하나님의 영광	릭 조이너 외	7,000
6	모닝스타저널 제6호 성숙에 이르는 길	릭 조이너 외	7,000
7	모닝스타저널 제7호 마지막때를 위한 나침반	릭 조이너 외	7,000
8	모닝스타저널 제8호 회오리 바람	릭 조이너 외	8,000
9	모닝스타저널 제9호 하늘위의 선물	릭 조이너 외	8,000
10	모닝스타저널 제10호 천상의 언어	릭 조이너 외	8,000
11	모닝스타저널 제11호 신의 성품에 참예하는자	릭 조이너 외	8,000
12	모닝스타저널 제12호 언약의 사람들	릭 조이너 외	8,000
13	모닝스타저널 제13호 열린 하나님의 나라	릭 조이너 외	8,000
14	모닝스타저널 제14호 하나님 나라의 능력	릭 조이너 외	8,000
15	모닝스타저널 제15호 하나님 나라의 복음	릭 조이너 외	8,000
16	모닝스타저널 제16호 성령 안에서 사는 삶	릭 조이너 외	8,000
17	모닝스타저널 제17호 성령 충만한 사역	릭 조이너 외	8,000
18	모닝스타저널 제18호 초자연적인 세계	릭 조이너 외	8,000
19	모닝스타저널 제19호 하늘을 이 땅으로 이끌어내다	릭 조이너 외	8,000
20	모닝스타저널 제20호 견고한 토대 세우기	릭 조이너 외	8,000
21	모닝스타저널 제21호 부서지는 세상에서 견고히 서기	릭 조이너 외	8,000
22	모닝스타저널 제22호 소집령	릭 조이너 외	8,000

※ 모닝스타 코리아 저널은 한정판으로 출간되기 때문에 품절될 경우 구매하실 수가 없습니다. 그러므로 **품절 여부**를 확인하신 후 구매하시기 바랍니다.